为了人与书的相遇

脉动中国

许纪霖的
50堂
传统文化课

上海三联书店　　许纪霖——著

目 录

自　序　寻找中国文化的源头　001

导　论　留在我们血脉里的传统　011

第 1 讲　传统文化如何成为智慧　013

　　　　中国文化究竟是好还是坏　014 / 传统文化的两条脉络　015 /
　　　　做一个"问题中人"　017 / 学习传统智慧要靠领悟　020

第 2 讲　为什么现代化发展了，传统反而复兴了　022

　　　　不是所有的文化都是"文明"　023 / 中华文化就是轴心文明　024 /
　　　　现代文明无法落实人的安身立命　025

第 3 讲　只要是文化，就能叫"传统"吗　029

　　　　眼花缭乱的"文化"定义　030 / 文化现象和文化精神　031 /
　　　　不是所有的文化都叫"传统"　034

第 4 讲　百家争鸣是怎么发生的　037

　　　　自由流动资源的出现　038 / 官学没有了，文化就繁荣了　040 /
　　　　诸子百家当中哪六家最重要　040

甲　部　中国文化的核心结构——儒家　045

第 5 讲　为什么是孔子实现了中国的文明突破　047

天不生仲尼，万古如长夜　048 / 有心灵的自觉，才有文明的突破　050 /
具有神一样魅力的儒者　052

第 6 讲　君子有德，小人也有自己的道德吗　054

三个核心概念：仁、义、礼　055 / 儒家的忠恕之道　057

第 7 讲　知识分子为何是文化托命之人　061

什么是"天人合一"　062 / 孔子就是文化托命之人　064 /
士志于道与忧患意识　066

第 8 讲　为什么说孟子是成功的老师、倒霉的国师　069

孤儿寡母出人才　070 / 教育上的成功者　072 / 政治上的不得志　073

第 9 讲　对于同类和生命，人为何会有不忍之心　076

一场"人性是什么"的大辩论　077 / 人性为什么是善的　080

第 10 讲　"人皆可以为尧舜"，是不是很难　083

吾日三省吾身　084 / 充塞于天地的"浩然之气"　086 / 大丈夫的人格理想　087

第 11 讲　为什么说两千年来皆荀学　090

假如齐国统一了天下　091 / 孟子和荀子，是孔子的两个面向　093 /
"礼"究竟有几个意思呢　094

第 12 讲　汉武帝为什么选择董仲舒的儒学　098

验证天命的阴阳五行说　099 / 废黜百家、独尊儒术　101 /
神秘的政治神学　104

第13讲 "三纲说"还能老树发新芽吗　106

　　让统治者又爱又怕的"三统说"　108 / 从董仲舒到康有为的"三世说"　109 /
　　"三纲说"真的是三座大山吗　111

第14讲 儒学是如何起死回生的　114

　　治世的儒学敌不过治心的佛教　116 / 韩愈借鉴佛教，为儒学建立道统　117 /
　　太极与气：宇宙的起源与存在方式　119

第15讲 "存天理，灭人欲"，究竟什么意思　122

　　山河大地都陷了，毕竟理却只在这里　123 / 人心中两个自我的永恒战争　126 /
　　内圣外王，儒学的根本道理　128 / 理学的批判与妥协　130

第16讲 阳明心学是儒家的"新教改革"吗　132

　　为什么理学之外，还要有心学　133 / 心外无物，理在心中　135 /
　　人心中有能辨别善恶的良知　136 / 知行合一，行就是知　137

乙　部　中国文化的互补结构——儒、道、法、墨　143

第17讲 为什么治世是儒家，乱世成墨家　145

　　为什么墨家处处与儒家对着干　147 / 墨家与儒家的三个区别　149 /
　　造反者的宗教　151

第18讲 为什么历代统治者都喜欢"外儒内法"　155

　　法家是对付谁的　156 / 法家的三大法宝：法、术、势　158 /
　　历代君主的外儒内法　160

第19讲 "拔一毛而利天下，不为也"有合理性吗　164

　　贵生：从精神快乐到肉体快乐　165 / 避世：无用之用就是大用　167 /
　　为我：人人为己，天下治矣　168

第 20 讲　老子的思想为何既可敬又可怕　171

这世界为什么乱　172 / 天地有情还是无情　174 /
反者道之动，无为无不为　176 / 守住自然的本性　178 /
为什么厚黑学会看上老子　179

第 21 讲　如何在不自由中获得自由　181

德性、知识和身体，都不是真我　182 / 幸福就是遵从你的自然本性　183 /
齐物论：绝对的自由　185

第 22 讲　怎么实现人生的进退平衡　188

"得道"的四个境界　189 / 后退一步，远眺彼岸　193

第 23 讲　为什么说魏晋士人是真正的贵族　195

越名教而任自然　196 / 是真名士自风流　198 / 荣辱不惊的胸怀雅量　200

丙　部　中国文化的信仰结构——儒、道、佛三教　203

第 24 讲　为什么儒家是一种另类的宗教　205

儒家的双重性格　206 / 祭祀的三个面向　208 / 一种另类的"宗教"　210

第 25 讲　既然有了儒家，为什么还要有佛教　213

祥林嫂的终极之问　214 / 佛教传入中国　217 / 四组基本概念　219

第 26 讲　超越生死的秘密是什么　222

从出世到入世　223 / 从"悟"到"报"　224 / 为死亡开启安宁之路　226

第 27 讲　为什么说禅宗是佛教的马丁·路德式改革　229

以心传心，一脉相传　230 / 心外无佛，去除迷执　232 /
不修之修，无得之得　233

第 28 讲　为什么鲁迅说"中国根柢全在道教"　236

　　道教的来源与前身　238 / 丹鼎派葛洪　240 / 符箓派张道陵　242 /
　　是科学？还是迷信？　244

第 29 讲　各路神仙无所不在，谁说中国人不信教　246

　　从原始图腾到民间信仰　247 / 三大神与三大崇拜　248 /
　　国家权力对民间信仰的渗透控制　250

第 30 讲　为什么中国人对宗教是"不讲信不信，只问灵不灵"　253

　　中国的宗教是一种发散性宗教　254 / 有礼有序的祭祀体系　255 /
　　神与人之间的互惠关系　257 / 儒、道、佛三教合流　259

丁　　部　中国文化的政治结构——周秦之变与宋元之变　263

第 31 讲　封建是一个好东西吗　265

　　家国天下，国就是家，家就是国　266 / 周秦之变，换一种大一统的方式　269 /
　　寓封建之意于郡县之中　271

第 32 讲　儒家政治思想究竟是保守还是激进　273

　　天、民、君之间，以民为本　274 / 天意就是民意，政治就是道德　276 /
　　孟子仁政学说的革命性　277

第 33 讲　什么是"一个合法性，两种治理术"　281

　　老子的三条治理术　283 / 西汉初年的黄老之学　285 /
　　帝王的治理术：儒、道、法并用　287

第 34 讲　为什么会从共治天下走向君主专制　289

　　共治是如何形成的　290 / 门第与清议　292 / 共治的先天性缺陷　294

第 35 讲　为什么说"崖山之后无中国"　296

　　宋元之变　297 / 士大夫与君权　299 / 公天下与私天下　301

第 36 讲　传统中国政治的短板在哪里　303

　　三条有效性标准　304 / 最高权力的更替危机　306 / 只有治道，没有政道　308

第 37 讲　究竟是察举制好还是科举制好　310

　　汉代的察举制　312 / 唐宋之后的科举制　313 / 实质合理性与形式合理性　315

戊　部　中国文化的社会结构　317

第 38 讲　中国社会讲人情还是讲信用　319

　　阶级斗争？还是职业分途？　320 / 伦理本位与人情关系　322 /
　　人情泛滥，信用匮乏　323

第 39 讲　中国人际关系的秘密在哪里　326

　　自我为中心的差序格局　327 / 公与私的相对性与暧昧性　328 /
　　人际交往中的"三碗面"　330

第 40 讲　传统大家庭里，究竟谁说了算　333

　　农耕社会里的家族长老　334 / 家族势力的扩张：姻亲和拟血缘　336 /
　　乡缘意识与乡党政治　337

第 41 讲　精神自由？还是向上流动？　340

　　从大夫士到士大夫　341 / 贵族追求自由，平民重视平等　343 /
　　读书人的脊梁骨是如何断掉的　345

第 42 讲　士绅对社会自治来说有多重要　347

　　联系国家与社会的中枢与纽带　349 / 士绅的威望从哪里来　350 /
　　亦官亦民的双重身份　352

第 43 讲　儒家替谁背了重农抑商的黑锅　356
　　　商业的敌人是法家　357 / 汉唐两宋的重农抑商　360 / 明清的士商合流　361

第 44 讲　假如没有西方的影响，中国会产生资本主义吗　364
　　　商业与资本主义　365 / 郑和下西洋只是为了宣扬国威　367 /
　　　以农立国与商业专卖　368

第 45 讲　江湖社会的法则是怎样的　371
　　　游民、游士与游侠　372 / 豪强、流氓与秀才　374

第 46 讲　江湖是体制外的主流社会倒影吗　378
　　　游民的江湖社会　379 / 江湖社会的最高美德　380 /
　　　宗教、组织与帮规　382

己　部　中国文化的总体结构　385

第 47 讲　什么是"时间中国"：一个文明共同体　387
　　　古代中国不是民族国家　388 / 什么是"天下"呢　389 /
　　　文明才是中国的灵魂　391

第 48 讲　什么是"空间中国"：一个多元复合体　394
　　　谁代表中华文明，谁就是正统　395 / 夷夏之辨，不在血统，在于文明　398

第 49 讲　东与西：谁最后完成了中国的大一统　402
　　　农耕区与游牧区　404 / 另一种大一统　406

第 50 讲　南与北：经济中心和政治中心为什么不同步　409
　　　游牧—农耕文明的北方　411 / 注入了海洋文明的南方　413

结　论　中国文化的未来在哪里　417

　　无问西东　420 / 无问古今　421

附录1　当中国文明遭遇西方文明　425

　　逆向天下主义　425 / 文明是对野蛮的克服　428 / 近代中国的文明自觉　434 /
　　让特殊性代表更大的普遍性　437 / 中国文化的未来　439

附录2　在《奇葩说》、付费课程崛起的时代，知识分子更失落了吗　442

　　与时俱进的启蒙与理想主义　444 / 知识分子唱主角的时代"一去不复返"　447 /
　　我们时代的精神症候与药方　452 / 知识分子研究需要情景投射力　455 /
　　以善行恶，是更大的恶　458

自 序

寻找中国文化的源头

我是"50后"生人，1978年作为"文革"以后第一届高考的学生77级进入大学，1982年大学毕业后留校任教，有幸作为一代弄潮儿，参与了80年代的"文化热"，即"五四"以后的第二次思想启蒙运动，思想打上了深刻的80年代烙印。2019年是《读书》杂志创刊40周年，我在纪念集里看到一大串当年作者的名字，有邵燕祥、王蒙、刘再复、刘梦溪这样的前辈，也有包括我在内的年轻学人。如今，40年光阴过去，他们成了80年代的"遗老"，而我，成了80年代的"遗少"。

20世纪80年代的"文化热"，如同"五四"及新文化运动一样，核心主题是批判传统文化，拥抱现代文明。那个时代的我，像许多同代的知识分子一样，以为中国文化传统是坏东西，是走向现代化路程中有待克服的障碍。其实，在那个时代，我们对"何为中国""何为中国文化"不能说无知，至少在认知上是很浅薄的，再加上态度上激进，自然以"打倒孔家店"为己责。直至90年代初，一场大风暴之后，我才开始冷静反思：中西文化真的是水火不可相容，不能兼而得之吗？过去的我，最感兴趣的是西方文化传统，以为它代表了人类未来的方向，读的都是西方的哲学与历史经典。到了90年代末，我开始对中国文化的传统发生兴趣。

之所以有如此转变，有两个原因。其一，我是研究近现代中国思想与知识分子的。我的研究越是深入，越是发现，近代思想的研究其实是一个"肩负十字架"的工作：一方面，要了解深刻影响近代中国的西方思想源流；另一方面，近代中国的思想，依然处于中国传统的延长线上，仅仅理解西方思想，而不认知中国的传统，那是缺了一条腿。其二，现代化越是深入，一个人的文化认同问题就越突出。我是谁？我从哪儿来？又要到哪里去？这些文化认同的问题深深地缠绕在我的内心，让我下决心回溯历史，寻找中国文化的源头所在。

于是，从2000年起，我开始为本科生开设《中国文化概论》，这门课差不多隔年上一次，成了20年来我在大学课堂的品牌课程。特别是近几年来，多个大学的MBA班、企业家读书会等又邀请我为他们上中国文化的课程或者讲座，讲课对象从历史系学生扩展到商界人士。课程的内容也随着授课对象的改变和新知识的出现而一再更新。直至2017年底，"得到"音频APP邀请我为他们打造一门"中国文化"的音频课程。我怀着尝试新事物的好奇心，贸然答应了。在整整一年半的时间里，与"得到"的同事们一起打磨这门课程，期间的各种磨难是我从未经历的，说是一场痛苦的炼狱也毫不过分。2019年7月，《中国文化30讲》经过千锤百炼，终于上线。这一个新版本，与我之前讲授的课程《中国文化概论》，无论从结构、内容，还是叙述的方式，都有脱胎换新的改造，整体性强化了，脉络更清晰，内容也更细化。最重要的是，通过发掘中国文化的深层结构，提炼出一张认知中国传统的整体地图。

我的《中国文化30讲》上线后，出版方及时与我联系，希望推出该课程的讲稿。经过反复商量，最后决定在30讲的基础上，根据我最初的原稿，加以扩充修改，形成如今这本50堂中国文化课程的规模。

以上是这部讲稿的前世今生。借本书出版之际，我想回到开头的话题，继续谈一谈我对80年代的反思以及对中国文化的认知。在纪念新文化运动百年的2015年，我曾经写过一篇文章，从文明自觉和文化自觉的角度，讨论中国文化在近代走过的路程以及未来的前景。而今读来，依然代表我的看法，下面摘录文章的最后一节，作为序言的核心内容：

> 中国文化一方面是普世的，与犹太教—基督教、伊斯兰教、印度教—佛教和古希腊罗马文明一样，是古老的人类文明，具有全人类的意识，另一方面，这种普世性又是从华夏—汉民族独特的历史文化传统中升华而来，因而中国文化又是特殊的，有自身的文化主体性意识。这种矛盾并非到了近代才出现，在上下三千年的中国历史之中，中国文化就具有"天下主义"和"夷夏之辨"双重性质，天下主义意味着以中原文化为中心的无边际、无疆域的普世性文明，夷夏之辨意味着以文化的有无或高下来区别"我者"与"他者"，有明确的、毋庸置疑的中华文化主体意识。因为普世的天下主义文明主体与特殊的夷夏之辨文化主体乃是同一的华夏—汉民族，因而文明与文化主体性之间的紧张在古代世界并未表面化，没有成为一个真正的问题。

到了近代之后，情形发生逆变。中国人第一次遭遇了无论是实力还是文明都高于自身的西洋文明，天下主义转变为西方为中心的近代文明论，夷夏之辨蜕变为以种族意识为基础的近代民族主义。于是天下意识与夷夏意识之间发生了不可调和的紧张：近代文明论的文明主体不再是中国，而是西方；但近代民族主义的文化主体则是受到西方宰制的、有待觉悟的中华民族。文明的主体与文化的主体发生了历史性的错位，中国究竟是需要文明之自觉还是文化之自觉？

新文化运动是一场文明自觉运动，陈独秀、胡适这些激烈反传统主义者相信西方文明代表了人类普遍的历史，中国自不能例外，区别仅仅在于：普世的人类文明究竟是法兰西文明（陈独秀）还是英美文明（胡适）？而李大钊、杜亚泉则将人类的普世文明寄托于中西调和之后的"第三种文明"，而梁漱溟更是为中西印文明描绘了一幅普遍的历史演化图景。无论他们的观点有多么大的差异，却共享了一个文明自觉的立场，"五四"时期的知识分子深受传统的天下主义和近代的普遍进化论影响，都从人类演化的普世历史定位中国未来的文化，确定中国文化在普世文明中的独特价值，"五四"的知识分子很难想象有一个脱嵌了世界普遍历史的中国文化主体，中国文化的主体内在于世界的普遍文明之中。

在新文化运动时期，对西方文化有深邃了解的陈寅恪、吴宓等学衡派学人，已经注意到并不存在一个高度同一性的西方文化，西方文化内部有多种历史文化传统，中国儒家文明与古希腊文明有内在的相通性，中国在吸收西洋近代文明的同时，万万不能忘却民族文化之本位。这一文化自觉在"五四"时期不啻为空谷足音，在思想界几乎没有影响，一直到30年代之后社会大背景的变化，文化自觉意识才浮出水面，成为社会主流思潮。这两个大背景，除了"九·一八"事变之后民族危机所重新激发出的夷夏之辨意识之外，另外一个因素乃是随着对西洋文化了解之深入，各种主义之间发生剧烈分化，科学主义与人文主义、理性主义与浪漫主义、自由主义与社会主义的种种分野，使得迷茫于各种外来主义的中国知识分子在选择未来中国文化的时候，急切需要有明确的文化主体性立场。然而，继文明自觉而出现的文化自觉，不仅没有缓和、反而加剧了天下主义与夷夏之辨、文明主体性与文化主体性之间的紧张，中国究竟需要一种普遍的人类文明意识，还是特殊的文化主体意识？如果说中国文化同时也是一种世界文明，那么被错位了的文化与文明如何重新获得其同一性？

文明与文化各自所回应的问题是不一样的，文明回应的是什么？是人类普遍之"好"。而文化回答的是什么？是"我们的"特殊偏好。在西化派看来，人类文明普遍之"好"就应该同时是中国的，中国文化不能自立标准；而在本土派眼里，各民族与族群之间的文化无可通约，无从比较，并不存在一个放之四海而皆准的普世文明，"我们的"就是"好的"。新文化运动百年以来，中国思想界动荡于黑格尔式的一元论历史观与后现代主义的文化相对主义两极之间，文化的主体性问题陷于散焦的尴尬状态。文明与文化之间的冲突一直没有解决。

有没有可能走出文明自觉与文化自觉的二律背反？德国18世纪末的启蒙运动给我们留下了一个走出历史困境的历史启示。同样为古典人文主义的思想领袖，康德是18世纪的，而赫尔德属于19世纪。康德代表了18世纪德国文明自觉那一代，他承继法国理性主义传统，思考整个人类共同的命运和文明前途。而与康德同时代的浪漫主义思想家赫尔德则代表了19世纪的文化自觉一代。理性主义相信世界上存在着确定的事物结构和价值，人们可以凭借自己的理性去发现它，找到一个普遍的、完美的答案。但浪漫主义却相信一个民族的文化要依靠自己的天性去创造，只有人才能随意地创造事物，但这种创造不是在普遍的理性框架之中，而是各个民族独特的历史环境。[1] 赫尔德开创了德国的文化民族主义传统，但这一文化民族主义并非与世界主义相冲突，恰恰相反，其构成了普世文明不可缺少的一部分。赫尔德相信，一个美好的世界，乃是由各种不同的多样性所构成。每个人是独特的，每个民族也是独特的，世界就是由各种多样性组成的大花园。没有一个民族是上帝选定的地球民族。以赛亚·伯林如此概括赫尔德的思想："作为一个人，他应该说出他认为是真的真理。对每个人而言，他所相信的真理都是绝对正确的。多样的色彩构成了万花筒般的世界，但没有人能够看到全部的世界，没有人能看到全部的森林，只有上帝能够看到整个宇宙。人，由于属于特定的群体，生活在特定的区域，他们不可能看到整个宇宙。每个时代都有它特定的理想。"[2]

赫尔德所说的民族文化独特性不是以排斥、抗衡人类文明的普遍性为前提，而是一种普世文明下的文化自觉。每一个民族

---

[1] 参见以赛亚·伯林：《浪漫主义的根源》，吕梁等译，译林出版社（南京）2008年版，第107、127页。
[2] 同上，第70页。

文化都有其独特性，它们构成了整个世界的多样性，但又共享同一个世界文明，普遍性存在于特殊性之中，而非特殊性之上。赫尔德是一个文化民族主义者，但同时又是一个世界主义者，他在世界文明的大背景中思考民族文化的独特性，在各民族文化的多元存在之中瞻望世界文明的共同前景。与赫尔德心心相通的以赛亚·伯林意味深长地说：我们是两个世界的后代，一方面是浪漫主义的继承人，拒绝单一，相信人的创造性；另一方面，仍然相信有一种绝对普遍的价值观，仍然属于某种确定的传统。[1]

以赫尔德为代表的早期德国浪漫主义者，他们并非是时人所误解的文化相对主义者，而是真正的文化多元主义者。文化相对主义认为不同的文化价值没有可比较的通约性，因而也没有绝对的对与错。任何的"好"都是相对的、局部的，只有对个别民族的"好"，没有普遍的人类的"好"。而文化多元主义则承认人类的普遍价值，但在不同的历史文化脉络之中，普世价值会有不同的文化形式和具体表现。离开了民族文化的根基，普世价值便成为无本之源。文化相对主义往前跨越一步，便是尼采式的虚无主义。而文化多元主义则可以与启蒙的普遍价值兼容共存。伯林认为，不同的文化价值是平等的：同等真实，同等终极，同等客观，不存在价值的等级秩序。但对于人性来说，不管多么复杂善变，只要还可以称之为"人"，其中必然含有"类"的特征。不同文化之间也同样具有可通约的共同价值。虽然民族文化的差异很大，但核心部分是相互重叠的，这些核心价值和终极目标都是敞开的，

---

[1] 同上，第140页。

是人类所共同追求的。

新文化运动百年之际，尚未解决的真正问题有两个：其一，如何将"好的"文明内化为中国人能够认同的"我们的"文化？其二，如何将"我们的"文化提升为全人类普世的文明？

一些具有世界主义情怀的朋友常常认为：只要是"好的"，就应该是"我们的"，不应该有"自我"与"他者"之分，假如基督教能够拯救中国，我们为何不可接受它为中国的主流价值？要知道，再好的外来文明，也需要转换为"我们的"文化，而在"我们的"空间里，并非一片空白，外来的文明，必须与已有的本土文化交流和融合，实现外来文明的本土化，融化为"我们"，成为中国文化的一部分。在历史上，佛教是外来的宗教，但如果没有禅宗把"好的"佛教变成"我们的"佛教，佛教也不会化为中国文化的一部分。宋代之后最壮观的文化景观乃是儒道佛三教合流。对于普世的文明，人们总是以理性的态度衡量它是否"好"，是否值得接受；但对于自身的文化，人们通常是以情感的态度感受它是否是"我们的"，是否愿意认同。一种外来的文明倘若仅仅停留在富强、救世的工具主义之"好"，其依然是外在的、异己之"好"，意味着尚未在民族文化的土壤里扎根，随时有被清除的可能。一旦其融入了民族的历史传统、成为中国人的内在生命所在，那么它就从外在的客体转变为内在的主体，成为"我们的"身心不可分离的一部分，那么，外来的普世文明便转化为民族的自身文化，具有了家园感、根源感和归属感。

"我们的"文化虽然在情感上值得认同，但在理性上并非自明，其好不好，要放在世界的普世文明的大背景下加以衡量。一些中国本位文化论者常常将"我们的"简单等同于"好",似乎只要是"我们的"文化,符合中国特殊的国情,就是无须论证的"好"。如果说那些世界主义者用普遍性取消了特殊性、用文明取代了文化的话,那么这些民族主义者同样用特殊性取消了普遍性,用文化取代了文明。中国文化不仅是一种特殊的民族文化,而且是对全人类有普遍影响的普世文明。对中国"好的"价值,特别是涉及基本人性的核心价值,同样应该对全人类有普遍之"好"。普世文明,不仅对"我们"而言是"好的",而且对"他者"来说同样也是有价值的。中国文明的普世性,只能建立在全人类的视野之上,而不是以中国特殊的价值与利益为皈依。

如何从"我们的"历史文化传统与现实经验的特殊性之中提炼出具有现代意义的普遍性之"好",另一方面又将全球文明中的普世之"好"转化为适合中国土壤生长的特殊性之"我们",这是重建中国文化主体性的核心议题。这一主体性,既是民族文化的主体,同时又是人类文明的主体,只有当文化与文明的主体重新合二为一,不再撕裂与对抗,中国才能走出百年来的二律背反,重拾民族的自信,再度成为一个对人类有担当的世界民族。

文明自觉还是文化自觉?新文化运动百年过去了,那是两种自觉分裂的百年,下一个百年,是否将是文明与文化同时自觉的新时代呢?一切取决于我们的自觉。

在本书出版之际,最后照例要说一些感谢的话。感谢罗振宇、脱不花和施展的邀请,让我加入了"得到"的课程系列,让我这个童心未泯的老顽童有了一次痛苦而刺激的人生经历,虽九死其犹未悔也。感谢邵恒和刘玄,先后担任我的课程的主编,这个讲稿有今天的格局和水准,也有她们不可泯灭的功劳。感谢曹凌志,正是他的不懈努力,让本书得以面世。同时也要感谢上海三联的同仁。并且我要特别感谢我的学者同行们,他们的若干相关研究和观点给了我不少启发,虽然尽可能地通过延伸阅读的方式予以致敬,但由于本书的体例所限,很遗憾无法一一注释和说明。最后,应该感谢的是我自己!没有想到,经过痛苦的炼狱之后,我竟然活着挺过来了,还留下这么一本讲稿。有言传世,人生足矣!

作者谨识
2020 年夏于樱园

导论

留在我们血脉里的传统

如今，中国已成为世界第二大经济体，本身又是文化传统深厚的国家。在全球化这个大趋势里，个人发展面对的一切问题，都有传统的根源。

事实上，传统不是过去，而是今天对过去的理解。时代变了，对传统的理解也在改变。每个时代都需要重新解释传统。传统并不是古代的东西，而是古代留下来的、留在我们血脉里的东西。

第一讲

传统文化如何成为智慧

中国文化内在于我们民族的生命之中，内在于每个中国人的血脉之中。讲到中国文化，其实就是在讲我们自己，大到一个民族，小到每一个人。

"中国文化"和"中华文化"有很大差别。"中国文化"通常是从国家层面上来定义，包含了汉族的中原文化和各少数民族文化在内的多种文化；但"中华文化"是指以中原文化为核心的文明。

我是从 20 世纪 80 年代过来的人。那个 80 年代，被称为"五四"之后的第二次思想启蒙，所以，从某种意义上，我也算是"五四精神之子"，或者"80 年代精神之子"。过去，我与我的同时代人一样，总是以为，中国要实现现代化，就必须告别黄土地，拥抱蓝色文明，远离中国传统文化，向西方文化靠拢。可是，经过几十年的痛苦探索，现在才终于明白，"传统"不是一件外衣，想脱就脱，想穿就穿。中国的传统内在于民族的生命之中，内在于每个中国人的血脉之中。

中国文化究竟是好还是坏

谈到中国文化，国人的分歧很大。

有些人认为中国文化好得很，遍地精华。民国的时候，北京大学有一位拖着长辫子的教授辜鸿铭，自称"生在南洋，学在西洋，娶在东洋，仕在北洋"，也就是出生在马来西亚，在欧洲留学十四年，后来又娶了一位日本小妾，在北洋衙门做过幕僚。这位学界第一怪物中国话说得不利落，中文还常常写错别字，但他对中国的圣教一往情深，有谁批评孔子，他都要与谁发急，站出来死命辩护。

另外一些人又一口咬定，中国的传统通通是糟粕。台湾有一位作家叫柏杨，写过一本《丑陋的中国人》，非常轰动。他说中国文化就是"酱缸文化"，白的进去，黑的出来。

中国文化究竟是好得很还是糟得很？其实，好也罢，坏也罢，中国文化不是一件外衣，想脱就脱，想穿就穿。中国文化内在于我们民族的生命之中，内在于每个中国人的血脉之中。它是我们的共同基因。基因不是不能改变，但起码要三代人以上。讲到中国文化，其实就是在讲我们自己，大到一个民族，小到每一个人。

古希腊神庙刻着一行神谕：认识你自己。苏格拉底常常给人们讲这句话，认为这是哲学的最高使命。其实，认识中国文化，也是认识你自己。我们是这个文化的一部分，它镶嵌在我们的心灵之中。对中国文化的过去了解得越全面、越深刻，就越能理解中国的现实，把握民族的未来。

传统文化的两条脉络

说到中国文化，许多人的第一反应大概既有诸子百家、唐诗宋词，也有琴棋书画、亭台楼阁，当然也少不了京剧昆曲、节日风俗，等等。

没错，它们都属于中国文化，但我的这门课并不会一一讲到。因为它们只是文化的表象，是文化呈现出来的样子。如果只是从表象去看中国文化，不仅会觉得特别庞杂，还会分不清楚哪些是精华，哪些是糟粕，乱花渐欲迷人眼，不知道从何学起。

在国内外，有很多学者研究中国文化，许多大学也开设中国文化的课程，这是一门显学。遗憾的是，不少人将中国文化看作博物馆中的一具木乃伊、一个有待解剖的对象。他们客观、冷静、不露声色，像是不带情感的职业法医。我的这门课不是这样，有自己的独家特色。简单地说，整个课程，贯穿着纵横两条脉络。

从纵向的时间脉络来说，讲的是中国文化的过去、现代和将来。

不是客观地介绍"中国文化是什么",而是从当下的问题意识反思中国文化的过去,从文化的传统展望、思考中华民族的未来。"过去—现实—未来"均处于同一条文化生命线上,抓住这条生命线,就把握了这个民族的深层结构,也认识了你自己——作为中国人的文化基因。

从横向的空间结构来说,我的课程呈现的是中国文化的三维地图。中国文化不好讲。不少老师采取纵向的方式,从三皇五帝、夏、商、周,一路讲到明清。这种讲法的脉络很清晰,但缺乏对中国文化的全方位认知。

我要教给你的,是一个打通千年历史、站在高处俯瞰中国文化的系统性框架。我会用两条脉络,从文化的角度解释中国何以成为中国。一个是精神的脉络,解决的是道德心灵的问题,中国的思想以儒家为核心,其他的思想,包括宗教,它们和儒家或互补、或合流,共同形成文化精神的三个结构:"核心结构""互补结构"和"信仰结构"。另一个脉络是现象,也就是社会政治的问题,政治制度的关键变化和社会结构的基本特点,决定了中国文化的面貌。除此之外,最后还有一个"总体结构",我从时间和空间两个维度,为你总结中国文化演进的大规律。

总之,我的课程将为你提供一份整体性的中国文化认知地图。假如没有地图,我们常常在探险的旅途上迷路。不带地图的驴友,是盲目的,更是危险的。而我将为你提供一份可靠的文化地图。

讲到中国文化,我们就不得不面临两个听上去非常相似的词——"中国文化"和"中华文化",你觉得它们有区别吗?还是根本可以画等号?

在我看来，这两个词有很大的差别。

"中国文化"通常是从国家意义上来定义，它包含汉族的中原文化和各少数民族文化在内的多种文化；但是一般说到"中华文化"，通常是指以中原为核心的文明。

在我看来，在中国国内应该多讲中国文化，而面向海外华人应该多讲中华文化。为什么呢？因为中国不仅有以儒家为核心的汉族中原文化，还有藏族、维吾尔族、蒙古族、回族等少数民族的文化，从文明的传统来看，它们一点不亚于中原文明。但是在海外华人面前，我们都是同源同种，基本属于同一个历史文化传统的汉人，就应该多强调中华文化或者中华文明，强调我们在历史和文化上都属于同一个共同体。

中国文化同汉族以及各少数民族文化的关系，用费孝通先生的话，叫"多元一体"，文化上是多元的，同时又构成以国家为中心的一体。

你看，"中国"和"中华"，这两个概念在漫长的时间中会发生微妙变化，但是用今天的、当下的空间来理解，你就能找到你需要的答案。所以说，只有站在时空交错的脉络上，我们才能抓住关键问题。是的，在每一个时空的交叉点上，我将与你一起深入中国文化的内部，以当下的问题意识，思考过去的历史，明白民族的未来。

做一个"问题中人"

一份好的知识地图，就是一个智慧的导航。几十年的教学经验让我感到，知识是可以传授的，但智慧是无法教的。知识有形，但智慧无形。智慧就像一把洒在汤里的盐，融化在各种知识里，特别是人文知识里面。

上海有一个亚洲顶尖的商学院——中欧商学院。这几年我经常应邀为他们开讲座。有一次，我问一个 EMBA 班的班长："为什么你们现在对人文知识这么有兴趣？"这位班长，一个世界 500 强企业的高管回答我说："到我们这个层次，世界最顶尖的管理知识我们都掌握了，但我发现到我们这个层次，仅仅有知识是不够的，还需要有智慧。"而大智慧，在技术课程里是没有的，只有人文知识里才有。我听了这话，恍然大悟，假如你觉得人文的知识没有用，那是因为你从事工作的层次还不够高！

我现在要讲的，就是一门充满中国智慧的文化课程。要成为一个有知识的人，不难；但要成为有智慧的人，就一定要有批判性思考的能力。

所谓批判性思考能力，就是有自我主体意识，能够带着问题来学习。一个学生，不怕有问题，只怕没有问题。有问题的学生，才是真正的好学生。假如你没有问题的话，那就"有问题了"！如果你的问题与我讲的内容发生碰撞，擦出了火花，恭喜你，你一定有了与众不同的收获。

现代中国的大儒梁漱溟先生有一句名言："我不是学问中人，而是问题中人。"我可以负责地告诉你，我也是一位"问题中人"。真正让人燃烧的，往往不是冷冰冰的知识，而是活生生的问题。这些现实生活中遭遇的问题，逼迫我去阅读历史，了解文化，从历史与文化中寻求智慧，寻求解惑之道。

阿基米德，古希腊一位百科全书式的科学家，著名的浮力原理就是他发现的。那么,阿基米德是如何发现的呢?告诉你吧,纯属偶然。

据说,有一次国王让工匠做一顶纯金的王冠。王冠做好了,金光闪闪,但多疑的国王总怀疑工匠做了手脚,觉得不是纯金的。于是,国王找来阿基米德,对他说:"你是我们城邦里最聪明的人,你检验一下这顶王冠是不是纯金的?但不能拆,我喜欢它。"

这下难倒了阿基米德。他走路想着这事,洗澡也想着这事,身体浸入浴缸的时候,水从澡盆里溢出来。阿基米德突然脑洞大开,兴奋地跳出澡盆,衣服都来不及穿,直奔王宫,嘴里大叫:"尤里卡!尤里卡!(有办法了!有办法了!)"原来他醒悟到,物体在液体中所获得的浮力,应等推于它所排出的液体的量。这就是著名的浮力原理。根据这个原理,他证明工匠贪污了黄金,做了一顶掺假的王冠。

我讲这个故事是想告诉你,阿基米德的灵感看似偶然,其实有必然的规律。只要你带着问题去学习,总会有柳暗花明的那一刻。众里寻他千百度,那人却在灯火阑珊处。人生最得意的,不就是那获得解惑之道的一瞬间吗?

批判性思考能力,是一种难得的能力。哈佛、耶鲁、剑桥、牛津,真正的世界一流大学学生,比那些"双一流大学"学生多的一个本领,就是这个批判性思考能力:有自己的大脑,自己的眼睛,有独一无二的问题意识。他们绝不盲从,绝不人云亦云,像胡适先生所说的那样:"做学问要在不疑处有疑。"

对中国文化的学习,要有这样的问题意识。比别人多想一点点,像好奇的孩子一样,揭开表层的面纱,去窥探文化深层的秘密。用历史的智慧启迪现实困惑，以现实的关怀照亮历史的幽暗，退后一步，远眺未来，虽然好奇害死猫，也不免常常吃哑巴亏，但问题意识永远是一个终身学习者的指路灯塔。

我很盼望，在接下来的时光，你我在一起，怀着对问题的好奇，一起探索中国文化的奥秘——她的奇妙结构、她的矛盾与智慧、她的种种的好与缺憾。对，不是停留在表层，而是深入到中国文化的深层，去了解探究我们这个民族——她的大脑、她的心灵、她的身体与她的基因。

学习传统智慧要靠领悟

我是恢复高考之后的第一届大学生，在进入大学之前，我在中国社会的广阔天地历练过。从华东师范大学毕业后，我就留校任教，已经有38年。我在哈佛大学做过高级访问学者，也在东京大学担任过客座教授。

要是你读过我的书，可能会有点疑惑，你不是专门研究中国知识分子和中国近现代思想史的吗？为什么要开一门传统文化的课程呢？

这恰恰是因为我的学术站位，让我更有打通传统和现代的意识。今天的中国一直处在传统中国的延长线上。要阐述现代中国，一定要追溯千年文明。这就像了解一个人的性格，要回看他的童年和家庭一样。

我给大学里的学生讲过这门课，也给有社会阅历的企业家、职场精英讲过这门课。我发现越是有生活阅历、工作经验的人，对这门课的理解越深入，也越喜欢我这门课。所以，我也希望，你能调动自己宝贵的人生经验，让你自己的人生经验和古老的中国传统对话，打通历史与现实。这样，你才能明白，作为群体中的一个个体，你为什么会成为你自己，你才知道我们的未来在哪里。

最后，请允许我讲个小故事。特立独行的作家王小波，你一定不陌生，他在大学里第一次听高等数学这门课的时候，讲台上来的是一位老先生，上来第一句话就说："同学们，我今天教你们的高等数学，是没有用的。"在场的同学一愣，老先生缓缓地补了一句："但是，这个知识却是好的。"

这个说法放在中国文化上，也很恰当。

进阶思考

关于中国文化传统，你觉得自己了解多少？对学习传统文化有什么困惑？

延伸阅读

钱穆：《中国文化史导论》，商务印书馆，2003年。

许纪霖：《家国天下：现代中国个人、国家与世界认同》，上海人民出版社，2016年。

第 2 讲

为什么现代化发展了,传统反而复兴了

不是所有的文化都能称为"文明"。当一种文化对于整个人类都有价值、对全世界都有影响的时候,才可以叫文明。

中国文化是具有普遍价值的、全人类的文明,是"轴心文明"家族中的一员,她的文明之光后来照亮了东亚,影响了全世界。

现代文明也是轴心文明,但人们在现代文明的技术知识里找不到认同,只有回到宗教和人文传统里才能找到自我的位置。

先讲一个小故事。

前几天,我和一位哈佛大学的教授吃饭,她问我,你知道现在哈佛最热门的人文课程是什么吗?我听了大吃一惊,原来是东亚系迈克·普鸣教授开设的中国文化课程《中国古代伦理与政治理论》!这门课有700多位学生选修,课堂放在哈佛最大的礼堂桑德斯剧院。那么,为什么哈佛学生喜欢这门课?原来,哈佛学生是要在东方智慧里为自己寻找未来人生的参考路标。

好了,你现在像哈佛学生一样,也已经坐在我的课堂。这一讲,我要告诉你的是,在世界文明的历史长河里,中国文化是一种什么样的文化?学习和了解中国文化,又有什么意义呢?

不是所有的文化都是"文明"

有一句流传很广的广告词:不是所有的牛奶叫特仑苏。我也可以说:不是所有的文化都配叫文明,但中国文化是文明。这如何说起?

在日常生活中,"中国文化"与"中国文明"这两个词可以互换。但是,有没有听说过"老挝文明"或"不丹文明"?没有。每一个民族,每一个人群,都有自己独特的文化,但不一定是文明。为什么?因为文化是独特的,文明是普世的。只有一种文化具有人类的价值,对全世界都有影响的时候,这种文化才可以叫文明。我们可以自豪地说,中国文化就是一种全人类的文明,具有普世的价值。

德国有一位著名的哲学家卡尔·西奥多·雅思贝尔斯,他提出"轴心文明理论"。他说，公元前600—400年间，就是这短短的200年可称为"轴心时代"，在欧亚大陆的不同地方，从西方到东方的古印度、古中国，几乎同时诞生至今为止都有巨大影响的几大文明。

公元前500年左右，在圣城耶路撒冷诞生了犹太教文明，后来耶稣降临人间，在犹太教基础上发展出基督教文明；到公元7世纪，穆罕默德创造了伊斯兰教文明。你不要看伊斯兰教与犹太教、基督教冲突很激烈，它们其实是一根藤上的三颗瓜，都是亚伯拉罕的子孙，信奉一神教。

也是公元前600—400年间，在印度，几乎同时出现了印度教、佛教文明。印度教的万神殿供奉毗湿奴、湿婆和梵天这三位一体的大神，而在今天的尼泊尔（当时还属于古印度），一个小王国的王子释迦牟尼又创造了佛教。

公元前469年，在古希腊的雅典，苏格拉底出生。他与后来的柏拉图、亚里士多德，这三位伟大的先知创造了古希腊哲学。

中华文化就是轴心文明

而在黄河中下游流域呢，这个时候诞生了中国文明。孔子出生于公元前551年，老子与孔子是同时代的人，而墨子出生在公元前476年，这三位分别创造了儒家、道家和墨家，中国也发生了"哲学的突破"。

中国文明就是这"轴心文明"家族中的一员，她的文明之光，后来照亮东亚，影响了全世界。所以，中国文化有资格叫"文明"。

文化讨论的只是特殊性问题，文化如何适应具体的国情；但文明不一样，被称为文明的文化属于全世界，它关心的是天下，而不仅仅是一个国家、一个民族的存亡兴衰。你以后将听到，孔子、老子、墨子给学生上课，开口闭口都是人性如何、宇宙如何，胸怀大得很。

中国文化因为是一种普世的文明，所以她的传统是天下主义，而不是民族主义。将中国文化看作民族主义的文化，对不起，那是近代以后落后挨打的事儿，古代的中国文化是一种文明，关心的都是天下，都是放之四海而皆准的人类价值。

轴心文明的发生，一是要有"先知"的诞生，像孔子、老子、耶稣、穆罕默德、释迦牟尼；二是要有"哲学的突破"，从原始的神话、信仰和史诗当中，爆发性地升华为高级的宗教和哲学。

这就是轴心文明的诞生。在课程的哲学部分，我将会给你具体讲解，在先秦时代，是哪几位先知创造了哪几种重要的哲学。

现代文明无法落实人的安身立命

不过，各大轴心文明到了近代，就遇到大麻烦，碰到一个强劲的对手。这就是现代文明。现代文明最初发生在西欧，历经16世纪的文艺复兴、17世纪的新教改革和18世纪的启蒙运动，蔚成大观，再加上科学革命、工业革命和印刷术革命，如虎添翼。以色列有一个大名鼎鼎的社会学家S. N. 艾森斯塔特，他有一本书《反思现代性》，提出现代文明是第二次轴心文明。

从西欧发端的第二次轴心文明，携带着历史上从未有过的科技和物质冲击力，传遍全世界。现代化浪潮所到之处，各大轴心文明也好，各民族文化、部落风俗也好，通通受到了严峻的挑战，抵挡不住。如今在这个世界上，只要有人居住的地方，哪怕是一个小海岛，都卷入了全球化，被裹挟在现代文明的大浪之中。

过去我们都以为，现代文明出现之后，传统文明会衰落，传统是现代化的负能量，新文化运动、20世纪80年代的新启蒙运动都要打倒孔家店，与传统彻底告别。启蒙的目标也只有一个：如何从传统走向现代。

但是，现代化接下来的发展让我们目瞪口呆，道高一尺魔高一丈，现代化越发展，传统反而回来了！从20世纪80年代到今天，是人类历史上财富增长、技术进步和物质丰裕发展最快的年代，然而，也就是这40年，世界各大轴心文明都在复兴，信教的人数急速增长。如今在全球70亿人口当中，基督教徒有22亿，伊斯兰教徒有16亿。

也许你会说，那是国外吧，中国人不信教，不是一个宗教国家。错了。多个学术机构对全国抽样调查的数据发现，今天13亿人口当中，有宗教信仰的人口竟然有2.5亿—3亿，达到总人口的20%到25%。要知道，这信教人口还不算平时拜个祖宗、信个关公财神什么的，只有信仰国家认可的五大宗教——佛教、道教、基督教、天主教和伊斯兰教的才算。

即使剩下的10亿人不信教，这十年来，也有越来越多的人开始对中国的古典文明感兴趣。儒家和道家虽然不是宗教，却是内涵非常丰富的轴心文明，能以人文代宗教。于是，于丹在《百家讲坛》讲《论语》、讲《庄子》，一炮而红。虽然有人批评她端出的是一碗心灵鸡汤，但是在心灵饥渴的时候，有一碗鸡汤喝喝也好呀。

上海的富人圈里，流行一句话：现在穷得只剩下钱了。物质生活富裕了，但金钱和享受并不能因此带来幸福和快乐，特别是人性的高端需求，内心的安全感才能让你变得踏实、从容，而不是心烦意乱，整天生活在焦虑之中。

中产阶级更是压力山大。社会的过度竞争、命运的变幻无常，让许多职场人士苦苦地寻找心灵的归宿。人活着有什么意义？这问题平时没感觉，一旦遭到挫折，心情沮丧，就会浮现出来。

在这样的心理背景下，许多人重新将目光投向传统文化。现代文明只是一些技术的知识，它只是教育你如何以理性的方式认识世界、处理问题，但不会告诉你如何安身立命，应该如何过有意义的人生。你是自由的，但你却迷失了人生的方向，你是可以选择的，却失去了选择的内心定力。

我们现在可以理解，为什么无论在全世界还是中国，现代文明越是发展，轴心文明复兴的势头就越猛。这里涉及一个认同的问题。我是谁？我从哪里来？又要到哪里去？技术知识里面找不到认同，只有在宗教和人文传统之中，你才能找到自我的位置。"identity"这个英文词，可以翻译成"认同"，也可以翻译成"同一性"。只有与某种宗教和文化传统发生了关系，融为一体，你才是一个完整的自我。

为什么？因为"认同"。就像你进入一个朋友的小区，门卫大爷会问你的三个问题："你是谁？从哪儿来？要到哪儿去？"只有明白了你是从哪个文化走来的，才能真正意识到你是什么样的自我，又会走向哪里。

进阶思考

如果财富增加、生活进入小康、获得财务自由,你会觉得因此安身立命了吗?为什么?

延伸阅读

凯伦·阿姆斯特朗:《轴心时代:人类伟大思想传统的开端》,上海三联书店,2019年。

S. N. 艾森斯塔特:《反思现代性》,生活·读书·新知三联书店,2006年。

第 3 讲

只要是文化,就能叫"传统"吗

这里讨论的"中国文化",指的是中华民族作为一个群体的生活方式,既包括思想观念、政治制度这些"大传统",也包括民间信仰、风俗习惯、经济活动这些"小传统"。

文化精神与文化现象是灵魂与肉身、本质与现象之间的关系。失去了灵魂的文化是死的文化,而文化精神必须通过思想观念、社会制度、生活态度、风俗习惯表现出来。

不是所有的文化都叫"传统",只有那些活在当代的文化才是文化传统。

上一讲讨论了中国文化是一种轴心文明。那么，什么是中国文化呢？

是的，抽象的概念是很烧脑的。比如，我这几年提出一个看法：北京人比上海人有文化，上海人比北京人更文明，在微信上广泛流传，这里的"文化"与"文明"是什么意思？

不着急，这一讲，我就给你来具体讲解。不错，在系统学习中国文化之前，我们一定要先明白文化是什么，才能进入接下来课程的每一个入口。

眼花缭乱的"文化"定义

凡是一个大概念，都有非常丰富的含义。在20纪80年代"文化热"的时候，有一个学者统计了"文化"在不同学科、各种著作的定义，竟然有67种！在不同的情景中，"文化"的内涵是有微妙区别的。这个区别，就看它对应的是什么词。我这里举三个例子。

第一个，与"自然"相对的"文化"。在这个时候，文化是一个无所不包的大概念，凡是人类加工过的自然，都属于文化，你想一想，现在你所处的空间，有什么不属于文化？空气？对了，假如此刻你开着空调，那么这空气也是加工过的，也很"文化"啊。这个文化的概念太广了，不常用。

第二个，与"愚昧"相对的"文化"。这个意义上的文化概念，在日常生活中运用最多,"文化"意味着有知识和教养,大家都懂,不多解释了。

第三个,与"文明"相对的"文化"。这个时候有两个不同情境的理解。首先,应用在群体的时候,"文化"指的是一个民族或群体的特殊的语言、宗教、历史和风俗,而"文明"指的是对全人类都有价值和影响的高级宗教和哲学。我在上一讲已经说过,不是所有国家的文化都可以叫文明,但中国文化就是一种普世的轴心文明。

但是,当"文化"与"文明"应用到个体的时候,又有另一种含义。在日常用语当中,"这个人好文明"与"这个人好有文化",意思是有微妙区别的。"好文明"是指他有教养,有礼貌;"有文化"呢,说的是他受过良好的教育,知识丰富。我说北京人比上海人有文化,上海人比北京人更文明,指的就是这个意思。

凡属大概念,内涵都很复杂丰富,那么,我这门课要讨论的"文化",采用的是《剑桥百科全书》对文化的定义:"文化指的是一个群体的生活方式,其内容包括世代相传的思想和行为模式:信仰、价值观、语言、政治制度、经济活动、器具、技术和艺术形式。"这个定义中的"文化",指的是世代相传的两个东西:一是思想,其中包括信仰、价值观和语言;二是行为模式,指的是政治制度、经济活动、物质、技术和艺术的各种形式。

文化现象和文化精神

讲到这里,我们就明白了,文化里面包含两个不同层面的东西,一个是实实在在的，看得见、摸得着的，我们的感官能够感觉得到的，这叫"文化现象"；另一个是抽象的，躲藏在经验性的现象背后，叫"文化精神"。精神这玩意儿很虚，很玄妙。它是一套价值观、世界观，决定了你对世界的理解、你在世界中的位置以及你对自我的理解。用"90后"的语言来说，这叫"三观"，三观不能毁，毁了以后，你就没有精神气儿了！

文化现象是客观存在的，没有人会否认，人有精神，大家也承认。但一个民族有没有精神？像人一样，有一种民族精神？在这个问题上，英美哲学与欧陆哲学是有分歧的。英美哲学是经验主义传统，你说有民族精神，拿证据出来！承认有民族精神的，是德国人。因为德国人的宗教是虔敬派，对神秘的、玄虚的东西情有独钟。这一点，中国人与德国人很相像，也好这口，所以我们也相信，一个民族，有民族精神；一个城市，有城市精神；一个企业，也有企业精神。

文化现象与文化精神，就像一个人的肉身与灵魂一样，谁也离不开谁。丧失了灵魂的文化现象，是死的文化，而没有了肉身的文化精神，又是孤魂野鬼。皮之不存，毛将焉附？

那么，文化精神要通过什么样的文化现象展现自己呢？主要有四个：思想观念、生活态度、社会制度和风俗习惯。这四个文化现象构成了两组关系。

第一组关系，看其究竟是主观的还是客观的。思想观念和生活态度，都存在于人的主观层面；而社会制度和日常习俗，都是相对独立的客观环境。

第二组关系，看其是否是人们自觉建立的？显然，思想观念和社会制度是人们自觉创造和建构的产物。所谓自觉，意思是有一个理性的认识，是经过反思得到的结论，比如，你意识到"民主是一个好东西"，然后去有意识去地追求民主制度的实践。

但生活态度和风俗习惯呢，是世世代代不自觉留下的历史传统。涉及生活态度，比如喜欢吃辣还是吃甜的；还有日常习俗，比如端午节要吃粽子，重阳节要登高。这属于个人的偏好、老祖宗留下的传统，没有必要非拿出一套科学的道理出来，只是习惯成自然而已。

现象实实在在，看得见、摸得着，但精神、思想观念都是抽象的，躲藏在现象背后。你要理解我提炼出来的这个传统文化的深层结构，就不能把精神和现象截然两分。你一定要把握住它背后运行的规律：精神和现象是互动关系。思想观念可以影响社会现实，制度和社会也会反过来促进思想观念的进步。

光这么说，你可能觉得抽象，我们来看两个具体的例子。

思想观念是怎么影响文化现象的呢？

你肯定也知道，中国大部分人并不信宗教。但是你周围的亲人、同事、熟人，路过寺庙，也免不了进去烧个香拜个佛。这不太好解释，对吧？

不错，如果仅仅从现象来看，日常生活中的很多现象，我们都看不太明白的。在后面的信仰结构模块，我会给你分析烧香拜佛究竟算不算信仰。在中国，人和神之间形成一个"神人互惠"关系。人去庙里烧香磕头，不是因为精神上真的信仰佛教，而是为了求得菩萨的庇护。

那么观念又是如何影响社会现实的呢？

咱们设想一道选择题，假如有人碰到大麻烦，怎么办？选项A

是找律师，选项 B 是找关系。如果这件事是从网上看来的，我相信，很多人都会理性地建议：找律师，走法律途径啊。但如果这件事发生在自己或者家人身上呢？恐怕选择找关系的人要多得多。

同一件事，为什么会出现截然相反的选择？我理解，这是中国社会千年来的基本特点决定的，借用费孝通先生的定义，叫"差序格局"。中国人的人际网络是以自我为中心，由自我到家人，由熟人到陌生人，一层一层往外推，形成彼此重叠的关系网络圈。传统中国人不太相信陌生人的信用，更愿意相信熟人的人情。所以，真遇到切身的问题，首先想到的是找关系，而不是找律师。

不是所有的文化都叫"传统"

中国文化上下五千年，是如此丰富，一门课程如何讲得完呢？

告诉你吧，我要讲的，不是所有的中国文化，而是文化传统。传统与文化又区别在哪儿呢？

美国芝加哥大学著名的社会学家爱德华·希尔斯写过一本书，叫《论传统》，他有一个经典的定义："传统是一个社会的文化遗产，是延续三代以上、继续影响当代人生活的、并被赋予当代价值和意义的文化。"

在这里，我要提醒你注意三点：延续性、当下性和现实性。

其一，延续性。只有延续三代以上的文化，才有资格叫"传统"。历史上有许多文化，时过境迁，早被人忘记了，这不能算传统。如今的网络热词，各领风骚三五月，比如前几年非常流行的网络词"out"，今天也被"out"了，也入不了传统。只有延续三代以上的，差不多60年一个甲子,甚至百年以上的,那才叫经典,叫传统。

其二,当下性。传统不仅活在过去,而且活在当下,像幽灵一样继续存在于当代人的思维、心灵和日常生活、政治生活当中。在当下的社会实践中重新获得价值和意义的那些文化,不管是正能量,还是负能量,这些文化才能算"传统"。

我们要明白,传统一定不是死了的文化,那些已经死了的文化只能放到博物馆里,让人欣赏把玩,发思古之幽情。传统一定是活的,活在我们的生命与灵魂之中。鲁迅先生在"五四"的时候激烈地反传统,他感到自己古书读得太多,传统中的那些毒素就在自己的灵魂当中,反传统就是一场内心的"圣战",新的自我反对旧的自我的战争。

其三,现实性。传统跟现实紧密相关。如何理解传统,取决于我们如何定义自己所处的环境,中国所处的环境也决定了我们会成为什么样的人。传统已经浸润到民族的生命、我们每个人的生命当中,不管是精华还是糟粕。只有自觉地意识到生命和灵魂中的传统究竟是什么,来一个彻底的大盘点,你才能掌控传统这一内心之魔,而不是被它摆布。

所以,讲中国文化的历史,可以像外科医生那样,冷静地、客观地分析解剖。但是讨论中国文化的传统,没法不与当下中国的现实联系起来,只有在当下的参照之下,我们才能真正明白,某一个中国传统,比如儒家的三纲思想,究竟是好是坏,有没有可能化腐朽为神奇,变糟粕为精华。

人类学家将文化传统分为两种,一种是大传统,另一种是小传统。大传统有经典的文本、有正式的规范和制度,前面我介绍的文化现象中自觉的思想观念和社会制度，都属于大传统；而小传统呢，就是文化现象中那些不自觉的生活态度和风俗习惯，日用而不知，是多少年来沉淀下来的东西。大传统属于精英的专利，经典也好，制度也好，都是精英创造的，但小传统属于大众，是老百姓世世代代的日常生活自然演化过来的。

接下来的课程我将两面兼顾，既介绍中国文化大传统中的思想观念、政治制度和高级宗教，也会讲解中国文化中社会风俗、民间信仰的小传统。

进阶思考

为什么只有延续了三代以上的文化，才能算传统？对你影响最深的是大传统还是小传统？

延伸阅读

爱德华·希尔斯：《论传统》，上海人民出版社，2009年。

第4讲

百家争鸣是怎么发生的

西方有西方的哲学,注重"逻各斯中心主义",中国有中国的哲学,有东方式的思维和智慧。

西周分封制礼崩乐坏以后,知识分子从天子和贵族的包养中独立出来,成为"自由流动资源",文化从官府走向民间,官学变成了私学,这使得百花齐放、百家争鸣成为可能。

流落到社会的士人开始分化,文士建立了儒家,武士创造了墨家,隐士相信的是道家,辩士鼓吹的是名家,方士崇拜的是阴阳家,而法术之士信奉的是法家。这六家成了先秦最重要的哲学流派、最灿烂的中国轴心文明。

2001年，法国大名鼎鼎的后现代哲学大家德里达教授访问中国，到了上海，点名要见大学者王元化先生。两位大师见面之后，就开始讨论哲学。德里达说，中国古代没有哲学，只有古希腊才有哲学。原来，他心目中的哲学有一套标准，那就是柏拉图和亚里士多德式的，有严密的概念系统，完整的逻辑论述，用他的话说，叫"逻各斯中心主义"。而儒家和道家，哪里有逻各斯中心呀？都是火花乱冒、警句格言式的。

但是，王元化先生很认真地告诉他，东方哲学与欧洲哲学不一样，先秦时代，中国哲学有自己独特的内容和形式。

我们且放下东西方两位大师的争论，来看看在公元前600—400年的"轴心时代"，中国哲学史是如何出现的，如何发生了文明的突破？

自由流动资源的出现

那个时候，出现了"百花齐放、百家争鸣"的热烈场面。很奇怪，春秋战国是乱世，各路诸侯忙于称霸、打内战，政治上是一团漆黑，气得孟子破口大骂"春秋无义战"。奇怪得很，偏偏政治是乱世的时候，文化却是一片繁荣。这样的情形在中国历史当中出现多次，比如魏晋南北朝、民国年间。这就告诉我们，文化与政治不是同步的。有时候，当大一统发生松绑、统治者内部分裂的时候，倒是文化的春天来了。

美国有一个很有名的社会学家塔尔科特·帕森斯，他发现轴心文明要突破，最重要的是要有人，而且不是一般的人，是要像孔子、老子、苏格拉底、耶稣、穆罕默德、释迦牟尼那样的先知。先知总是反潮流、反体制的，具有造反精神，他首先在身份上要获得独立与自由。

在"轴心时代"之前，中国的知识分子在身份上是不独立的，只能依附于官家。这就要讲到西周的分封制，后面我在政治制度一讲中会详细为你讲述，这里只提一点，在分封制度之下，分天子、诸侯、卿大夫、士和庶民这样的阶级分层。"士"就是古代的知识分子，比平民高级一点，但又是贵族阶级的最低层，有点像日本的武士阶级。他们都是天子、诸侯和卿大夫包养的，既能文，又能武，既是小官吏，又是知识人。但那个时候是"学在官府"，没有私学，他们通通都是官家人，为君王和贵族出外打仗、算命占卜、观察天象、筹划祭祀、记录历史，忙得很啊。

到了春秋战国，西周这套分封制开始礼崩乐坏，君不像君，臣不像臣，全乱套了。天下大乱，上层贵族养不起士了，于是士纷纷流落到社会上，像孔子自嘲的那样，成为"丧家之犬"。用帕森斯的学术语言来说，叫"自由流动资源"。

现在你一定明白了，为什么中华文明的突破只可能发生在春秋战国。解体、自由、突破，是实现文明突破三个环环相扣的因果链条，在这个时候，刚好都发生了。

官学没有了，文化就繁荣了

春秋战国时代那些落魄的底层士人，流落到社会上，在干些什么呢？他们分化了，各干各的。有些人专门从事教育，操办礼仪，这叫文士；有些人成为职业军人，专门打仗，这叫武士；有些人远避战乱，躲进山林，这叫隐士；有些人非常好辩，爱钻牛角尖，这叫辩士；有些人专职算命，知道天命，这叫方士；有些人辅助君王，制定法律，这叫法术之士。还有更多的职业，我这里就不一一列举，反正是各奔前程，各显神通。

你不要以为那些职业对他们来说只是一个饭碗。所谓士，就是古代的知识分子，都是不安分的，除了谋生，还有更大的文化野心，要著书立说，为天地立心。于是，每一个职业，都发展出一套哲学。反正天子、诸侯也管不了，没资格管了，自由的文化人爱怎么想就怎么想，爱怎么写就怎么写，于是百花齐放、百家争鸣，先秦时代的文化大繁荣出现了，哲学突破了，文明诞生了。

在西周分封制下，是没有"百家"的。因为学问上的"家"，都与个人的学派有关，没有从官学向私学的转变，就不会出现百家争鸣。礼崩乐坏以后，你独立了，出来办私学，周围聚了一大帮慕名而来的学生，师生自由讲学，切磋学问，那么学派就出现了。

官学变成了私学，文化就繁荣了。

诸子百家当中哪六家最重要

那么，百家争鸣的百家，是哪一些呢？西汉大史学家司马迁的父亲叫司马谈，他认为前秦诸子百家当中，最重要、最有影响的是六家。我前面介绍了六种不同的士人，文士建立了儒家，武士创造了墨家，隐士相信的是道家，辩士鼓吹的是名家，方士崇拜的是阴阳家，而法术之士呢，信奉的是法家。

儒家、墨家、道家、名家、阴阳家和法家，就是先秦哲学中最重要的六家，除此之外，还有农家、兵家、纵横家、杂家等很多家，后来有的已经失传。它们只是春秋战国年代昙花一现的流星，没有传下来成为悠久的历史传统。

在接下来的课程当中，我将给你仔细讲解六家中最重要的四家：儒家、墨家、道家和法家。而其余两家，阴阳家和名家，现在我就简单说一说。

阴阳家的全称叫"阴阳五行家"。这一派关心的问题很大：宇宙如何起源和运行？古代人饭都吃不饱，饿着肚皮为什么还要思考宇宙？因为那个时候的人，总觉得人生如蚂蚁，浩瀚的天穹之中，总有一种冥冥的未知掌控着自己的命运，所以人与宇宙的关系特别密切。他们要通过占卜、祭祀与天沟通，窥探部落与自己的命运。

阴阳五行说，最重要的是一个人和一部书。

这个人是邹衍，他是战国时代齐国人，司马迁很欣赏他，因为他上知天文，下知地理，提出五行说，水木金火土，相生相克，宇宙也好，朝代也好，都是按照五行的顺序运行的。所以古代的皇帝正式头衔叫"奉天承运皇帝"，承运，就是尊奉五行运行规律的意思。关于这一点，我以后在讲到汉儒董仲舒的时候再细说。

这部书就是大家非常熟悉的《易经》，也叫《周易》。这是算命人的葵花宝典。如果说五行解决的是宇宙如何运行的话，那么，《易经》中的阴阳之学回答的就是宇宙的起源问题。中国人的原始宗教里，有一个母亲的神和父亲的神，他们代表阴阳，生出万物。《易经》中的经，就是八卦，每个卦是由三条连线或者断线组成，算命的时候，任意取两个卦组合起来，就得到八八六十四卦。据说最初是西周的巫师占卜的时候，用火烧乌龟壳形成不同的裂纹，从而发明了八卦说。

接下来再讲名家。先秦的名家有两种人，一种是专门为人打官司的，好辩，另一种人专门研究思维和表达中的形式逻辑。我讲两个故事，你就明白了。春秋年间有一个叫邓析的，是有名的律师。有一天，郑国的一个富人淹死了，捞到尸体的人想敲竹杠，开出天价赎尸费。家属来问邓析，他慢悠悠地说："不要着急，他不把尸体卖给你，还能卖给谁呢？"捞到尸体的人久等家属不来，发急了，也来找邓析。邓析又说："急什么，他不找你买，还能找谁呢？"可见邓析的本领是对法律条文咬文嚼字，并不关心背后的实质精神，只重"名"，不重"实"。

名家中的另一种人是爱钻牛角尖，找思维中的逻辑错误。最具代表性的人物叫公孙龙。有一次他骑着马过关卡，被士兵拦下来："人可过，马不许过！"公孙龙当场反驳："我骑的是白马，白马非马！""白马非马"，后来变成了成语，意思说是诡辩术。其实公孙龙是区别了思维中的两种不同的概念，"马"是抽象的，属于集合概念；"白马"是活生生的，是具体概念。可惜，这一对形式逻辑的研究传统，后来在中国文化当中没有发扬光大，使得中国人的思维不像古希腊人那样严谨，不讲究"逻各斯中心主义"，更多的是形象思维。

进阶思考

为什么文化的繁荣与政治不同步,有时候越是乱世,文化越活跃?

延伸阅读

冯友兰:《中国哲学简史》,生活·读书·新知三联书店,2013年。

甲部

中国文化的核心结构——儒家

一般人以为中国文化具有人文精神,但是,在古代,文化的人文精神不是像今天一样源于世俗,人文的背后,还有一个超越的"天"。讲人文,离不开天与人的关系。

　　西方文化的核心是神人关系,中国文化的核心是天人关系。中国文明的突破和演化,就是天人关系的变化。

　　我们从中国文明的突破讲起,围绕着儒家哲学的历史演化,讲解中国文化如何将超越的天命落实为人间的两大秩序——社会秩序与心灵秩序——并为这两大秩序提供合法性的,又是如何一步步成熟,差一点完成个人意识突破的。

　　如何从古代文明到现代文明、从古代人到现代人?古代到现代之间,不仅有断裂,还有内在的关联。

第 5 讲

为什么是孔子实现了中国的文明突破

历史上的儒学分三个阶段：先秦时代的孔孟、汉代的董仲舒和宋明理学。

孔子是儒学的开山鼻祖，也是中国第一位老师，他创办私学，让中国产生了文明突破，有了儒家哲学。

孔子的教育理想是培养博雅之士，熏陶贵族精神，有高贵的人格、道德的情操和渊博的知识。

从这一讲开始,我要讲儒家。我想请你思考一个问题:什么是中国?

要知道,古代的"中国"这个概念,跟现代意义上的国家不太一样,它不是指以某个民族为主建立起的国家,而是指以共同的文明组织起来的国家。

这个文明的核心结构,就是儒家思想。它解决了一个中华文明的最根本问题:它的基本框架应该是什么样的?一个文明的基本框架,简单来说,就是两种秩序:社会政治秩序和道德心灵秩序。你要了解古代中国的这两种秩序,首先就要了解儒家。

关于儒家,你一定不陌生,孔子、孟子、朱熹、王阳明……他们的许多名言你也一定耳熟能详。不过,儒家是怎么诞生的,它是怎么按照自己的内在逻辑,从先秦民间的儒家,到了汉代成为官方意识形态,东汉末年以后又衰落了800年,到北宋又重新复兴?在这个历史过程当中,又如何回应了两种秩序的安排?这些问题,正是我要为你重点讲解的。具体来说,我们会从几个重要人物切入,看看他们怎么在两种秩序的基本框架下,一步步完善儒家思想,塑造了古代中华文明的核心结构。

天不生仲尼,万古如长夜

古代有一句话说:天不生仲尼,万古如长夜。这个仲尼,就是孔夫子。今天的人可以不信,但你有没有想过,古人为什么会信？孔子在中国的地位，为什么鹤立鸡群，到处都有孔庙，到处受人膜拜？

答案很简单，孔子实现了中国历史上的"文明突破"。

什么叫"文明突破"？有一句曾经很流行的广告词：不是所有的牛奶都叫特仑苏。套用这句话，我也要告诉你，不是所有的文化都可以称为文明。

文化无所不在，只要有人群的地方，就有文化。但文明就不一样了，只有那些对全人类都有普世影响的文化，才配得上叫"文明"。这样的文明，叫轴心文明。人类历史上，曾经有过一个"轴心时代"，是在距今两三千年之前，也就是公元前600—400年间，在欧亚大陆发生了一场"文明突破"，产生了绵延到今天的世界各大轴心文明：古希腊文明、犹太教—基督教文明、印度教—佛教文明，在我们脚下这片土地呢，诞生了中国文明。

如果要寻找中国文化的起源，如今学术界都公认是"满天星斗"，东西南北都有文化的火种。南方有河姆渡文化、良渚文化；北方有仰韶文化、红山文化；西南有至今还是一团谜的三星堆文化。但是，在"满天星斗"的原始文化当中，只有黄河中下游的文化逐步演化成强大的国家夏、商、周，最后发生了可以与其他轴心文明媲美的"文明突破"。

"文明突破"的意思，就是一个民族的原生态文化通过几千年的量变，突然在某一历史时刻发生了质变，一瞬间从特殊的民族文化升华为普世的高级文明。

中国"文明突破"的历史时刻，就是在春秋战国时期，而实现突破的标志性人物，就是"至圣先师"孔子。

有心灵的自觉,才有文明的突破

你肯定想知道的是,孔子究竟解决了什么问题,才让他成为"文明突破"之人?

要回答这个问题,首先要明白的是,古代人最关心的问题,是人与天的关系。所有的高级文明,真正要解决的问题,就是两个世界的问题,一个是可以感觉得到的现实世界,另一个是抽象的超越世界。西方人将那个抽象的超越世界想象为上帝,中国人呢,就叫"天命"。于是,基督教的核心是神与人的关系,中国文化的核心是天与人的关系。

古代的中国人对天是很恐惧又很敬畏的,做任何事情,都要首先祭天,了解老天是怎么想的。谁有资格祭天?当然是部落酋长,夏、商、周有了国家之后,就是王权。但是,真正有能力通天的,还要有点知识,中国最早的知识人,你猜是谁?竟然是巫师。

巫师的地位很高,他掌握了一套巫术,通过占卜,口中念念有词,可以直达天庭,替天传达神秘的意志。不过,巫师只有通天的直觉,他没有心灵的自觉,也就是说,没有理性思考能力。而任何"文明突破",都是与心灵的自觉有关。巫师还没有到那个份儿。

历史学家在讲到殷商的时候,都说"殷人好鬼",可以说殷商是一个巫师的时代。到了周代,巫师进化了,不仅懂巫术,而且还掌握了一套礼乐,也就是祭祀祖宗和老天的仪式,他们成了半巫半士之人。不过呢,他们与巫师一样,也同样没有心灵的自觉,更没有思考,只是规规矩矩地重复古人传下来的那套礼仪。知其然,不知其所以然啊。

儒学思想的核心,一个是"仁",另一个是"礼"。在孔子之前,西周其实已经有非常发达的礼乐。孔子一个著名的核心主张就是"克己复礼"。但是在周朝,一个极其重要但是没有被回答的问题,就是为什么人一定要遵循"礼"这套规范呢?是为了维护社会的秩序?还是为了利益的最大化?还是什么其他原因?

我现在可以告诉你,孔子完成了一个惊天动地的大事儿,他从"礼"的背后,发现了"仁"。

什么是"仁"?就是人的心灵自觉,对文明秩序有理性思考的能力。本来嘛,周礼这套秩序只是一个社会政治的外在秩序,孔子之所以伟大,就在于竟然发现了在外在秩序背后,还应该有一个更深刻的心灵秩序——"仁"的秩序。这个"仁",就是有爱心与道德。孔子以德来解说礼,赋予礼乐以仁的自觉。

所有的高级文明,必然有一套哲学或宗教思想,阐述人内心共存的秩序。比如,基督教就是一个救赎的秩序,佛教则是如何解脱去苦。儒学呢,就是如何成圣成仁。

中国的"文明突破",就是从孔子发现"仁"的那一时刻开始了!你现在一定明白,尧舜、周公、文武王,只是建立了文明的制度,只有到了孔子,才有了文明的自觉,用现代哲学的话说,是孔子赋予了中国文明的"道德主体性"。

与孔子携手实现"文明突破"的,还有道家的老子,我以后会与你细讲老子的学说。我刚才已经讲了,轴心文明的核心问题是天人关系,老子的贡献在于"天",一本《道德经》就是告诉我们"天道"是如何运行的;而孔子呢,最深刻的思考是"人",一个有内在心灵深度的道德人。

具有神一样魅力的儒者

任何文明的创立,都需要有先知。孔子就是儒家文明的第一个先知。用德国大思想家马克斯·韦伯的话说,叫"克里斯马",具有神一样魅力的人物。

据说,春秋时代鲁国有一个显赫的贵族,叫孟僖子,临死时嘱咐家臣说:"我听说不久将有一位伟大的圣人出现,他叫孔丘,将继承文王周公的伟业。我死了之后,务必把我的两个儿子送到他那儿去,学习周礼。"说完就闭上了眼睛。

孔子也是鲁国人,他的祖辈从商朝开始是世代贵族,到了他父亲叔梁纥这里,60多岁的时候,娶了孔丘的母亲,15岁的颜徵在。因为年龄相差悬殊,不合礼法,被《史记》记上一笔,叫"野合"。不过,"一树梨花压海棠"的婚姻,生下来的孩子比较聪明,果然,公元前551年9月28日,孔子诞生了。

孔子3岁的时候,父亲死了,17岁的时候,母亲也过世了。少年孔子好学而勤奋。贵族的孩子当时要学"六艺",就是六种本领:礼(礼仪)、乐(音乐)、射(射箭)、御(骑马)、书(书写)、数(算术),亦文亦武,十分了得。后来他说自己"十有五而志于学,三十而立"。他有大志向,但不拒绝做小事,到30岁的时候,已经成就很高,名满天下。

这个业,就是办私学。孔子是中国第一位老师,是教师的祖师爷。上一讲我说过,西周只有官学,没有私学,孔子第一个出来收徒讲学,学费呢,只要送十串腊肉就可以了。西周分封制的时候,只有贵族的后代有资格学习,但孔子是"有教无类",不管三教九流，还是五湖四海，只要素质不错，皆罗列门下。后来号称"弟子三千，贤人七十二"，成才率是多少？2.4%。

　　孟僖子的两个儿子遵照父亲的遗愿，来孔门拜师的时候，他们见到的是怎样一位老师呢？民国的史学大家张荫麟这样描述：孔夫子总是衣冠楚楚，和蔼中带有严肃，举手投足，恭敬而自然，平常像一个乡下人一样，淳朴得好像不会说话，但讲起课来却滔滔不绝，充满智慧，还经常有一些幽默和自嘲。他最喜欢的性格是"刚毅木讷"，最厌恶的人是"巧言令色"。他总是文质彬彬、温文尔雅，令人如沐春风之中。

　　这，就是一个儒者的形象。

进阶思考

　　为什么孔子是中华文明突破的第一人？

延伸阅读

　　余英时：《论天人之际：中国古代思想起源试探》，中华书局，2014年。

第 6 讲

君子有德，小人也有自己的道德吗

孔子的学说是一种人文哲学，最重要的三个概念是仁、义、礼。"仁"是内在的德性，"义"是形式的义务，"礼"是外在的规范。

如何成为一个有道德的人？孔子告诉我们，君子要有忠道：己欲立而立人，己欲达而达人。而小人也有自己的道德：己所不欲，勿施于人。

"小人之德"，就是作为一个普通人应当遵守的"底线伦理"。在做"伪君子"还是做"真小人"之间，还可以选择做一个有所不为的正派人。

现在年轻人喜欢为自己的人生设立一个小目标，但儒者不讲小目标，总是胸怀大梦想。这个梦想，就是成为有德之君子，甚至像孔子那样的圣人。但人都有七情六欲，做不到怎么办？于是伪君子就出来了。有不少人说："我宁愿是真小人，也不愿做伪君子！"

那么，在真小人与伪君子之间，是否还有第三个选项？这一讲我要从"仁"与"礼"谈起，来回答这个问题。

三个核心概念：仁、义、礼

不少人怕哲学，很烧脑。其实学哲学不难，只要从核心概念入手，搞懂了它的含义，明白了概念与概念之间的联系，你就入门了。

孔子哲学的核心概念有三个，一是"仁"，二是"义"，三是"礼"。在薄薄的一本《论语》当中，"仁"出现了109次，"义"24次，"礼"74次。出现的频率越高，越有可能是一个哲学体系中的核心概念。

什么是"仁"？我在前面给你讲过王元化与德里达两位东西方思想大师会面的故事。西方哲学是逻各斯中心主义，要解释一个概念，首先要定义，然后通过严密的推演来论证这个概念的合理性。但从孔夫子开始的中国哲学不是这样，更多不是逻辑思维，而是形象思维。我们以后要讲的庄子，是通过一个个寓言讲自己的智慧。而孔子则是比喻，举一反三，将概念放在具体的生活场景里，告诉你它是什么意思。

《论语》里面109次提到"仁",大多有具体的场景。有一个故事,讲孔子家里马棚着火了,孔子问"伤人乎",不问马。在春秋年代,家奴与马都是贵族的家产,但孔子最关心的是人,而不是马。这个故事告诉我们,所谓"仁",首先是以人为本,人是天地间万物之灵,人的身体与生命、人的精神尊严,是最有价值、最值得关心和尊重的。孔子思想被称为人文哲学,以人为本位,这与以上帝为本位的基督教形成明显的对比。

"仁"这个字,"人"是偏旁,右边一个"二",说明"仁"这个概念阐释的是人与人之间的关系,讲人与人之间应该如何互相对待。有一次,学生樊迟问孔子:"老师,能不能用最简要的语言告诉我们什么是'仁'啊?"孔子用两个字回答:"爱人。"孔学就是仁学,后来孟子用四个字对仁学作了概括:"仁者爱人。"

现在来讲第二个概念:义。儒家最喜欢讲"义利之辨",说"君子喻于义,小人喻于利",意思说,道德高尚的人关心"义",而缺乏道德意识的人只在乎蝇头小利。那么,什么是"义"呢?义者,宜也。所谓义,很简单,就是去做那些合宜的事、应当做的事。这有点像康德的伦理思想。德国大思想家康德说,这世界上令我敬畏的,只有两个东西:天上的宇宙与内心的道德令。这道德令是绝对的,没有讨价还价的余地,因为是应当做的。做道德上应做的事情,这就是"义"。

最后讲"礼"。孔子的时代礼崩乐坏,西周那套维持天下秩序的礼仪崩溃了,作为贵族后代的孔子很着急。他说,我所有的努力都是为了"克己复礼",希望所有人都能约束自己,按照西周的礼仪做人行事:"一日克己复礼,天下归仁焉。""礼"是什么?礼就是外在的道德秩序。关于礼，我以后在讲到荀子的时候，还会详细为你讲解。

仁、义、礼，这三者是什么关系呢？我告诉你一个简单的结论："仁"是内心的德性，"义"是形式的义务，"礼"是外在的规范。也就是说，"仁"是你内心的道德品质，"义"是你去做道德上应该做的事情，"礼"是一套制约你行为的社会伦理规范。

儒家的忠恕之道

仁、义、礼好是好，究竟用什么方式实现呢？孔子进一步提出了成就道德的忠恕之道。

你不要以为孔子很迂，对人很苛刻，时刻用很高的圣人标准去批评别人。道德要求是因人而异的，对君子与小人不一样。孔子在《论语》里谈到道德，最喜欢讲君子如何如何，小人如何如何，以此作对比。注意，在周代，君子与小人没有如今道德上的褒贬含义，只是阶级的差别，君子是贵族，小人是平民。只是到了孔子这里，赋予君子与小人不同的道德内涵，君子与小人不再是阶级的差别，而是道德上的高低之分。

君子的道德是什么？孔子提出忠道。所谓"忠"，不是忠诚的意思，而是指一种高层次意义上的道德。有一天，学生子贡问老师："什么是仁？"孔子这次回答说："夫仁者，己欲立而立人，己欲达而达人。"也就是说，自己想立身而做的榜样，也要帮助别人来一起努力，自己想达到的善事，也要鼓励别人一起做。孔子承认，这个道德要求很高，接近于圣人的境界了，连远古的圣人尧舜要做到也很吃力呢！不过，难归难，对于一个受过教育的君子来说，"虽不能至，心向往之"，还是要往这个境界努力。

孔子是明白人，"人人皆为尧舜"是不现实的，那么，一般凡夫俗子怎么办？于是他提出另一种道德标准：恕道。这恕道不是宽恕的意思，而是指底线层次意义上的道德。另一个学生仲弓也请教孔子："老师，什么是仁？"孔子这次回答了八个字："己所不欲，勿施于人。"这句话现在已经成为成语：自己不喜欢、不愿意承受的行为，不要强加于别人。

这就是恕道，用现代的语言，叫"底线伦理"。忠道是对那些觉悟特别高的君子的要求，不可能要求人人做到，恕道就不一样了，它是普遍的。不管是贵族还是平民，是否受到过教育，只要你是人，就要遵循恕道，不做那些伤天害理的事儿，那些自己也觉得不对的事儿。

这个底线伦理，世界各大轴心文明都有，而且还是相通的。基督教里有摩西十诫，不可偷盗、不可杀人、不可奸淫、不可作假、不可贪婪等。伊斯兰教、佛教当中也有类似的戒律。有意思的是，宗教的底线伦理是一张负面清单，不可如何如何，但孔子的恕道却只用了八个字，将底线伦理讲得清清楚楚，包罗万象。这就是东方的智慧。

孔子的智慧，乃是一种将心比心、推己及人的方式。人同此心，心同此理，只要你还是人，就不该对同类做那些不该做的事。这里有一个问题，凭什么可以将心比心？这就涉及"人性究竟是什么"。孔子没有解决这个问题，后来被孟子解决了，我在以后介绍孟子的时候再来深入讨论。

孔子的忠道要求过高，强制推行，的确会造成遍地伪君子。东汉年间，儒学成为社会普遍的道理伦理。百德孝为先，皇帝宣布以孝治天下。谁是大孝子，谁就可以在社会上赢得巨大的声望。于是很多儒生就开始装。有个叫赵宣的儒生，父母死了，本来只要守制3年，但他搬到父母的墓道里居住，住了20年不肯出来，成为天下第一大孝子。后来新上任的地方官去拜访他，发现这位赵宣在守孝期间违反夫妻不同房的规矩，竟然养了5个儿女！强制推行高调的道德，必定鼓励大家当伪君子。

你大概还记得，在2008年汶川大地震的时候，出了一个很有名的人物"范跑跑"。后来在凤凰卫视节目的时候，出来一个姓郭的，慷慨激昂地责骂范跑跑。许多年轻人看不下去，讽刺他叫"郭跳跳"。有网友说，我宁愿做一个范跑跑式的真小人，也不要成为郭跳跳那样的伪君子！

到底是伪君子的社会好，还是真小人的社会好？两害相权取哪个？我的看法是，假如只能选一个，我宁愿选伪君子社会。为什么？因为真小人社会虽然人人真诚，却是真诚地坏，是一个人人为己、没有伦理价值的弱肉强食社会，而伪君子社会虽然许多人要装，但至少表面上还有一个大家认的道德，明白很多事儿是做得说不得的，不能理直气壮做坏事。而假如有人装一辈子伪君子，也就弄假成真了！

其实，在伪君子与真小人之间，还有第三个选项：一个正派人的社会。所谓正派人，未必是活雷锋，但他守得住底线伦理，不会做那些伤天害理的事，你与他在一起至少有安全感。今天的中国社会，伦理底线到处都被突破，我们首先需要的不是有所作为的活雷锋，而是有所不为的正派人。而守得住伦理底线，这是对所有人的要求，不管你是君子，还是小人。

进阶思考

孔子说的"己所不欲，勿施于人"这一恕道，在当今社会是否还具有普遍的道德价值？

延伸阅读

蒙培元：《蒙培元讲孔子》，北京大学出版社，2005年。

第7讲

知识分子为何是文化托命之人

孔子学说虽然是人文哲学,但孔子很喜欢谈"天",他所说的"天"有三个含义:自然、命运和德性。

中国文化的精髓是"天人合一"。"天道",也是"人道",人与自然,最重要的是保持和谐。

对"天命",要有敬畏之心。孔子就是"文化托命之人",他以"知其不可而为之"的精神,在现实世界中努力实践他所认识到的伟大的天命。

孔子要培养的不是只为稻粱谋的"小人之儒",而是"志于道"的"君子之儒",由此奠定了中国知识分子忧国忧民、家国天下的精神传统。

上一讲我为你讲了孔子的核心概念"仁"与"礼",还有他的"忠恕之道"。在各大轴心文明当中,孔子的学说与几大宗教不同,不是以神为本位,而是以人为本位,孔学就是人文哲学。

不过,你不要以为当我说孔学是人文哲学的时候,意思是说它与我们现在讲的人文精神毫无区别。不是的,现代的人文精神是彻底的人类本位,人的背后没有任何神秘的力量。但孔子讲人的时候,却有一种冥冥之中的东西在支撑着人,既然孔子又不信神,那么,它是什么呢?

或许,你已经猜到了,孔子在讲人的时候,其背后的神秘力量,是"天"。天?那是什么呢?你听说过"天人合一"吗?对了,这是中国文化与西方文化最核心的区别。那么,与人合一的"天"是什么?为什么说,知识分子的使命就是实践天命,他们是一些"文化托命之人"?

这一讲我就要为你揭开这个谜,这个谜也是中国文化之谜。

什么是"天人合一"

接受过科学教育的现代人,一谈到"天",可能想到的就是头顶上的那片天空,那是物理学意义上的宇宙或者自然。这个"nature"是客观存在的,不以人的意志为转移的。

不过,孔子在讲到"天"的时候,除了"自然之天",还有其他两个意思:"命运之天"和"德性之天"。

中国人经常感叹一句话："生死有命，富贵在天。"这句话来自《论语》当中孔子的学生子夏。这里说的"天"，就是冥冥当中似乎有一种主宰我们的力量，它法力无边，让我们无法摆脱，只能通过《易经》算命占卜去知晓天机。这是"命运之天"。

还有一种"德性之天"。有一次，孔子带领一帮学生去宋国，在大树底下操练周礼。宋国的大司马（就是国防部长）桓魋很讨厌孔子，派人将大树砍倒，要加害孔子。孔子连夜离开宋国，学生为老师捏了把汗。孔子很自信地说："老天将实现仁德的使命赋予我，桓魋能把我怎么样？"这里说的"天"，就是一种有德性内在品质的天。因为从周代人开始，就认为天的本性是有德的。所以老天将德性赋予了孔子，让他去人间实践天德。

孔子心目中的"天"，既是自然的，又是有德性的，又能主宰人们的命运。中国人的"天"，与西方人的"上帝"观念有点相似，但天没有上帝那种人格化的特点，也不是造物主。最重要的区别，在西方，上帝的意志与人的意志是对立的、冲突的，亚当、夏娃在伊甸园里受到蛇的诱惑，违背上帝的意志，偷吃人生的智慧果，结果人就有了原罪。但在中国，天与人之间并没有一条绝对的、严格的界限，天道就是人道。中国人喜欢讲天地良心，人的内心"小宇宙"与天的"大宇宙"竟然是相通的！"大宇宙"的天道可以通过人的"小宇宙"的爆发，得以在人间实现。

你现在明白，什么叫"天人合一"了吧？

"天人合一"有两种不同的模式。一种是外在的"天人感应"，西汉的董仲舒很喜欢讲这个东西。人间有什么灾祸，比如洪水、地震，一定是人得罪了老天，皇帝于是要赶紧下罪己诏。另一种模式叫"天人相通",明代的王阳明认为人的内心良知与天是相通的,天理与人心就是同一个世界。这两种模式,我以后在讲董仲舒与王阳明的时候,会为你详细讲解。

孔子就是文化托命之人

现在我们回到孔夫子。

孔子有句脍炙人口的名言:"三十而立,四十而不惑,五十而知天命,六十而耳顺,七十而从心所欲,不逾矩。"意思说,人生不同年龄的道德境界是层层递升的:30岁的时候,明白天下的礼,是立身之本;到40岁,守得住自己的内心,不再受外界欲望的诱惑;到50岁,已经悟透了什么是天命;到花甲之年,听得进尖锐的逆耳之言,能够择其善者而从之;70岁的时候,言行处事达到随心所欲但又符合伦理规矩的境界了!

此刻的你,处于什么样的境界?我们虽然不是圣人,但司马迁在《史记》里讲到孔子的时候,说:"虽不能至,然心向往之。"圣人的境界太高,高山仰止啊,但我们凡夫俗子应该内心往这个境界努力,取法乎上得乎中,哪怕做到一半也好啊。

现在我们重点来讨论一下"五十而知天命"。"天命"是什么?为什么要"知天命"呢?

前面说过,天能够主宰人的命运,那么,"天命"就是天的意志。在孔子、老子这样的先知诞生之前,远古的文化主要保存在巫师那里,巫师本是一种职业,为王权服务,他懂甲骨文,只有巫师才有本领与天沟通,了解天命。每当部落酋长或者君主想出兵打仗,就要让巫师在那里占卜,在火上焚烧乌龟壳,观察形成怎样的裂痕,然后根据八卦的原理,来解释天命。

天命很神秘,更令人畏惧。巫师既匍匐于天命,又从属于政治权力,他并没有从宇宙和王权中分化出来,成为独立的知识人。只有到了轴心文明时代,孔子诞生,创造了儒家学说,文化遂第一次跟宇宙和王权分家,建立独立的道。孔子说"士志于道",这个"道",既是天道,又是人道。天命不再像向远古时代那样神秘,而是可以通过知识来了解,这叫"知天命"。

孔子说:"不知命,无以为君子也。"做一个有道德的君子,要知道天命!因为在孔子看来,天本身就是有道德的,所以人必须遵循伦理。先知道,才能实践啊。

知天命还不够,还要敬畏天命,对宇宙的规律、绝对的道德有敬畏之心。这里我们就可以明白,孔子的人文主义与现代的人文精神是有一些区别的。到了启蒙运动之后,人开始成为宇宙的主人,我们不再相信在人的世界之外,还有什么神秘的世界存在,不管那里住着上帝、菩萨,还是天命。人就是上帝,人道就是天命。于是,人就变得很自以为是,自信可以创造一切,改变一切,还很豪迈地宣布:彻底的唯物主义,是无所畏惧的!与天奋斗,其乐无穷!与地奋斗,其乐无穷!与人奋斗,其乐无穷!

但是,孔子却告诉我们,对天命,要有敬畏之心。这个敬畏,就是对大自然的规律、对天命所蕴含的绝对道德的敬畏。宇宙是有自然秩序的,人类社会也有相应的伦理秩序,这都值得我们敬畏。人与天要保持和谐,人与大地也要保持和谐,人与人之间,更要有和谐。中国文化中的"天人合一",指的就是这个意思。

不过，天命不会自动降临人间，天命要通过人来实现，那就是孔子、老子这样的文化人，我把他们称为"文化托命之人"，也就是说，天命寄托在他们身上，要由这些先知来完成。孔子呢，也有这样的自信和担当。

有一次，孔子在周游列国、推广自己的学说时，又碰上了厄运。他与他的弟子们在一个地方被人团团包围，那些人还要杀孔子。弟子们非常着急，孔子却神态自若地弹琴唱歌。学生子路问："形势很危险啊，老师怎么还有如此雅兴？"孔子说："周代的文王已经死了，他担当的文化使命如今落到我的身上，要由我来继续。假如我死了，天命就断了！放心吧，天命不会中断，那些人奈何我不得！"

你看，孔子是何等的乐观，又是何等的悲壮。他有一种精神，叫"知其不可而为之"。其实，实现天命难乎其难，可能你奋斗一辈子，未必能看到理想实现的那一天。但是，只要你胸怀大志，努力去做，成不成功，是不重要的；要紧的是，你在追求，只问耕耘，不问收获。这很有点像基督徒的天职感，just do it！这就对了！

士志于道与忧患意识

在中国文化当中，知识分子不仅是有文化的人，他们其实代表着政治权威之外的另一种权威，或者说另一种合法性。

只有到了孔子之后，儒家的知识分子有了独立的道德理想，心里的道德自觉战胜了对权力的依附，这才会从宇宙和王权之中分离出来，成为一种独立的社会力量。我们之前讲过，孔子的一个重要贡献，就是在官学之外办了私学。那什么叫私学？私学就是官方之外的另一套文化系统嘛。

这样形成的知识分子，有一个显著的特点，就是忧患意识。就是说，知识分子不仅要担心自己的饮食起居，还要担心各种家国天下的事情。不管他在政治系统中有没有地位，他都要这样做，因为知识分子对道德的执着跟他的政治地位本来就没有关系。

我们都听过这些话，就是范仲淹说的"先天下之忧而忧，后天下之乐而乐"，"居庙堂之高则忧其民，处江湖之远则忧其君"。从我们今天的观点来看，君主的事情有君主来管，平民的事情有平民来管，知识分子去忧心个啥呢？但是，中国知识分子的文化性格就是如此，既要站在世俗权力之外，又要对等地去批判世俗权力。这就是"小人儒"和"君子儒"的区别。一个"君子儒"，就是跳出自己的职业和社会角色之外，去忧心那些具有普遍意义的事情。所以孔子才说"士志于道"。

我们现代人经常说一个词儿，叫"公民精神"，就是说：一个政治共同体的人民，不仅要关心自己那一亩三分地儿的事，还要关心整个共同体的政治事务。过去我们以为，这种观念是纯粹的舶来品，是古希腊民主政治的产物。现在你应该明白，在同样的历史时期，另一个轴心文明，也就是古代中国，萌发了一种类似的精神，那就是以"天人合一"的观念为支撑的、中国知识分子的忧患意识。如果今天的中国要从自己的历史上寻找能够支撑现代公民精神的思想资源，就应该追溯到这个源头。

孔子的思想是很丰富的，我这里所讲解的，只是沧海一粟而已。孔子开创的儒学，到他死了之后，一分为八。从下一讲开始，我将为你介绍其中最重要的两派：孟子和荀子。

进阶思考

孔子提出"士志于道"，为中国知识分子留下"以天下为己任"的精神传统，这个传统到今天还有意义吗？为什么？

延伸阅读

余英时：《士与中国文化》，上海人民出版社，2003年。

第 8 讲

为什么说孟子是成功的老师、倒霉的国师

中国历史上有一个"孤儿寡母出人才"的现象,早早失去父亲的孩子,母亲会对他要求特别严格,成才率要比一般家庭要高。孟子就是一个典型。

孟子有一个好老师——孔子的孙子子思。为师者崇高,学生也不会平庸。孟子的学生也同样幸运。

孟子与孔子一样,在教育上取得巨大成功,但在政治上郁郁不得志。迷恋于富国强兵的统治者,要等到秦朝二世而亡,才会醒悟儒家的政治价值。

一个伟大的思想门派，通常有两个开山鼻祖，马克思主义有马克思、恩格斯，道家有老子和庄子。儒家呢，除了孔子之外，就是被称为"亚圣"的孟子。这一讲我要和你聊一聊孟子的故事。

要明白一个思想家的学说，最好先了解他的生平。有时候，他的所思所想，正是他童年经历的产物。美国当代有一个大思想家叫约翰·罗尔斯，是已经去世的哈佛大学政治哲学教授。他写的一本《正义论》，为美国的自由主义奠定了理论基础。他说，社会正义有两个要点，除了自由，还要讲平等。这个"平等"是要给弱势群体补偿，让他们有能力在社会上平等地参与竞争。比如，给少数族群进入哈佛的时候加分补偿。

为什么？原来罗尔斯在小的时候生白喉症，传染给弟弟，结果弟弟死了，他却活下来。这事让罗尔斯一生负疚，他意识到，一个人的命运，不都是通过自己的努力决定的，所以给弱势群体补偿，对于实现社会公正来说是必须的。

孟子也有一种"平等"观念，当然与罗尔斯的不同。那么，他所说的"平等"，是什么意义上的？他又是如何继承、发挥孔子的学说？与他早年的经历有何关系？接下来的三讲，就让我来告诉你。

孤儿寡母出人才

孔子的家乡曲阜，往南30多公里，就是孟子的家乡邹城。在孔子去世100多年之后，孟子出生了。他与孔子一样，也是幼年丧父，在母亲的拉扯下长大。孟子的母亲非常了不起,你一定知道"孟母三迁"的故事,为了让少年孟子有好的学习环境,三次搬家:最初住在墓地附近,后来迁到市场旁边,环境都不适合教育小孩子,最后搬到学校附近,果然孟子耳濡目染,长大变得很有出息。可见"学区房"还是很重要。

孟母对儿子的要求,比美国的华人教授"虎妈"蔡美儿有过之无不及。旧社会大家族中的女人,一旦丈夫死了,唯一的希望就在儿子身上,既是慈母,又要扮演严父的角色。我是研究知识分子的,发现中国知识分子历史当中,有一个"孤儿寡母出人才"现象,比如孔子、孟子,还有民国的蒋介石、胡适,都是父亲去世得早,母亲含辛茹苦将儿子带大,要求特别严,而失去了父亲的孩子又特别懂事、自觉,反而成才率比父母双全的孩子更高。

孟子的家世已经不可考,出身并不高贵,但他的志向很大,相信每个人都是天的子民,他称为"天民",不管你是贵族还是平民,在人性的层面上都是平等的,都有善根。这大概与他的童年感受有关。下一讲我就会为你讲一讲孟子的平等思想。

到了战国时期,百家争鸣,学术已经很讲究门派,那么,孟子是谁的学生呢?原来他受教于孔子的孙子子思,可以说是孔子的再传弟子。子思也很不得了,后来科举要考的儒家四大经典中的《中庸》,据考证就是子思的著作。

子思不仅继承了孔子的思想,而且比爷爷更有风骨。他当过鲁国国君鲁穆公的老师,有一次,鲁穆公问他:"大国的国君应该如何与读书人交往啊?"子思很自豪地回答:"论地位,你是君,我是臣,我不敢与你交往。但论道德,你是学生,我是先生,你不配与我交往。"鲁穆公听了大吃一惊,不敢说话。你看,儒家知识分子是很有骨气的,你有权,我有德,你代表政统,我代表道统,谁怕谁啊!这就是古代中国的双重权威,我以后在中国的社会结构板块讲知识分子的时候,再为你详细介绍。

教育上的成功者

孟子在学术思想上属于子思学派,在人格风骨上更是受到子思的影响。可见,找对一个好老师,比什么都重要。老师是怎么样的,学生就会怎么样。

孟子在三十岁以后,也像孔子、子思一样,开始收徒讲学,成为伟大的教育家。《孟子》与《论语》,都是儒学的重要经典,但孔子"述而不作",《论语》都是弟子们将孔子平日的一言一行记录下来而成书的;《孟子》一书是有"述"有"作",既有弟子的记录,也有孟子亲自写的。

两本书的风格也很不一样。《论语》中的孔子,好像一个温和敦厚的长者,循循善诱,充满智者的智慧,有时候还有点自嘲的幽默感呢。而《孟子》中的作者呢,更多的不是自嘲,而是自负。慷慨激昂,气势若虹,说到激动之处,有时候还很愤青!到了战国时代,不仅是军事,学术上也是群雄并起,争夺话语霸权。儒学受到墨学、杨朱学挑战,腹背受敌,因此孟子不得不挺身卫道。他特别好辩,有雄辩家的美誉,在文学史上,《孟子》一书也被视为散文的经典。

孟子出名以后,来追随的学生越来越多。他带领弟子周游列国,竟然浩浩荡荡,形成数十辆的车队,随从数百人。声势之大,超过了孔子。

孟子也是个好老师。他说过，君子有三大快乐。第一，父母双全，兄弟俱在，这是家庭之乐；第二，上对得起老天，下不愧对祖宗，这是成德之乐；但最要紧的是第三乐，"得天下英才教育之"，这是一个老师最大的快乐。

孟子在教育学生上很有一套。一个好老师，不是将知识灌输给学生，而是通过启发式教育开发学生的智慧。孟子有一句名言："引而不发，跃如也。"意思说，教学生就像射箭，你不必将箭射出去，将答案告诉他，而只要他跟着你拉满弓，就自然而然学会了，自己会找到结论在哪里。

孟子还清醒地意识到："人之患，在好为人师。"有点资格了，懂一点知识，就忍不住要喋喋不休，教导别人，这是为人最大的毛病啊！做领导、家长和大哥的，"好为人师"是最忌讳的。我在课程的导论里特别强调"批判性思考能力"的重要，要不断提出问题，让学生学会自己思考，而不是将现成的结论告诉他们，道理也在这里。古书上说："授人以鱼，不如授人以渔。"与其送人一条大鱼，不如教他自己捕鱼的方法，说的也是这个理，对不对？

政治上的不得志

不过，儒家有一个毛病，不仅想做人师，做好的教育家，而且想当国师，成为君主的老师。孔子与孟子除了收徒办学，还不甘寂寞，周游列国，去兜售自己的一套治国理想。关于他们的政治思想，暂时按下不表，留到中国的政治结构板块再来给你系统介绍。

现在讲一个孟子的故事，先让你感受一下。孟子 50 多岁的时候来到梁国，国君梁惠王见到孟子就问："老夫子！你不远千里而来，有什么好主意能让梁国获利吗？"孟子听了就不高兴了："大王！何必谈利益呢，一个国家只要实现仁义就可以了。"梁惠王很谦虚，于是孟子说了一通"仁者无敌"的大道理。

第二年，梁惠王过世，他的儿子梁襄王继位，问孟子："天下如何才能安定？"孟子说："统一才能安定。"梁襄王又问："你看七国争雄，谁有能力实现统一？"孟子回答："不喜好杀人者，才有资格统一天下。"

你知道，后来统一天下的，不是讲仁义的国家，正是杀人最多的秦始皇。儒家在道德修养上有一套，难道在政治设计上很迂腐吗？我们不能以一时成败论英雄，秦始皇靠法家统一中国，但没有儒家，还真的无法治国，且长治久安。否则汉武帝为什么要"废黜百家，独尊儒术"呢。这个谜底容许我先藏一藏，以后再为你揭开。

不过，在春秋战国年代，急于争霸的各国君主们，迷恋富国强兵，没有心思听孔子、孟子的唠唠叨叨，讲什么仁义啊、王道啊，让利于民啊，对百姓好一点啊。孔孟的一生在教育上取得了成功，但在政治上是失败者，终身郁郁不得志。

孔子到处碰壁之后，对学生说："假如再没有国君听我的，我就打算出海隐居去了！"孟子晚年也心灰意冷，回到老家，专心带学生，不再去游说君主。儒家在政治上的黄金年代，还要再等三百年，到秦朝二世而亡，汉武帝脑洞大开以后才能到来。

好了，了解孟子的生平之后，你可能要问，既然孔子搭建了儒家思想的体系，实现了文明的突破，那么孟子的贡献是什么？

有什么资格被封为亚圣呢？我先将结论透露给你吧。简单地说，在心灵秩序和政治秩序两个方面，孟子都弥补了孔子的不足，让孔孟学派有了一个完整的思想体系。下面两讲我讲孟子的思想，你就会很快明白了！

进阶思考

为什么说孟子是教育上的成功者，政治上的失败者？一个知识分子的本职是什么？

延伸阅读

蒙培元：《蒙培元讲孟子》，北京大学出版社，2006年。

第 9 讲

对于同类和生命，人为何会有不忍之心

人性究竟是什么？孟子相信，人虽然有动物的本能，但与动物最大的差别，乃是有道德之心。

人的本性中有恻隐之心、羞恶之心、辞让之心和是非之心，谓之"四端说"，它们是人类的四种德性——仁、义、礼、智的发端。

"四端说"最后归结为一颗心——不忍之心。对世界上的人类以及有生命的万物——特别是与自己有情感关系的生物，有怜悯、爱惜和同情之心，这叫"仁民爱物"。

上一讲我为你讲述了孟子的故事，说一个思想家的思想往往与他的童年经历有关。那么，孟子对儒学的贡献究竟是什么呢？孔子之后，儒学一分为八，为什么唯独孟子能够得到"亚圣"的美誉呢？

我在讲孔子的时候，介绍了他的忠恕之道，无论是"己欲立而立人"，还是"己所不欲，勿施于人"，都是一种"推己及人"的心理方法，也就是将心比心，相信人同此心、心同此理。但是，人性究竟是什么？孔子并没有回答。这个对儒学来说至关重要的核心问题，由孟子给出了答案。

一场"人性是什么"的大辩论

在孟子生活的战国，儒家还不是影响最大的思想流派。儒家有两个劲敌：道家的杨朱和墨家的墨翟。孟子要站稳脚跟，首先得把杨朱与墨翟驳倒。他批评说，墨翟心中没有父亲，杨朱眼里没有君主，"无父无君，是禽兽也"。孟子的意思是，假如按照墨家和杨朱的思想去做，人类社会就和动物世界没什么区别了！

那么，人和动物的区别是什么呢？这就要讲到关于"人性是什么"的一场惊天动地的大辩论。我在上一讲说到孟子好辩，是战国时代头号雄辩家。关于人性是什么，孟子与同时代的一个叫告子的人有一场辩论。

你一定会背《三字经》开篇的"人之初，性本善，性相近，习相远"，这正是来自孟子。关于人性，孟子相信人性本善，没有什么好说的。偏偏告子反驳他，人性哪有什么善不善的，食色，性也。人与动物没有什么区别，对食物和繁殖的追求，就是人的本能啊。

孟子同意人有生物性的本能，但他讲了一句很有名的话："人所以异于禽兽者，几希！"人与动物的差别，只有一点点啊！那就是人有道德之心，动物只知道食、色而已。孟子还补充了一句：君子与小人的差别，也在这里。

告子又说："人性好比流水，堤坝东边决口流向东边，西边决口流向西边，哪里有固定不变的人性呢？"孟子驳斥："错！水不分东西，难道不分上下吗？人性之善，就像大水总是浩浩荡荡往下奔流一样，你挡得住吗？"

告子不服："人性可以为善，也可以为恶啊，它纯粹取决于环境。周文王、周武王施行仁政，百姓也愿意行善，人性变善了。等到周幽王、周厉王当政，推行暴政，百姓为了自保，也不得不行暴，人性就变恶了。"

告子说得还是蛮有道理的，孟子不得不承认环境会影响人的行为，但他坚持认为，行为与人性是两码事，只有相信人性是善的，才能支撑起人与动物不同的价值意义。人性本善，不是客观上的"是不是"问题，而是道德上的"该不该"问题。这种信念，来自对人之所以高贵的肯定，来自生命深处的人文主义精神。

有一种说法，说告子是孟子的学生，如果是真的，那么儒门师生之间还是很平等的，学生可以畅所欲言与老师争辩。这场师生辩论，从逻辑上来说不分胜负，但从哲学上来说，孟子解决了一个孔子没有来得及处理的大问题：仁义之说在人性上的来源问题。所有宗教与哲学的分歧，从根本上来说，都与对人性的不同看法有关。

告子的观点与基督教有点相似，人性有神性的一面，也有兽性的一面，可以为善，也可以作恶，要看制度环境，只是基督教不相信凡夫俗子，不管他是圣人，还是君王。而告子毕竟是儒门弟子，相信只要有周文王、武王这样的圣王，天下就归仁了。

而孟子呢，在事实层面他辩不过自己的学生，无法否认人也有动物的本能，"食色，性也"；但他坚持，人与禽兽的差别，就是有没有道德。虽然孟子用了许多比喻来形容人有善根，但更多不是从"是不是"，而是从"该不该"的层面来证明人性本善。

其实，"是什么"（to be）和"该是什么"（ought to be）是现代人才将它们区别开来的。英国18世纪大哲学家休谟提出了"事实判断"与"价值判断"的不同，比如科学只能证明"事实是什么"的问题，但无法回答"应该怎么办"，科学无法代替宗教和哲学，解决人生的意义。价值是无法从事实推演出来的。你知道了"是什么"，但依然无法明白"应该如何"，否则科学就可以包打天下了！

但是，古代的轴心文明不是这样，在古代人的思想之中，事实的世界与价值的世界是混沌一片，分不开的。人性究竟是什么，本来就是一个形而上的问题，是科学无法确证的。何况在古代社会，讲究拿证据来的科学本来就不发达。于是，"人性是什么"，就变成一种主观的信念，是从"人性应该是什么"推演过来的，孟子所采取的就是这套逻辑。

人性究竟是善还是恶，这个问题至今争论都很大，在事实层面恐怕永远无解。对于这个难解的问题，孟子的论证思路，不是事实层面的"是不是"，而是道德层面的"该不该"。他的论点是，人性"应该"为善。假如没有这个"应该"的道德假设，人就不成其为人，孔子的"仁"的道德自觉就失去了人性的依据。

对于这个问题，儒家内部其实有巨大的分歧。孟子相信人性是善的，所以孟子之学特别强调"仁"。下一讲我要讲的荀子，就相信人性是恶的——注意，这里说的"恶"，不是指道德上的邪恶，而是指人性中天生有七情六欲，有堕落的可能。所以荀子更多把希望寄托在外在的"礼"，因为"礼"可以约束这种"恶"。你看，儒家思想就在这里发生分歧，走出两条截然不同的路。

人性为什么是善的

人性为什么是善的？孟子提出"四端说"，说人有四种道德情感：恻隐之心、羞恶之心、辞让之心、是非之心。它们分别对应四种非常珍贵的德性：仁、义、礼、智。这四种道德情感，是所有人都具有的，天生的，从娘肚子里带出来的。

先说恻隐之心。孟子举例说，看到小孩子掉到井里，你会本能地伸出援手去拉他、救他，不必运用理智，不用一瞬间想起雷锋、王杰、罗盛教。那是人的本性，能够将心比心，体现出自己朴素的内在品质：仁。因为仁者爱人。

第二是羞恶之心。人天生有道德感，假如你看到小孩掉井里，见死不救，事后你的良心会痛，会有耻辱感，感到在人前抬不起头，也在道德上看不起自己。这也是天生的，是对不道德行为的情感上的否定。西方的基督教有罪感文化，在上帝面前感到自己罪孽深重，因此需要行善、忏悔，洗涤灵魂中根深蒂固的原罪。中国人没有这样的原罪观念，但有耻感文化。原罪是面对上帝，而耻感呢，是面对自己的良知。孟子说，羞恶之心是义的发端，我在孔子一讲之中已经说了，所谓义，乃是做应当做之事。有了羞耻感，就会自觉地有所为，有所不为。有所为和有所不为，唯一的标准就是：义还是不义？

第三是辞让之心。恻隐之心，是积极的，见义勇为，当仁不让。而辞让之心呢，是消极的，是对别人的尊重。所谓尊重，在儒家看来，乃是见到不同的人，要遵从不同的礼节。比如你知道的孔融让梨的故事，按照兄弟之礼，小弟见到大哥，就该谦让，把大梨给哥哥吃。所以，礼不是外在的规矩，而是发端于内心的自然情感。

最后是是非之心。是非善恶，这是人的基本价值观，这个大是大非，不是外在的标准，而是出自你的内心，来自你的良知。在孟子看来，人关于道德的知识，不是后天学习的结果，而是自觉发掘内心良知的过程。

儒家的仁、义、礼、智，孟子相信它们通通来自人先天的自然情感。恻隐之心、羞恶之心、辞让之心和是非之心，这个"四端说"，不是真的说人有四颗不同的心，四心归一心，归根结底是同一颗心，孟子将它称为"不忍之心"。

"忍"，是残忍的意思；"不忍"，就意味着怜悯和同情。孟子将孔子的仁学归结为"爱人"，就是出自不忍之心。孟子讲了一句话，叫"仁民而爱物"，意思说，人首先是对自己的同胞人类有仁慈之心，然后推广到生物界，对世界上所有的生命都有爱心。

你会问，这不是动物保护主义吗？原来起源于孟子？不错。孟子是这样讲的："君子之于禽兽也，见其生，不忍见其死；闻其声，不忍食其肉。是以君子远庖厨也。"君子啊，乐见动物生灵活现，但不忍见到生命死去。你听过它临死前的哀鸣，就不忍心吃它的肉。所以，你一定要远离厨房，才能心安。

可能你会说，这个孟子不是虚伪吗？难道看不到屠杀、听不见哀鸣，就可以吃动物的肉了？其实，孟子是一个相对的动物保护主义者。动物与人，不是绝对的平等，但是一旦认识它，与它发生联系，就有了感情。原来我与动物之间，只是"我"与"它"的关系，"它"只是你利用的对象，但动了感情以后，便是"我"与"你"的关系。那个特定的动物，便属于"仁民而爱物"的保护性对象。现在你明白了，残杀动物，特别是虐待与人有亲情的宠物，为什么会激起公愤了吧。

那么，现在问题来了，既然人天生是善的，为什么这个世界上恶人特别多呢？人是如何由善变恶，又如何从恶回到善呢？下一讲，我将继续为你讲解孟子的思想。

进阶思考

为什么孟子需要"人性应该是善的"这个假设？今天还要坚信"人性应该为善"这一信念吗？

延伸阅读

康有为、梁启超等：《孟子二十讲》，华夏出版社，2008年。

第 10 讲

"人皆可以为尧舜",是不是很难

人有动物的本能,也有动物不具备的善的本性。环境固然是要紧的,但更重要的是返回自身,不断地反省内心,发掘内心中的善。

孟子提出的修身功夫,乃是养成打通天地的"浩然之气"。修身所要养的,是一颗"不动心"。富贵不能淫、贫贱不能移、威武不能屈,这是儒家最高的圣人境界。

每个人都有善根,人人皆可为尧舜。不管是贵族,还是平民,只要有仁义之心,乐于行善,就是孟子说的"天爵",比人间贵族更高贵的天然贵族。

上一讲我为你介绍了孟子对人性的看法，他相信人性本善，人的四种美德仁、义、礼、智都来自人的自然本性，人有不忍之心。但留下了一个问题，既然人性是一张美丽的白纸，为什么社会上恶人还是那样多呢？我们又如何抑恶扬善，成为一个有德的君子、甚至是一个顶天立地的大丈夫呢？

吾日三省吾身

我上一讲已经指出，所谓人性恶，不是指邪恶的意思，而是有自己的私心杂念。你可能还记得，2011年，在广东佛山发生"小悦悦事件"。一个两岁的小女孩被车撞倒，两次被碾压，倒在血泊之中，但是18个经过的路人视而不见，扭头离去，最后还是第19位路人，一位拾荒老太陈阿婆，将小悦悦抱起来。这一轰动全国的事件，让许多人都在扪心自问：假如我在现场，我会是陈阿婆，还是18位冷漠的路人之一？

这里就涉及人性善恶的问题。陈阿婆并非思想觉悟比一般人高，她只是本能地展现了孟子说的恻隐之心，见到孩子有难，不忍之心让她不假思索，就奔过去救孩子。而前面18位路人呢，我相信恻隐之心不是没有，而是多想了一点点："万一孩子父母赖在我身上，说是我惹的祸怎么办？"自我保护的私心占了上风，就成了千夫所指的冷漠之人。

回到孟子的人性学说。人性本善，但要守护善心，在复杂的社会环境之中，难乎其难啊！孟子强调，人与动物的差别，只有一点点。每一个人都有动物的自我保存本性，但人比动物高级的，还有同样来自人性深处的不忍之心。问题在于，如何克服动物的私心，弘扬人性中最光明的道德之心？

孟子当然是明白人，他知道社会环境对人性善恶影响很大。他讲了一个故事，说一个楚国的贵族希望自己的儿子学齐国话，那么，是到齐国去学，还是留在楚国找一个齐国人来教？孟子说，在楚国，大家都讲楚语，哪怕老师再好，天天鞭打儿子讲齐语，他的齐国话也学不好；但到了齐国，人人讲齐语，他耳濡目染，马上就会无师自通。孟子讲这个故事，是要告诉我们，环境对于人性的影响是多么重要。

不过，孟子没有将行善还是作恶通通推到环境身上，好像自己做了点不好的事，都是社会惹的祸！不是的。人与动物不一样，他有选择善与恶的能力。最重要的还是你自己的选择。孟子讲了一句很重要的话："行有不得者，皆反求诸己。"自己的行为有不当之处，首先自我反省吧！

一个虔诚的儒者，对自己的道德要求是很严格的，孔子有个学生叫曾参，他在交流学习心得的时候，说："吾日三省吾身。"一天要反省自己三遍！为人办事是否尽力？与朋友交往是否讲信用？学过的功课是否复习啦？孔孟的道德修养，后来到了宋明理学的朱熹那里，受到佛教的影响，更是发展为类似清教徒那样的"道德严格主义"，对自己的一言一行非常严格，每天晚上写修身日记，检讨白天有什么做得不对的。甚至晚上做了一个不好的梦，第二天日记里也要补上一笔，痛骂自己形同畜生！"吾日三省吾身"，后来被刘少奇写进他的最有名的著作《论共产党员的修养》，作为共产党员的道德要求。

充塞于天地的"浩然之气"

修养修养，养的是什么？养的是一颗"不动心"，也就是不被外在的名利所诱惑，不被外在的力量所动摇，坚守自己的内心之善。

在一个世俗年代，外在的诱惑之物何其多也，就看你守得住守不住了。守身如玉，守护廉洁，首先要守住的，是自己的内心。心"动"了，各种道德底线就通通崩溃了。

如何守住一颗"不动心"呢？孟子比孔子厉害的地方，除了他回答人性究竟是什么——这个道德的根本来源问题之外，更重要的是，他还提供了一套道德修养的功夫论。孔子在道德修养的方法上讲得不多，但孟子开创了儒家的功夫论，后来到了宋明理学，引进佛教的功夫论，更是如虎添翼，但基本的道德功夫是从孟子来的。

这个功夫，便是"养气说"。有一次，一位弟子请教孟子："老师，您在道德修养上有什么独家秘诀呀？"孟子回答："没有什么秘诀，我只是擅长养我的浩然之气！"学生又问："什么叫浩然之气？"孟子说："我也很难说清楚，那浩然之气，很大很有力量，只要你用内心的正气去培养它，而不用邪恶去伤害它，这股浩然之气会充满天气之间，无所不在！"

假如你练过气功，练到一定段位，会感觉到身上有一股气，发自丹田，然后从头顶慢慢溢出，往上升腾，与天地打通，这也是一种"浩然之气"。不过，孟子说的，不是身体之气，而是精神之气，它不是用来养身、延年益寿，而是一种儒家士君子的道德精神力量。这股精神气儿，孟子说，是要靠内心的道德仁义来滋养的。他顺带又批评了一下告子，说告子他不懂什么叫义，完全误解了，以为义是心外之物。错了，人的义，不是靠外在的力量，而是靠内在的仁心，是你的良知支撑你去做应当做的义举。

孟子说自己的"浩然之气"，充塞于天地之间，下接地气，上达宇宙。到了道德的最高境界，自我与天命，小宇宙与大宇宙，已经完全打通，只是一股"浩然之气"贯穿其间。所以，孟子有一种神秘主义的色彩，很难用语言来描述，也无法用理性来定位，这是一种神秘的感受，你不达到这个境界，很难体会得到。中国文化的许多东西，不是理性认识得了的，要靠道德的修炼，到了那个境界，自然而然就感觉到与天地接通，与宇宙同一。

比如，孟子有一句名言："万物皆备于我。"世间万物，竟然都存在于我的内心小宇宙里面！你会说，这不是唯心主义吗？客观的宇宙万物，怎么存在于主观的人心当中？其实，唯物主义与唯心主义，这是欧洲哲学的说法，问的是世界的本原究竟是物质还是精神，是客观的存在还是主观的内心？但中国哲学不问这个问题，不追究世界的本原究竟是物还是心。中国哲学讲的是天人合一，最高境界是人心与宇宙的同一。

大丈夫的人格理想

20世纪中国哲学大家冯友兰先生曾经说过，人有四种境界：自然境界、功利境界、道德境界和天地境界。在他看来，孟子说的"浩然之气"已经超越了道德境界,既然与宇宙合一,那么就是一种超道德的价值,达到天地境界。

人是渺小的,又是伟大的。一切取决于追求的境界之高低。假如你想的只是"食色,性也",那么只是停留在与动物一样的自然境界,假如你有奋斗之心,要成为人上人,那么你达到的只是第二个功利境界。假如你有不忍之心,经常做好人好事,那么你已经到达第三个道德境界。道德境界已经是君子了,但君子之上有圣人,只有圣人才能够与宇宙打通,成就最高的天地境界。

一旦你意识到自己与宇宙合一,那么你就不可战胜了!孔子说:"智者不惑,仁者不忧,勇者不惧。"这是君子的三种道德,孟子在这个基础上,更进一步,提出大丈夫的人格理想:"富贵不能淫,贫贱不能移,威武不能屈。"

你看,这就是一般谦谦君子做不到的了,要有一点圣人的境界,才能在发达以后不堕落、贫贱时不为五斗米折腰、在权势面前守得住自己的尊严啊!如何做得到?孟子说:"居天下之广居,立天下之正位,行天下之大道。"只要你心里装的是天下,与宇宙接通,你的所有勇气、智慧和德性都来自超越的、神秘的天,就没有谁能够打败你了!

这很难吗?孟子有一句很励志的名言:"人皆可以为尧舜。"因为人性是善的,与宇宙相通,所以,只要你认识到天命,努力去做良心之事,你就有可能成为尧舜那样的圣人。西方基督教说上帝面前人人平等,孟子也有自己的平等观,说每个人都是"天民",都是宇宙的公民!不管你身为贵族还是平民,成圣面前,人人平等。你看,没有受过什么教育的陈阿婆,比常人更有仁慈之心,就是一个例子。用孟子的话说,有显赫身份的人,只是"人爵",人间的贵族。但有高贵仁义之心、乐于行善的,那是"天爵",天然的贵族。

孟子讲到这里,讲了一半,他是如何解决人的心灵秩序的,他对孔子思想的发展;还有另外一半,如何重建社会的政治秩序,我将在中国文化的政治结构这个单元继续为你讲解。不过,在战国时代,与孟子齐名的儒家,还有另一位人物——荀子。下一讲我就要为你比较孟子和荀子,看看孔子之后的儒家的不同路向了。

进阶思考

基督教的平等观是"上帝面前,人人平等",孟子的平等观是"成圣面前,人人平等",请比较一下二者的异同。

延伸阅读

朱义禄:《儒家理想人格与中国文化》,复旦大学出版社,2006年。

第 11 讲

为什么说两千年来皆荀学

荀子大放光芒的年代，是在齐国担任稷下学宫的祭酒。当年的齐国与秦国不一样，地方分权，重视工商业，文化开放，假如齐国统一了天下，中国的历史将改写。

荀子与孟子代表了儒家的不同面向，一个是现实主义，一个是理想主义，最大的区别是人性的和道德的来源不同。孟子继承了"德"，荀子发扬了"礼"。

儒家的"礼"具有三个重要的功能：社会礼仪、行为准则和君子气质。

在先秦儒家中，孔子是当仁不让的开山鼻祖。到了战国时代，最重要的有两个大家，除了孟子之外，就是荀子。一般人都知道孔孟并列，其实荀子的影响决不在孟子之下。

清朝末年戊戌变法六君子之一——湖南人谭嗣同写了一部《仁学》，尖锐地指出："二千年来之学，荀学也！"在他看来，秦始皇之后，都是荀子的学说当道，儒家的礼教主宰了中国人两千年的历史。秦始皇最欣赏的两位法家人物韩非和李斯，都是荀子的嫡传弟子；汉代大儒董仲舒，继承的也是荀子。荀子的这些学生和传人，奠定了中国古代政治和社会的基本格局。这么看的话，谭嗣同的话也不算太夸张。

既然荀子影响这么大，为什么在儒学系统里，一般人总是讲孔孟，很少有人提到荀子呢？因为荀子的儒学已经不纯粹了，他是驳杂的儒家。

荀子的全部学说，归结为一个字，就是"礼"。儒家的礼教就是从"礼"当中发展出来的。那么，荀子与孟子究竟有什么区别？他为什么要这么强调"礼"？"礼"在今天还有什么意义吗？这一讲我将为你简单地分析一下。

假如齐国统一了天下

荀子是赵国人，他是学问非常渊博的人。司马迁《史记》记载，荀子五十岁的时候来到齐国。

当年的齐国与秦国是战国七雄当中最强大的，有统一天下的实力与雄心。复旦大学的周振鹤教授写过一篇很有趣的文章——《假如齐国统一了天下》。他说，齐国地处沿海的胶东半岛，与在陕西黄土地的秦国完全不一样，它有三个特点：政治上不是中央集权的郡县制，而是地方分权的五都制，有五个分散的政治、军事中心；经济上不是农耕为本，而是重视工商业；文化上不是崇尚法家的大一统，而是多元的百家争鸣。从某种意义上说，荀子的思想就是在齐国这种多元、开放的氛围中孕育出来的。假如不是由秦国，而是齐国统一天下，那么，以后两千年的中国历史将彻底改写！

齐国文化上的百家争鸣，最显著的标志是稷下学宫。稷下学宫是世界上第一所由官家主办、由各路私学入驻、自由讲学的高等学府。齐国的国君非常明白，国家的竞争，最核心的是人才的争夺，天下最聪明的头脑都聚集到你这儿来了，一定能成就霸业。所以从齐桓公开始，就创办稷下学宫。在它的全盛时期，先秦几乎所有重要的学派，比如儒家、道家、法家、名家、兵家、农家、阴阳家通通在这里设下擂台，有一席之地。

荀子在五十岁的时候，被邀请担任稷下学宫的祭酒，就是校长。在这样一所学校当校长，当然就不能只崇尚一家思想，得以儒家为主，又兼容并包。这么看的话，荀子有点像谁？很像民国时期的蔡元培。他的思想，影响了其他各家的思想，法家的韩非、李斯就是他的学生。同时，各种思想也反过来影响了他。所以，荀子虽然是儒家的门徒，但是他的思想其实海纳百川，融合了先秦各家思想。

孟子和荀子，是孔子的两个面向

驳杂归驳杂，荀子思想的主体依然是儒家的。跟孟子一样，他也继承了孔子的传统，只是走上了不同的道路。我在前面讲过，孔子思想的最核心的两个概念，一是"仁"，二是"礼"，仁是内在的德性，礼是外在的规范。孟子与荀子所发扬光大的，是孔子思想中不同的两面。

古典哲学最核心的分歧是对人性的看法。孟子相信，人性是善的。与孟子辩论的告子，认为人性无善无恶。但荀子呢？却相信人性是恶的。他说："人之性恶，其善者伪也。"人性恶，指的是人生来就有自己的欲望，追求利益和快乐；而善呢，倒是后天培养起来的。"伪"在这里不是指虚伪，而是人为的意思。

孟子的性格是豪放的，元气淋漓，他相信人性本善，人人皆可为尧舜。孟子代表了儒家的理想主义一面。但是荀子呢，却代表了儒家的现实主义一面。他性格审慎，目光老辣，更多看到的是人性中的幽暗，与动物一样贪图私利，有自我保存的欲望。怎么办？荀子希望在人间建立一种礼的秩序。

孔子最羡慕的，是周代有一套维持秩序的礼乐制度。到春秋战国，天下大乱，礼崩乐坏，孔子的所有愿望是"克己复礼"，约束自己的私欲，复辟周礼。荀子所继承的，正是孔子的这个没有实现的宏愿。

但是，人性既然为恶，礼又如何可能呢？荀子与孟子一样，看到了人性中的两重性。除了动物性一面，荀子发现还有"智"的一面。孟子一口咬定道德起源于善，但荀子摇摇头：不对，道德是起源于

"智",虽然人生来有七情六欲,但有一种能力,是动物没有、人所独有的——那就是可以通过后天的学习,获得知识的智慧。于是明白了,合作要比不合作好,要避免变成互相残杀的丛林世界,人与人之间非要建立一个秩序不可。个人的欲望不是不可以,但是必须受到限制,礼的功能就是规范和限制人的私欲,形成一套道德伦理的规矩。

儒学本质上是一个道德伦理的哲学,人类的道德如何形成?孟子认为,最重要的是"仁",每个人都将天性中的善发挥出来,天下就太平了。而荀子相信人的后天学习能力,通过知识的教化,形成一套外在的伦理秩序,就能约束人性。

《论语》中有句话:"道之以德,齐之以礼。"用道德去引导百姓,以礼制去约束他们。你看,孟子与荀子各自发挥了孔子思想中仁与礼的不同侧面。孟子推崇的是德治,荀子强调的是礼治。德治着重治心,礼治着眼治身,其实呢,儒家是治心与治身并重,内心与身体都在道德伦理的规训之中。只是孟子喜欢循循善诱,让你自己开窍,自觉成为一个守德的君子,荀子呢,则立下一套规矩,告诉你应该如何如何。

"礼"究竟有几个意思呢

回到开头,我提到谭嗣同的"二千年来之学,荀学也!",其实是在批评荀子。他为什么要批评荀子呢?

谭嗣同批评的,其实是从荀子的后学董仲舒那里发展出来的礼教。儒家的礼教,在一百年前的"五四"知识分子那里,受到激烈的批判。我们都知道，礼教束缚人的个性，是牢笼。但是，这是否意味着礼也是多余的呢？

今天的研究者已经开始更理性地看待这个问题。相信你也会同意这样的看法——就算在现代社会，礼也有它的价值。不管是中国还是西方，除了用法律规范人际关系之外，还要靠一套文明的规则。这个规则，就是礼。

那么，荀子提倡的礼，究竟有几个意思呢？

冯友兰先生在《中国哲学简史》中告诉我们，儒家的礼有三个不同的含义，第一是社会礼仪，第二是行为准则，第三是君子气质。

先说社会礼仪。战国时有《仪礼》和《礼记》，记载了西周从政治制度到文化风俗各种各样的礼仪，被儒家奉为经典。礼仪为什么如此重要？不就是一套形式吗？我们不玩虚的，玩点实实在在有用的行不行？我以后要告诉你，底层社会出身的墨子就很瞧不起儒家贵族的假模假样，要废除形式化的贵族礼仪，注重功利的利益。

不过，儒家不这么看。古代人都要祭祀鬼神，世界上存不存在鬼神？孔子回答不知道，但是，"祭神如神在"，当你祭祀的时候，就想象鬼神是有的。它不是客观的存在，而是活在你的心灵之中。中国人特别重视祭祀祖宗，每年的清明节上坟，对每个家庭都是大事，至今还是这样。

那么，死去的人灵魂在不在呢？这不是一个科学的问题，而是一个文化的问题。在儒家看来，当你祭祀老祖宗的时候，那些死去的前辈又重新复活了，回到了人间，回到了我们的记忆之中。冯友兰先生说，儒家的祭祀不是宗教，而是诗。2017年迪士尼有一部很轰动的动画片《寻梦环游记》，你可能看过，墨西哥人祭祀祖宗的风俗与中国人很相似。祭祀不是虚假的做作，它是自然情感的流露，只是为了求得心安。

祭祀也好，其他的文化仪式也好，其实只是表达一种共同的情感。一个家庭，一个群体，乃至一个民族和国家，如果要有凝聚力，最要紧的是要有共同的情感。共同的情感是需要一套固定的仪式表达出来的。为什么家族要祭祀祖宗？为什么两国足球比赛，开赛之前要升国旗、唱国歌？这都是要通过一套文化的礼仪强调集体的认同，你我不是一盘散沙，而是有着共同的祖先、共同的图腾、共同的情感的"我们"。

第二，礼是一套公认的行为准则。规矩总是束缚人的，但却会让你表现适度，既有一定的自由，又不至于过分。孔子说，恭顺、谨慎、勇敢、直爽虽然都是美德，但是，假如没有礼的规范，都会变味，成为缺点。恭顺而不知礼，就只是白白劳累；谨慎而不知礼，那只是懦弱；勇敢而不知礼，就变成了鲁莽；直爽而不知礼，一定会得罪人。所以，美德与缺点，并不是截然两回事，过分与不足一样，都害死人。好的美德，都是有尺度、不走极端、讲究分寸感的。这个尺度和分寸，就是儒家说的礼，一套行为准则。

最后，礼还是一种君子气质：彬彬有礼。当你熟悉了文化的礼仪、行为规则，烂熟于胸，外在的形式就内化为你不自觉的气质，礼仪人格化了。你举手投足、言语谈吐之间，都会流露出一种有教养的贵族仪态。孔子最欣赏的君子气质，叫"文质彬彬"。"文"是文雅，有文化与教养；"质"是朴实，充满生命的元气。既文雅又朴实，那就是一个彬彬有礼的人，那是比颜值更吸引美女的君子风度啊。

讲到这里,你可能会问,既然荀子强调的礼这么好、这么重要,为什么谭嗣同还要骂荀子,说两千年来都是荀学,都是不问是非的"乡愿"呢?这就涉及后来儒家的礼到了西汉的董仲舒时代,发展为一套礼教,走到极端之后,礼教杀人。关于这个问题,我在下一讲将为你详细分析。

进阶思考

"礼"的含义之一是社会礼仪,让人产生集体认同。你工作、学习、生活的地方,在这方面有什么经验与我们一起分享?

延伸阅读

梁启超、郭沫若等:《荀子二十讲》,华夏出版社,2009年版。

第 12 讲

汉武帝为什么选择董仲舒的儒学

西方中世纪是"君权神授",中国古代是"君权天授"。但中国的天命常变,按照阴阳五行说,新朝代替旧朝,遵循的是"五德终始说"。

董仲舒将荀子的儒学与邹衍的阴阳五行说结合起来,提出一个严密庞大的宇宙论和历史哲学体系,为大汉帝国提供了统治的合法性,儒学第一次成为官方意识形态。

董仲舒思想体系的核心是"天人感应",它对于帝国统治具有双重作用:既论证王权受命于天,又限制了王权的为所欲为。

前几讲我为你介绍了儒学的创世纪：春秋战国时代的孔子、孟子和荀子。创世纪时代的先知都是苦命的，孔孟四处奔走，没有君王当他们一回事，荀子虽然身为稷下学宫主持，也并非主流。到了秦始皇那里，这位一心想着富国强兵的霸主讨厌儒生整天在耳边嗡嗡，索性来了个焚书坑儒，那是儒学最悲催的时刻。

那么，儒学什么时候时来运转，与君主交上了桃花运？那是要到汉武帝"废黜百家、独尊儒术"。不过，汉武帝看上的儒术，不是先秦的孔孟，而是继承了荀子遗志的西汉大儒董仲舒，这是儒学的第二期。董仲舒凭什么被雄才大略的汉武帝看中？他的学说又有什么独家秘笈？

验证天命的阴阳五行说

你还记得吗，我在第5讲中提到先秦百家当中最有影响的六家，其中有一家是阴阳家，专门研究宇宙和社会的神秘规律。春秋战国是儒、道、墨这些人文哲学流行的时代，没有想到，到了西汉，阴阳五行说竟然咸鱼翻身，成了思想的主流！

这是为什么？在西周，太阳只有一个，那就是周天子，到了春秋战国，孔子最痛恨的乱臣贼子在各国产生，都想着称王称霸。最后秦始皇凭借霸道统一中国，但从此人心大乱，人人可以做皇帝梦。据说，刘邦、项羽见到秦始皇出巡，一个很羡慕："大丈夫当如此也！"另一个口气更大："彼可取而代之！"

等到汉朝取代秦朝，要重新恢复秩序，就不能由着众多野心家、阴谋家乱来，必须有一套说法来论证，皇帝不是孔武有力就行的，也不是谁想做就能做的。要有一个神秘的、超越的、令人敬畏的东西来作背书，这就是"秉承天命"。

天命的观念古已有之，但是，天命究竟是什么？什么样的皇朝能够奉天承运？凭什么新朝可以取代旧朝？这都是新崛起的刘家汉朝所要给世人一个说法的，否则总是有乱臣贼子篡位的嫌疑。

于是，阴阳五行说就成了验证天命的最好工具。

我在前面提到过战国的邹衍，是阴阳五行说的创始人，他说，自然界由木、火、土、金、水五种元素组成，相生相克。人类社会与自然界一样，每一朝代都代表五行中的某个天命。"五行"就是天命中的五种道德，朝代的更替就是天德的轮替，木德、火德、土德、金德、水德，循环往复，这叫"五德终始"。

比如，夏朝是木德，被金德的商朝所克，而金德的商朝又被火德的周朝所替代。秦朝太短命，不能算有德的朝代，于是，取代周朝的汉朝就是水德王朝，刘邦奉天承运，代表天命，你还敢说我不合法，与我争天下吗？

为了让刘邦当皇帝名正言顺，手下人故意编了一个段子，说刘邦还是平民的时候，深夜率领众人在山里赶路。突然，走在前面的报告，有一条大蛇挡路，不敢过去。刘邦哈哈大笑："我等壮士，还怕区区小蛇？看我的！"他拔出利剑，借着酒气，将大蛇斩为两截。后面的人经过这里的时候，只见一个老婆子坐在那里号啕大哭："我儿子是白帝子，变成大蛇躺在路上，被经过的赤帝子砍杀了！"众人恍然大悟，原来刘邦是赤帝下凡，受命建立新朝啊！这个段子传开之后，家乡父老纷纷投奔沛公造反，最后打败项羽，打下大汉江山。

废黜百家、独尊儒术

毕竟，大汉王朝不能靠段子统治天下，要长治久安，得有人出来玩一套高级的理论。

秦末的乱世留给汉高祖刘邦的就是一堆烂摊子，人口从2000多万骤减到1000多万，大量的荒地无人耕种。刘邦和他的子孙文帝、景帝，只能对内"与民生息"，对外"韬光养晦"，对北方的匈奴好生相待，以金帛换和平，还送公主嫁给匈奴的首领，好不容易赢来50年的太平岁月。

这些政策的背后，乃是一套黄老之学，黄老之学中的"黄"是黄帝，"老"是老子，本来不相干，不过当时的道家为了与孔子争夺话语权，一定要比谁的学说更久远，于是就将老子与黄帝扯在一起。老子的思想，简单来说，是四个字：清静无为。汉初的黄老之学，继承的就是这四字真经，朝廷里的皇帝、文臣、武将都相信为政者最要紧的是不折腾。

到了汉武帝即位的时候，文景之治已经为他留下丰厚的遗产，国库堆满金银财宝，民间也变得非常富有，人口也增长到3000多万。这就为汉武帝的雄才大略、对外扩张奠定了物质基础。

汉武帝是一个有福的君主，野心勃勃的他想振奋一把，重温大秦的帝国梦想。要实现帝国梦，光有实力不行，还得有一套治理国家的理论。懂得一点政治学的都知道，成功的政治统治，最重要的是靠两块基石,一是具体的治理术,二是抽象的合法性理论。

要大作为,当然黄老之学只能靠边站。那么,学习秦始皇,回到法家行不行?汉武帝当然很欣赏韩非子那一套。你不要以为法家到了西汉就销声匿迹,我们都熟悉的儒生叔孙通为刘邦制定朝廷礼仪的故事,那套"君尊臣卑"的仪式,让刘邦大过其瘾:"啊,我终于尝到了当皇帝的味道!"这套礼仪,表面是儒家的,骨子里是法家的。这告诉我们,到了汉代,儒家已经法家化了。

汉武帝是政治智商很高的皇帝,他明白,光凭一套法家的治理术,可以让臣民不敢乱说乱动,但内心是不服的。政治仅仅凭"术"不行,还要有一套坚挺的合法性理论,让天下服服帖帖,认定大汉王朝就是代表天命。

儒家的政治学说,解决的就是合法性问题,可能你会想,孟子讲的王道政治不是一套合法性理论吗?汉武帝为什么不直接拿来用?上一讲我已经讲过,在孟子看来,只有对百姓施仁政,才符合天命,而汉武帝要北征匈奴,南伐蛮夷,顾不上百姓的利益。何况孟子还认为"人皆可以为尧舜",也可以代表天命。汉武帝很讨厌在政治权威之外,还有另一种跟自己过不去的思想权威,他想独霸天命,寻找一个让君权直通宇宙的垄断性理论。如何治理国家,汉武帝很内行,但合法性理论,他完全外行,要有真才实学的人献计献策,为他帮忙。

于是,儒家要为君王所用,就要调整自己的理论,提出一种君王能接受的儒学新形态。董仲舒就是完成这个内部调整的人。

董仲舒是汉武帝时代的大儒,他饱读诸子百家各种书籍,据说"三年不窥园",整天在房间里读书,连花园里的四季景色都没有时间出门看一眼。他最欣赏的，一是荀子，二是邹衍，后来他将儒家的荀学与邹衍的阴阳五行说结合起来，写了一部大书《春秋繁露》，提出一套阴阳五行的宇宙论和历史哲学。

他的名气越来越响，隔着帷帐为慕名而来的学生上课，众多门生只闻其声，未见其人，愈加将董仲舒奉为圣人。终于传到汉武帝的耳边。武帝一听，就说：把他找来，我要考考他！

在年轻有为的汉武帝面前，董仲舒从容不迫，侃侃而谈，将自己的一套理论和盘端出，这就是著名的《天人三策》。最让汉武帝听得进去的，是三条：第一，天命赋予君主神圣的权威；第二，建立春秋大一统；第三，废黜百家，独尊儒术。

我在之前讲过，到了春秋战国，有从"王官之学"到"百家之言"的转变。汉武帝为了实现大一统，又重新回归"王官之学"。他一锤定音，将董仲舒的思想定为汉帝国钦定的官方意识形态，禁止各种异端邪说，设立五经博士，全国读书人只读儒家的五种经典：《诗经》《尚书》《礼记》《周易》《春秋》。钱穆先生用今天的学科来比喻，说《诗经》是文学，《尚书》是政治学，《礼记》是社会学，《周易》是哲学，《春秋》是史学。区别只是现代学科要介绍"百家之言"，但五经却只是一家"王官之学"。秦始皇是不让民众读书，汉武帝是只让民众读一种书。儒家自此终于入了庙堂，董仲舒实现了孔子、孟子一生没有完成的梦想。

但是，后来的儒家，特别是宋明理学很不喜欢董仲舒，一口咬定他的学问是儒家的"歧出"，就是野路子，不符合儒家的正统。我们不管他到底是儒家的嫡系，还是"歧出"，先来看看董仲舒这套宇宙论和历史哲学，为什么会让雄心勃勃的汉武帝的满心欢喜？

神秘的政治神学

前面说过，董仲舒的一个思想来源是邹衍的阴阳五行说。到了善于创新的汉学大儒这里，形成了一个庞大严密的宇宙论体系。

董仲舒说，宇宙有十种元素组成：天、地，然后是阴、阳，还有五行：木、火、土、金、水，最后是人。自然界的四季变化是阴阳互动的结果。而五行相生相克，木生火、火生土、土生金、金生水、水生木，这是"比相生"，一物生一物；还有"间相胜"，木克土、土克水、水克火、火克金、金克木，一物胜一物。

你听晕了吧？其实，过去的算命先生给未婚男女算婚姻是否和谐，用的就是这办法，每个人都有五行中的某个命，比如你是木命，娶了水命的女孩，她对你来说就有帮夫运；但假如她是金命，那就"金克木"了，万万娶不得。个人、国家和宇宙的命理，都是相通的。

在宇宙十大元素之中，天、地、人是最重要的，三者是万物之本，"天生之，地养之，人成之"。现代人将"天"与"人"视为两码事：天属于人管不到的自然界，而人呢，也有独立的意志。但是古代的中国人呢，却是"天人合一"。"天人合一"有两种不同的类型，一种是董仲舒的"天人感应"，另一种是宋明理学的"天人相通"。

"天人相通"留到宋明理学部分再来细讲，先来看看董仲舒的"天人感应"。他认为，人间秩序的合法性源头来自宇宙秩序。欧洲讲的是君权神授，中国讲的是君权天授，王权之所以有绝对的权威，乃是受命于天。君主奉天承运，代表天的意志治理人世，一切臣民都应该服从君主的统治。这是天经地义、不容怀疑的。你想想，董仲舒为大汉帝国的统治提供了强大的宇宙论基础、无可辩驳的合法性证明,汉武帝当然是笑纳了。

不过,你千万不要以为董仲舒怎么这么贱,成为君主专制的吹鼓手。那是法家,董仲舒毕竟是儒家,他拥护王权是有条件的,所以他的"天人感应"说还留了一手。他说,王权是按照宇宙的规律、天的意志统治的,因为宇宙的秩序与人间秩序有感应关系,治理得好,天会高兴,治理得不好,天也会发怒。假如出现雷劈、地震、干旱、水灾,一定是统治者的政策出了问题,惹得老天爷不高兴了,于是出现"天谴"——老天通过这些异象谴责人间,作为天子的君主就必须下罪己诏,检讨自己的过错。

所以,董仲舒的"天人感应"说是一把双刃剑,既论证了君权的合法性,又限制了君权的为所欲为。这就是儒家与君权的双重性,这使得历代的统治者对儒家学说是既爱又怕,要利用它,又要提防它。

董仲舒是一个书呆子,他还真的相信天人感应,觉得自己有责任帮助提醒君主呢。有一次,皇帝的家庙着火了,你猜董仲舒会怎么样,汉武帝又会怎么样?我下一讲再为你细讲。

进阶思考

董仲舒的阴阳五行宇宙论的思想,在今天还有影响吗?

延伸阅读

顾颉刚:《汉代学术史略》,东方出版社,1996年。

第 13 讲

"三纲说"还能老树发新芽吗

董仲舒的"三统说"将朝代更替理解为黑统、白统和赤统的循环更替。没有永远的统治者,一旦统治者违背天命和民意,被统治者就可以起来革命,改朝换代。

从董仲舒到康有为,将人类社会的发展分为三个阶段:乱世、小康和大同。从小康奔大同,是中国人从古至今的乌托邦理想。

君臣、父子、夫妇的"三纲说"在历史实践当中,蜕变为吃人的礼教,但它的原意却是互为义务、相互制约。假如以"抽象继承法"重新理解,可以老树发新芽。

上一讲我讲到西汉大儒董仲舒提出的阴阳五行的宇宙论与历史哲学，对于统治者来说是一把双刃剑，留下一个悬念：既然汉武帝喜欢这套玩意儿，为什么又有点忌讳呢？今天我就继续这个话题。先从一个故事讲起吧。

董仲舒是一个十足的书生，他以为汉武帝听了他的《天人三策》，全盘接受他的"天人感应"说，就与他一样相信假如发生地震、灾荒、雷劈，一定是统治者做错了什么。有一次，皇帝祭祖的地方高园殿和辽东高庙发生两场大火，董仲舒带病起草了一份奏章，提醒汉武帝，上天已经对他不满发怒了。

奏章还没有递上去，就被人密告。汉武帝大怒，将董某给我抓来，斩首！周围大臣都苦苦劝说，武帝才冷静下来，又下诏赦免董仲舒，但将他的官职给罢免了。一代大儒这才明白不能妄议朝政，从此他就乖乖地教书、带学生，再也不敢向皇帝谈什么"天人感应"。

这个故事生动地揭示了儒学与皇权的关系。在专制秩序之下，儒生是客人，君主是主人，主人要借助客人显示自己门庭高贵，但绝不容许儒生反客为主，指点家务事儿。吃我的饭，砸我的锅，没门儿。

好了，接下来，我继续为你讲解董仲舒，主要是三个"三"：三统说、三世说和三纲说。

让统治者又爱又怕的"三统说"

上一讲我提到邹衍的"五德终始说",每一个朝代都代表一种德性,木、火、土、金、水,五种天德循环往复,轮流当政。到了董仲舒这儿,将"五德"给改了,改变为更好记、更方便的"三统",用三种颜色代表:黑统、白统和赤统。每个朝代都有自己的统治系统,比如夏朝是黑统,商朝是白统,周朝是赤统。秦朝太短命,不能算正统,所以汉代又是一个黑统王朝。

冯友兰先生后来在美国大学讲中国哲学,发挥说,按照三统理论,我们也可以说,法西斯主义是黑统,自由主义是白统,社会主义是赤统呢!

中国的历史与日本不一样,天命常变。日本的天皇是天照大神,神人合一,是神在人间的代表,所以是万世一系,从来没有发生过改朝换代这号事儿。日本有改良而没有革命,每一次变革,打的都是尊王攘夷的旗号。天皇制度有一个特点,有权威而无权力,他只是国家的象征,权力由幕府掌握,所以,天皇永远不会犯错,错的都在政府。

但中国的君主就不一样了,既是天命的权威,又实际掌控世俗的权力,一旦发生重大错误,就与天命冲突,该改朝换代了。天命常变,五德循环,黑统、白统、赤统,三统轮流统治。所以,中国历史上的革命特别多。革命与造反不一样,造反是对现存体制的反叛,不一定代表新的天命;但革命代表新的天命,用今天的话说,革命自带粉丝和流量,自带合法性。

所以说,董仲舒的"三统说"既是保守的,又是革命的。保守之处在于，他总是在论证，现存的秩序是合法的、代表天命的，作为臣民应该乖乖服从君主的统治；而革命之处在于，假如统治者不遵从天命，与天德对着干，对不起，你就丧失了合法性，天命会转移到新的君王那里，你该下台了。

现在，你应该明白了，为什么对董仲舒这套玩意儿，汉武帝会又爱又怕吧。

从董仲舒到康有为的"三世说"

董仲舒很喜欢谈阴阳五行，但不要以为他是一个阴阳家的传人，董仲舒毕竟是儒家，最让他五体投地的毕竟是孔子，他只是引阴阳五行入儒学，将儒学宇宙化、神秘化了。

按理说，代替周朝赤统的应该是汉朝，但董仲舒认为，不是汉朝，而是孔夫子，才是真正的黑统代表。他将孔子称为"素王"，也就是说有权威而无权力，有秉承天命的德与才，但没有世俗爵位的圣王。

董仲舒最重视的经典是《春秋》。《春秋》原来是鲁国的编年史，董仲舒相信，孔子亲自编撰了史书，其中有许多微言大义，就是所谓的"春秋笔法"，让乱臣贼子遗臭万年，看了害怕。

按照董仲舒的思路，后来发展出春秋学，最有名的是《春秋公羊传》，其中最有影响的思想，是所谓的"公羊三世说"，说人类社会是按照三个阶段依次发展的：据乱世、升平世和太平世。先是天下大乱，然后圣人出现，拨乱反正，最后人人成为尧舜，天下太平。

儒家经典《礼记》中也有类似的三世说法，说社会的发展是从乱世到小康，小康再到大同。圣人的理想，就是身处乱世，率领大家万众一心奔小康，最后实现大同的理想。未来的大同社会真是阳光灿烂，天下为公，不再有盗贼，家家门不闭户，老人、小孩都由社会来抚养。这，就是儒家对原始共产主义社会的乌托邦想象！

晚清戊戌年间，康有为将这套源于董仲舒的"三世说"发扬光大，将西方的进化论思想装进"三世说"的盒子里，旧瓶装新酒。他说，你看，孔圣人也是主张改制变法的，历史也是要进化发展的！不过，传统的"三世说"是循环论的，最美好的大同是在远古三代，尧、舜、大禹时代，而近代进化论受到基督教历史观念的影响，人类的发展是像一支箭射出去，朝一个确定的方向直奔而去，再也不回头。现代人的历史观不再是循环论的，而是目的论的。儒家总是相信过去，遍地黄金，人人都是圣人；但是现代人都期待着"诗与远方"，明天才更美好。

但是，玄乎的阴阳五行说到了汉代，经过董仲舒的理论包装，竟然成了汉代的主流思想。现在来看，汉朝的人，无论朝廷的皇帝，还是民间的百姓，都有点神秘兮兮。汉武帝也和秦始皇一样，迷信鬼神，到处求仙，恨不得自己万岁万万岁，大汉王朝也能千秋万代，永世长存。儒生呢，也投皇上所好，把比较理性的儒学搞成神秘主义的政治神学。

你可以说这种神神道道的政治神学几乎是回到了巫师传统，是儒学的大倒退，不过呢，融入阴阳五行的董仲舒儒学，在汉代却比孟子的仁政更有说服力。为什么？秦汉毕竟距离远古不远嘛，更能打动人心的，不是心灵中的道德自觉，而是冥冥中的神秘力量。

"三纲说"真的是三座大山吗

董仲舒对后世影响最大的,既不是"三统",也不是"三世",而是"三纲"。

董仲舒说,天上有"三光"——日、月、星辰,对应着人间有"三纲"——君为臣纲、父为子纲、夫为妇纲。"礼"的社会秩序,就成了政治神学的一部分。

君权、父权和夫权,被认为是中国人头上的三座大山,束缚了中国人两千年的封建枷锁。晚清的谭嗣同说要"冲决网罗","五四"启蒙者要打倒孔家店,矛头指向,主要就是这个"三纲"。

董仲舒"三纲"的思想源头,来自战国的荀子。汉代的儒学,不是继承孟子的仁,而是荀子的礼,一套社会的伦理秩序。其实,孔子除了讲仁,也很强调礼。孔子有一个"正名分"的思想,简单地说,就是"君君、臣臣、父父、子子"。春秋时代,天下大乱,孔子希望恢复周代的礼,君要像一个君样,臣要像一个臣样,父亲儿子也是这样,假如每个人都做好自己名分之内的事,尽到自己的道德责任,社会就和谐了。

孔子的"正名分"不是没有一点道理,现在不少国人的问题就在于"不安本分",在单位里本职工作做不到位,对家庭和社会也缺乏该有的道德责任。问题在于,孔子和荀子的这些礼仪教化思想,到董仲舒发展为"三纲"以后,形成一套儒家的礼教,也叫"名教",那就变得非常繁琐和严苛,蜕变为维持现存政治和社会秩序的精神枷锁。

特别是在现实生活中,君主对大臣、父亲对儿子、丈夫对妻子都是强势的一方——君要臣死,臣不得不死;丈夫死了,妻子要为老公守节,终身守活寡,甚至还要成为烈女,为女性贞洁而死。这就是礼教杀人。

不过,我要公平地为"三纲说"辩护一句,董仲舒的原意不是这样,没有如此邪恶。他是从阴阳之学来阐述君臣、父子、夫妇关系,一阳一阴,谁也离不开谁,道德义务是对等的,也是双向的,互为条件,互相约束。

"三纲"的确切含义应该是:君仁臣忠,父慈子孝,夫爱妇敬。只有君主是仁君,为臣的才有忠诚的义务;假如是昏君,儒家士大夫就要直言劝说,表现出"第二种忠诚";而碰到了暴君,大臣不仅不能愚忠,还可以起来革命,推翻暴政。父子和夫妻关系也是这样,双方都必须尽到道德责任,你不遵守,我也就对不起你了。

西方人讲权利,个人的利益是通过契约,规定好双方的权利而得到保障的。但古代中国人没有权利观念,只有义务观念。但这并不意味着他们都生活在水深火热之中。中国人的权利是通过相互的道德义务得以实现的。不过,道德义务有一个缺陷,它是一个弱约束,不像契约的权利是一个硬规定,关于这一点,我以后在中国政治的板块中,再为你详细分析。

现在你可以明白了,为什么我的老师王元化先生在上个世纪末经过反思,改变了对儒家传统的一概否定态度,认为即使是"三纲",如果重新加以解释的话,仍然有它的当代价值。冯友兰先生提出过一个"抽象继承法"的看法,传统的某个思想,假如"去语境化",剥离那个时代的具体情境,将其精神内核抽象出来,放在当今这个时代重新阐释,就有可能旧瓶装新酒、老树发新芽。

北京大学的何怀宏教授前几年出版了一本书《新纲常》，认为儒家的三纲思想放在今日的现代语境之中，可以重新阐释，获得新的价值与意义。比如，君臣之道，就是国家与国民的关系，国家必须对国民负责，国民才有忠诚国家的义务。你看，这就是"去语境化"的抽象继承法，至于是否有道理，就见仁见智，是很可以讨论的。

进阶思考

董仲舒的"三纲说"，按照抽象继承法，在今日是否还有重新阐释的空间，化腐朽为神奇？

延伸阅读

何怀宏：《新纲常：探讨中国社会的道德根基》，四川人民出版社，2013年。

第 14 讲

儒学是如何起死回生的

佛教治心，道教治身，儒学治世。一种文化假如缺乏终极关怀，缺乏宇宙论意识，很难成为伟大的文明。

儒学的第二度复兴，是摒弃董仲舒"天人感应"的荀子传统，接上孟子"天人相通"的心性论传统。宋明理学引佛入儒，建立起自己的道统，开始追究宇宙的本原以及与心性的关系。

宋明理学最欣赏的是"万物一体"，一旦个人与宇宙打通，他就成了"天民"，拥有宇宙的使命，从而人生与天地相通，合二为一。

有一个问题，我想问问你，假如可以时光倒流，你愿意生活在哪个朝代？我不知道你的选择是什么，但我告诉你，许多历史学家的答案是宋朝。

为什么？宋朝不是国势衰落、老是受北方的辽人和金人欺负吗？但是，历史学家说，宋朝的经济繁荣，看看《清明上河图》就知道，当年汴京可是世界第一大都市啊！最重要的，是宋朝的风气很正，没有昏庸的皇帝，士大夫们也有骨气、挺正直。

这一切，竟然都是因为到了宋朝，儒学有了第三期发展，诞生了宋明理学，又重新回到先秦孔孟的轨道。

前面我已经说了，董仲舒让儒学登堂入室，成为中华帝国统治的意识形态。两汉的读书人以五经为经典，儒学出现空前的大繁荣，在儒学内部，还发生了今文经学和古文经学两大学派的大争论。汉武帝之后，历代皇帝也非常喜欢孔子——三纲多好啊，家事、国事、天下事，都是君权、父权、夫权说了算，有利于王朝稳定、社会有序。

不过，到了东汉末年，发生了大事。中国本来没有高级的宗教，只有低俗版的民间信仰。三国时，各路豪强纷纷崛起，东汉皇室衰落，又出现类似春秋战国的混乱局面。儒学是太平盛世的学问，它对付不了天下大乱。孔夫子既无法告诉统治者如何称霸，也没有能力让老百姓苟全性命于乱世。于是，外来的佛教和本土的道教乘虚而入，开始在朝廷和民间流行。儒学衰落了。

这个衰落，从东汉末年到北宋儒学再度崛起，差不多有将近800年。你没有想到吧，在魏晋南北朝和隋唐，儒学竟然受了800

年委屈，一直不是主流。而衰落了这么多年之后，儒学还能再度崛起，迎来第二个春天，在世界文明史上，这也是很少见的。

那么，儒学是如何实现第二春的，第二春的宋明理学是如何一步步走过来的？这一讲我就要为你讲讲宋明理学的前史，讲讲三个最重要的思想家韩愈、邵雍和张载。

治世的儒学敌不过治心的佛教

"南朝四百八十寺，多少楼台烟雨中。"这是唐朝诗人杜牧的名句。为什么从魏晋南北朝到隋唐整个中世，儒学不是佛教的对手？这个问题要从儒学自身的短处谈起。

孔夫子开创的儒学，最关心的是人本身，儒学就是做人的学问，也是一套伦理道德学说。你说孔子思想就是伦理学，这话也没错。但是哲学不仅有伦理学，还有本体论——世界的本原究竟是什么？人性究竟是什么？对这些问题，《论语》中可以说是语焉不详。孔子虽然信天命，但他对天道与人性本身采取的是一种体验的方式，但并不去深究它，没有从本体论的角度清楚地回答这些哲学的基本问题。

孟子部分弥补了孔子的这个缺陷，他开创了儒学的心性论传统，明确告诉大家，人性就是善！虽然他意识到人性与天道相通，但无论对天道还是心性，都没有继续深究下去。这也不能怪他们，先秦的儒学是非常混沌的，气象格局很大，但在义理上缺乏细节的论证。《论语》《孟子》是这样，五经也是如此。

董仲舒的阴阳五行宇宙论，在学理上做出大贡献，将宇宙的结构、人与天地的对应关系,以一种古代系统论的叙述模式,讲得清清楚楚。不过,董仲舒继承的是荀子的传统,他只注重人与自然的外在关系,注重天人如何感应。

但是人与自然之间,有两种不同的关联模式,除了外在的"天人感应",还有内在的"天人合一",也就是人内心中的小宇宙是如何与天上的大宇宙接通的?这就是哲学上的心性问题。但是,董仲舒对人的心性完全没有兴趣,基本不谈。所以,后来的儒家对董仲舒非常不满,认为他的学问不是儒家的正宗,不值一提。

董仲舒的儒学不谈心性,但从印度传到中国的佛学在这方面却有极其丰富的内涵。佛教经典,无论是净土宗、天台宗,还是华严宗、法相宗,在宇宙与人性问题上都有非常艰深的论述。读书人与老百姓不一样,他们看不起简单的教条,喜欢把玩复杂的东西,越是抽象、玄虚、神秘,越会令他们着迷、爱不释手。特别在乱世当中,向外拓展、治国平天下没有希望,六朝的知识分子纷纷回归自我,对心性问题特别有兴趣。于是,人人读佛经、谈心性。从魏晋到隋唐,士林的风气变成道教治身、佛教治心,治世的儒学反而被看轻了。

韩愈借鉴佛教,为儒学建立道统

佛教对儒学的冲击,让不少儒家知识分子痛心疾首、卧薪尝胆,一心向往如何让孔孟的圣人之道东山再起。唐代中叶的韩愈,就是这样一位人物。他不仅散文写得好,居于唐宋八大家之首,还是反佛的急先锋。当时的皇帝唐宪宗派使者去迎佛骨,准备在长安供奉,一时社会上下掀起信佛狂潮。韩愈非常焦虑,写了一篇《论佛骨表》,力劝皇上停止供奉佛骨,以免误导天下众生。唐宪宗大怒,差点将韩愈给杀了,最后在众大臣劝说下,将韩愈贬到偏远的南蛮之地潮州去了。

韩愈在他最著名的文章《原道》中,提出非常重要的"道统说"。他说,中国思想的真传,不是佛教,更不是道教,而是圣人之教。从尧、舜开始,传给大禹,然后一路传下去,汤、文、武、周公,最后是孔子和孟子。孟子之后,就失传了,语焉不详。

有意思的是,在韩愈之前,儒家并没有"道统"这种说法,那是佛教禅宗的观念。韩愈虽然反佛,却把对手的思维模式学过来,给中国思想也安排了"一系单传"的道统,只有符合这一系的才算正宗,其他的都是旁门邪道!所以,从韩愈开始的新一代儒家,后来被称为"道学家",他们的学问也被称为"道学"。

韩愈自然雄心很大,他要继承的是孟子之后失传的"道学"。如何继承?经历了佛教冲击的儒者们脑瓜子倒是很清楚,假如只是一味排外,并不能完成复兴儒学的大业,只有"师夷之长技以制夷",将佛教那套细密的心性之学引进,儒学为体,佛理为用,圣人之道才有咸鱼翻身、重新夺回话语主导权的希望。

钱穆先生说过,在先秦和汉代,儒家的对手是道家,所以话题的中心是天人关系,但在宋明,儒家的对手是佛教,于是最关心的是心性问题。因此,追究宇宙与心性的关系,便成为第三阶段儒学的新常态了。

太极与气：宇宙的起源与存在方式

北宋有一位理学家的先驱性人物，叫周敦颐。有一天，他从道教那里得到一张神秘的图，大喜过望，重新加以设计，并给了新的解释，这就是后来非常出名的太极图。

太极图被称为"中华第一图"，全世界只要有中华文化的地方，就有太极图。从孔庙的梁柱上、算命先生的八卦摊，一直到韩国的国旗、新加坡空军的战机上，太极图可以说是无所不在。

按照周敦颐的《太极图说》，这个神秘的图案解释了宇宙的起源。"太极"这个概念，最初来自《易经》："易有太极，是生两仪，两仪生四象，四象生八卦，八卦定吉凶，吉凶生大业。"大致意思说，太极是宇宙的本原，然后产生阴阳二气，阴阳又产生东西南北，最后形成决定人类命运的八卦。也可以这样理解，从太极到阴阳，是一维世界；从阴阳到四方，是二维世界；而从四方到八卦，就是三维世界了！

过去的儒学，不喜欢刨根问底追问宇宙的本原究竟是什么，董仲舒只是提出一个结构主义的宇宙论：天、地、人、阴阳五行。但是，到了宋明理学，必须回答宇宙的终极存在是什么，这样才能认识到天理和人性。对终极问题的追问，是宗教的本能，因为被佛教和道教步步紧逼，儒家到了理学阶段，不得不回应，拿出自己的答案。

宇宙的起源找到了，那么，这个世界以什么样的方式存在呢？西方哲学当中有唯物论和唯心论两大派别。过去，中国哲学家照搬西方，也到中国哲学当中去找谁是唯物论者，谁是唯心论者，结果都很勉强。因为中国哲学家不分唯物唯心，他们相信宇宙万物的存在方式，是一种"气"。

北宋有一位理学家张载，对"气"作了全面解释。"气"是什么？它既抽象，又具体，作为抽象形态存在的时候，"气"代表某种精神，孟子不是说"浩然之气"吗？但"气"作为具体载体存在的时候，它又是物质。"气"同时具有物质和精神的属性，很有点像现代物理学中的"波粒二象性"，微观粒子既是粒子，同时又是波。

理学家最喜欢讲"万物一体"，天地万物都是同一个起源，同一种存在方式。张载说，宇宙中的万物都是"气"，所以人与其他万物都是宇宙这个伟大身躯的一部分，我们应当将苍天视为自己的父亲，将大地看作自己的母亲，将其他人当成自己的兄弟。道教贪图长生不老，佛教追求死后解脱，在张载看来都没有必要，重要的是"生无所得""死无所丧"，只要你活着，做好宇宙中的一员应该做的事情，即使死去，也可以安息了。

2020年是张载诞辰1000周年，他有一段激励后代无数儒家士大夫人的豪言壮语："为天地立心，为生民立命，为往圣继绝学，为万世开太平。"你看，这就是一个宇宙公民来到这个世界上的最高使命！既有文化的使命，也有政治的使命，更有宇宙的使命。这四句话，将孟子说的"天民"的职责发挥到极致，你做到了，就达到了宇宙的境界，与天地合一！

所以，儒学将佛教、道教融合进自身，变得胸怀更为宽阔，获得了新的生命。儒学历经挑战，能够一次又一次死而复生，靠的不是封闭排外，恰恰是开放革新。不知道当代中国的新儒家是否明白了这一点？

进阶思考

从董仲舒的外在的"天人感应"到宋明理学的内在的"天人合一",人与天的沟通方式的改变,给中国文化带来了什么样的变化?

延伸阅读

吕思勉:《理学纲要》,江苏文艺出版社,2008年。

第 15 讲

"存天理,灭人欲",究竟什么意思

宋明理学分为程朱理学和陆王心学两大流派,两派争论的核心问题是:世界究竟是两个,还是一个?

程朱理学将世界分为抽象的"性理世界"与具体的"心之世界"。"性"即"理",人性就是符合天理的道德伦理;而"心"的世界与"气"相关,包含人的世俗欲望、七情六欲。"大我"与"小我"之间,是一场永恒的自我战争。

最高的天理表现为"理一分殊",可以通过认识具体事物的道理来体悟天理。儒家的人格理想是"内圣外王",通过修身而齐家治国平天下。

上一讲我讲到儒学引佛入儒之后，是如何由衰转兴的，重点介绍了宋明理学的三位先驱人物：韩愈、周敦颐和张载。好了，今天我就要讲一讲理学中最重量级的大佬朱熹了。

在讲朱熹之前，先要提一下"二程"兄弟俩：程颢和程颐。他们出身于名门望族，家学渊源，是宋明理学的奠基人物，新儒家的两大流派竟然都是这兄弟俩开创的。弟弟程颐开创理学，后来由朱熹集大成，所以称为"程朱学派"。哥哥程颢开创另一门派，后来由陆象山、王阳明阐发完备，称为"陆王心学"。

当今中国的哲学，依然还是在理学和心学的延长线上。那么，两大门派究竟有什么区别呢？说来你可能不信，理学和心学争论的一个核心问题，竟然是——这世界，究竟是一个呢？还是两个？程朱理学说，有两个世界，一个是抽象的理的世界，另一个是具体的心的世界。陆王心学说，不对，世界只有一个，心就是理，我心即世界！

这个区别至关重要。为什么这么重要？它的背后究竟有什么奥妙？且听我慢慢道来。

山河大地都陷了，毕竟理却只在这里

先秦时代的名家中，有一位公孙龙，他提出"白马非马"，用逻辑的方式提出了两个世界的问题，一个是抽象的马的世界，另一个是具体的白马、黑马世界。中国哲学家比较讲究实用，对名家所说的抽象世界没有兴趣。一直到程颢和朱熹，才重新注意抽象世界的问题。

你或许要问，儒家不是要治国平天下吗？为什么朱熹对这个抽象的天理这么有兴趣？

要回答这个问题，首先要从"唐宋转向"谈起，这是中国文化发展中的重要转折点。从唐末到北宋，发生了什么转折？转向了内在心灵秩序。我上一讲谈到，人与天沟通的模式有两种，一种是董仲舒建立的外在的"天人感应"模式，但这种模式太神秘了，比较低级，经不起佛教的撞击。所以，"唐宋转向"在佛教的刺激下，转向"天人合一"的模式。这个"合一"，是天理世界与心灵秩序的合一。你不是要理解天理吗？天理与人性是相通的。你想更了解天理，可以回到自己的内心世界，像佛教那样探究人的心性。

朱熹有一句名言："山河大地都陷了，毕竟理却只在这里。"都山崩地裂了，但是那个至高无上的、抽象的天理竟然还岿然不动！我在上一讲提到周敦颐的《太极图说》，朱熹最欣赏太极的说法。所谓"太极"，就是宇宙最高的、终极的理，天地万物之理。法国后现代哲学家德里达说中国没有哲学，假如他读过朱熹著作，一定不会这样说了，你看，这个"太极""天理"就是逻各斯中心主义，不是类似柏拉图说的那个先验存在的"理念"吗？

朱熹与柏拉图可以说是心有灵犀。他也说，抽象的理先于具体的事物而存在。"形而上者，无形无影是此理；形而下者，有情有状是此器。"抽象的形而上叫"理"，具体的形而下是"事物"。每一个事物的背后，都有它自己的道理。人类在发明车和船之前，脑瓜子里面已经有了车船的概念。具体的事物总是有生有死，但理是永恒的,天理不死。你不要去问天理是否存在,天理的存在不是"是否"的问题,而是"应该"的问题,假如没有天理,就像西方人没有了上帝,那么什么恶都可以做。

天理高高在上,又是存在于如此虚无缥缈的形而上世界,那么,人如何认识到这个至高无上的天理呢?

朱熹讲了一句话:"理一分殊。"世界上最高的天理只有一个,但它太高了,你的确无法直接认识到天理。但是没关系,宇宙的天理只有一个,但它的表现形态却各有特殊性。朱熹怕人听不懂,还借用了佛教常用的比喻:月印万川。晴朗的夜空,月亮照在人间千万条河川上,呈现出无数个月亮。月亮只有一个,但它的光影却是千姿百态。

每个事物都有它的小道理,大道理管小道理,小道理也是条条道路通罗马,都暗藏着大道理的密码。你可以通过认识具体事物的理,来丰富对那个抽象的、最高的天理的知识。"举一反三""触类旁通"这些成语,讲的都是同一个意思,不同事物的理之所以能够相通,乃是因为背后的最高之理是同一个。

讲到这里,你大概会发现,朱熹的哲学距离我们的生活并不遥远。你要成为某个领域的一流专家,仅仅有专业知识是不够的,世界上的道理都是相通的,你的知识面越是丰富渊博,越是有助于深化你对专业知识的理解。最重要的,是认识那个最高的知识,那就是宇宙与人生的大智慧。人生战场拼的不仅是专业的本领,而且是一种智慧的境界,对宇宙与生命意义的理解。

在南宋,朱熹是学问最渊博的人,又是最有思想的人。王元化先生曾经说过,学者最高的境界是"有思想的学术"和"有学术的思想"。可以说，朱熹的学问与思想都达到了那个时代的最高水准。他的著作等身，仅仅是他的语录就有一百四十卷。不过，朱熹最重视的，还是《四书章句集注》——他对《论语》《孟子》《大学》《中庸》四部儒家经典的批注。据说他去世前一天，还在修改他的注。到了元代之后，朱熹的《四书章句集注》就成了科举考试的官方文本了。

人心中两个自我的永恒战争

宋代的儒家与先秦的儒家是很有一些不同的。孟子谈人有"不忍之心"，就打住了，接下去最关心的是向外拓展，如何实践自己的道德本心。但是到了宋代，发生"内在转向"，从程颐到朱熹，更关心的是人心背后的人性和天理。先秦儒家是伦理学的，而宋代儒家更有哲学本体论的气质。

前面说过，理学认为这个世界有两个，抽象的世界和具体的世界。这里涉及三个非常重要的概念：心、性、理。

先讲心与性。宋明理学受到佛教的影响，非常重视心性问题。那么"心"与"性"是什么关系？"心"是具体的，"性"是抽象的。这里的"心"，指的是感性的道德直觉，孟子讲人有恻隐、羞恶、善恶、是非之心，这"四端"都属于心的活动；"性"呢，则是抽象的人性，是仁、义、礼、智。

"心"与"性"是两个不同的世界。但抽象的"人性"与抽象的"理"却是相通的，程颢讲了一句非常要紧的话："性即理。"每一事物，都有其本性，所谓"本性"，不过是这个事物应该遵循的规范和标准，也就是它的小道理。因此，所谓"人性"，不过是人所应该遵循的道德伦理。

抽象的人性是善的，但具体的"人心"就不一样了。因为人除了道德的人性之外，还有自然的动物性。"人心"与张载说的"气"相关，每个人都有自己的精神气儿，各有各的不同。这样，每个人内心当中都有两个自我，一个与抽象的"性"和"理"有关，代表道德的"大我"；另一个与具体的"气"有关，有常人的七情六欲，代表自然生命的"小我"。这是两个不同的世界，但又同时躲藏在每个人的内心当中，相互冲突，彼此厮杀，是一场道德与自然、大我与小我的永恒战争。

你现在大概明白了，原来朱熹对抽象的天理的兴趣，最终还是要回到人间。这与古希腊哲人的为求知而求知还是不一样的！没错，朱熹的天理，最终还是为了解决世道的昏暗，而世道如此昏暗，是人心出问题了，人欲横流，泛滥成灾。天理，就像黑暗中茫茫大海里的一座灯塔，要照亮人心中的幽暗。

不知道你是否听说过"幽暗意识"这个词儿？这是研究中国思想史的权威张灏教授提出来的重要观念，意思说基督教文化对人性的幽暗有非常深刻的认识，但儒家文化对人性是乐观的，缺乏幽暗意识。你想，相信人性善的孟子不就是这样吗？不过，到了朱熹这里，因为受到佛教"无明"观念的影响，已经对人心中的昏暗有了相当正面的重视，所以才将"存天理、灭人欲"作为宋明理学一个最重要的题目提出来。

一讲到"存天理，灭人欲"，你大概会觉得怕：我不要生活在宋代！连正常的七情六欲都要被消灭，让我怎么活啊？

其实，朱熹的原意，不是说人的欲望不能存在，而是要有节制，以人性中的天理来约束自然欲望。有学生问朱熹："饮食男女，什么是天理？什么是人欲？"朱熹回答："饮食者，天理也；山珍海味，人欲也。夫妻，天理也，三妻四妾，人欲也。"这话合情合理吧？只有那些过于贪婪的欲望，才违背天理，才是要灭掉的"人欲"。只是后面的道学家们念歪了经，将正常的七情六欲，也以天理的名义，把它们灭了！

从朱熹到今天，1000多年过去了，文明有进步，人性却永远在原地踏步。世界上各种天灾人祸，很多是因为人性中的贪婪造成的。远的不说，2008年美国的次贷危机不就是如此吗？人性中的永恒战争，不就是一场克服人性异化的"天人交战"吗？用宋明理学的话说，这叫"复性"，将被异化的人心扭转过来，恢复与天理相通的人的本性。

不过，你发现没有，朱熹的"幽暗意识"比较起基督教，还是不够彻底。基督教认为，人性中的恶是根深蒂固、无法彻底消除的，所以，不要相信任何伟大人物，人格再如何光芒万丈，也一刻也不能放松制度的规约。但朱熹呢，毕竟是继承孟子"道统"的儒家，相信人性中的幽暗最终是可以被克服的，还是有圣王出现的可能。

内圣外王，儒学的根本道理

作为道学家，朱熹是很严肃的，像正襟危坐的老夫子，对学问和做人都很严格。在孔庙里，朱熹的地位很高，他与孔子的弟子们一样，是有牌位供奉在那里，被儒生恭恭敬敬地称为"朱子"。一旦成为"子",那就是一派学问的鼻祖了。朱熹总是劝人多读书,千言万语,博学最要紧。

不过,你不要以为朱熹只是一只两脚书柜,仅仅满足于求知。儒家与古希腊哲人不同的地方在于,他对知识的渴望,最后都不是为了求知本身,而是为了认识天理。天理只有一个,孔子说过:"吾道一以贯之。"千言万语的道理,归根结底都是服从同一个"道",既是天理,也是人道。儒家的使命感就是"士志于道",认识天理,实践人道。

所以,朱熹注《四书》,最看重《大学》中的所谓"八条目":格物、致知、诚意、正心、修身、齐家、治国、平天下。家国天下,是儒家知识分子的终极关怀,但要担当如此沉重的使命,不是一般凡夫俗子所能做到的,必须有圣人的道德人格。道德人格如何修成?朱熹发展了孟子的功夫论,从佛教那里学来一整套修身术,那就是"八条目"中的前四条。你要修身吧,首先要"正心诚意",心地纯正,意念真诚,没有丝毫功利的杂念;然后是"格物致知",通过亲身的实践,考察事物的各种道理,以实现对终极的天理的认识。

到了第三阶段的宋明理学,儒学的根本道理可以概括为"内圣外王"四个字,指的是通过格物致知、正意诚心这套修身功夫,成为道德上的圣人,然后由圣人出来,实现齐家、治国、平天下。

只是修身而不救世,那是佛教;一味救世,但不修身,那是墨家;而儒家呢,修身与救世是两个不可缺少的面向,有道德人格的圣人,才有资格出来救世治国、平天下,又是道德实践的题中应有之义。所以,你记住"内圣外王"这四个字,就明白了儒家的基本秘密,它的人格理想是什么,它的救世方案又是什么。

理学的批判与妥协

现在问题来了，为什么朱熹不寄希望于制度，还是一心盼着圣王出现呢？

说到根子上，还是与中国文明的突破方式有关。"内在的自觉"是一种"内在突破"的文明，这与"外在突破"的西方文明不一样。"外在突破"的文明不相信内在的人性，最靠谱的还是外在制度的刚性约束。但"内在突破"的儒家文明坚信人性可以与天理内在相通，人性的完善可以出现大圣人、大救星。

中国人最期盼的，就是"圣王合一"。尧舜禹三代为什么在儒家看来是永远的理想？因为有尧舜这样的圣王嘛。我刚才说了，韩愈建立了一套从尧舜到孔孟的"道统说"，朱熹一生都在捍卫和坚守这个"道统"。为什么？因为在他看来，三代以后，圣与王，即儒家的"道统"与王权的"政统"已经分离了，成为两股道上跑的车，渐行渐远。

你发现没有，宋明理学这个"道统说"，原来具有强烈的现实批判性：三代以后，王者竟然都不是圣，不能与天理沟通，不具有道德的合法性！我在之前讲孔孟的时候，反复讲到儒学建立了与君主对抗的二元权威，到了宋明理学的"道统说"，发展到新阶段。

讲到这里，你一定很奇怪：朱子学不是后来成为统治者的官方意识形态吗？还有批判意识？你问得不错。宋明理学有两面性格，一面是我刚才说的"道统"对抗"政统"的批判性，另一面是"道统"不得不屈从"政统"的妥协性。为啥？因为比较起基督教来说，儒学有一个致命的短处被王权捏住了，缺乏像西方教会那样的独立建制。为了实现"内圣外王"的理想，不得不进入政治，屈从于王权。

从孔孟开始，一直到朱熹，儒家就是有这个毛病，从内心世界来说，坚信道统高于政统，但在现实世界当中，不得不匍匐在王权之下，甚至将政治的希望全部押宝在圣王的出现！

儒家的二元权威，到宋明理学发展到新的阶段，但还不是它的最高峰。最高峰在哪里？是明代的王阳明的心学。下一讲我就要循着朱熹的脉络，与你继续深入王阳明，看看他是如何差点叩开近代的大门的。

进阶思考

朱熹说："山河大地都陷了，毕竟理却只在这里。"这个"理"，用今天的话说，就是人心中普遍的、绝对的价值。为什么一个有良好秩序的社会，必须有这样一个绝对价值存在？

延伸阅读

钱穆：《朱子学提纲》，生活·读书·新知三联书店，2002年。

第 16 讲

阳明心学是儒家的"新教改革"吗

理学相信"性即理",心学坚信"心即理",心外无物,天理就在人心当中。

王阳明认为,人的内心有良知。我心即宇宙,天理就是良知,因此形成了阳明学自信狂妄的人格,既能大善,也能大恶。

王阳明相信知行合一,行就是知,知在道德实践之中,最重要的是"致良知"。

王阳明是中国的马丁·路德,几乎完成了一场儒学的新教革命,近代的个性解放,不是仅仅外来的,其内部的传统渊源,正是来自明代的阳明学。

第三阶段的儒学有两大门派：理学和心学。到了南宋，理学和心学已经壁垒分明，各有各的完整理论。有一位叫吕祖谦的大儒说，我请你们聚在一起辩一辩，如何？理学的大佬朱熹和心学的大佬陆象山都答应了。于是，在今天的江西铅山县一个小小的鹅湖寺，朱熹与陆象山率领弟子们，辩论了三天三夜，难分胜负，这就是中国哲学史上最有名的"鹅湖之会"。

鹅湖之会是思想高手辩论的典范，真理究竟在谁的手中，究竟是东风压倒西风，还是西风压倒东风，不能靠走上层路线、搞权力寻租、拼命挤入王家官学来战胜对手，而是像鹅湖之会那样，民间学派之间平等对话，心平气和地讨论，这样真理才会越辩越明。

上一讲通过我的讲课，朱熹的理学你已经了解，今天我为你讲一讲另一门派——心学。心学由北宋"二程"中的哥哥程颢开创，南宋的陆象山奠定基础，到明代的王阳明最后完成。心学的影响大得不得了，近代中国的许多大人物，比如蒋介石和青年时代的毛泽东，都是王阳明的虔诚信徒。民国的新儒家，从熊十力到牟宗三，也都是继承阳明心学的传统，那么，心学与理学究竟有什么不同，为什么它能如狂飙一般席卷中国？下面我就要来解开这个谜。

为什么理学之外，还要有心学

朱熹完成了儒家思想的体系化，儒学到他这里已经很成熟。南宋以后，理学逐渐成为官方思想，科举考试考的就是朱熹的《四书章句集注》。理学一旦官方化，它的命运就由不得朱熹了，变得越来越保守。在朱熹那里，"人欲"指的还是过度的贪欲，但在现实的纲常名教秩序当中，理学就成为一种压抑人性的僵化意识形态，连并不过度的正常人欲也变得不可容忍。

社会发展到明代，商业又变得越来越发达。商人一旦有钱了，肯定希望提高自己的社会地位，他们就要用钱去兑换文化资本。琴棋书画，附庸风雅，这样才能混入上流社会。这些都是一本正经的理学所不容许的。世俗化的明朝需要另外一个理论，能够放宽人心，证明对日常欲望的追求是合理的、正当的。这是心学兴起的第一个原因。

第二个原因是晚明的政治环境。

我们说过，儒家士大夫的使命是"士志于道"。"道"的实现有两条途径：一条是"得君行道"，找到一个明君，成为他的得力辅臣，实现治国平天下的宏愿。另一条途径呢，是"觉民行道"，回到民间，教化乡民，改变社会的风气。

假如你是士大夫，你会选择哪一条道？之前的儒家，从孔子、孟子到董仲舒、朱熹，选的都是第一条道，这是治国平天下的捷径。但是到了明代中晚期，皇帝重用权臣宦官，政治乌烟瘴气。在这样的官场中，谈什么治国平天下的理想，稍微正直一点的人连待下去都很困难。往上发展无望，就眼光往下到民间"觉民行道"吧。这时候，明朝士大夫就需要从儒家思想之中发掘另外一个传统，放大心灵秩序。于是，王阳明的心学呼之欲出。

心外无物，理在心中

明代的王阳明是一个传奇般的人物，据说他天生奇异，母亲怀孕十个月生下他，到五岁还不会说话，但已经将祖父读过的书默记在心。因为父亲是状元，所以王阳明从小也饱读经书，但一开始在科场上并不顺利，他并不着急，自负地说："众人以不登第为耻，我以不登第而懊恼为耻。"

最初王阳明也是朱熹理学的粉丝，他按照朱子"格物致知"的方法，整天坐在家里后花园观察竹林，想要穷究竹子的"理"，七天七夜，什么也没有得到，差点格物格成神经病！他开始对理学的这套修身功夫产生怀疑。后来，他在官场被贬，发配到贵州一个又穷又偏僻的小地方——龙场。

人在得意的时候距离真理很远，一旦人生困顿，反而容易大彻大悟。某一天，王阳明突然顿悟：你要认识天理，根本没有必要往外寻求"天理"，"理"就在自己的心里，心即理！这就是有名的"龙场悟道"。

鹅湖之会的时候，朱熹坚持"性即理"，但陆象山一口咬定"心即理"，一字之差，读音还差不多，却展示了理学与心学的根本分歧：这世界究竟是两个，还是一个？理学认为，有两个世界，一个是客观的性与理的世界，另一个是主观的心的世界。但是，从陆象山到王阳明，坚信这个世界只有一个，就是人的内心可以体悟到的世界，人心就是宇宙，宇宙在人心之中。

我在上一讲说过，朱熹相信，即使天崩地裂，人不存在了，天理还在那里兀然挺立。而阳明却认为，宇宙之所以存在，是因为活在你的心里。有一次,他与朋友出游,见到山花开得正灿烂,朋友就笑问阳明:"你说心外无物,但这个花自开自落,与我的心有什么关系?"王阳明说:"你没有见到花的时候,此花与你的心同归于静默,待你看到了它,花的鲜艳便呈现出来,可见这花不在你的心外。"

王阳明讲的道理,可以归结为八个字:心外无物,理在心中。朱熹让人向外格物,去寻求事物之理,但阳明却反其道而行之,回归内心来体悟天理。

人心中有能辨别善恶的良知

那么,人心当中究竟有什么,可以与天理相通呢?这就是孟子说的不忍之心:良知。

王阳明最重要的著作是《传习录》,里面收集的不是大块文章,而是类似禅宗式的一小段一小段语录。什么是"良知"呢?他说了一句要紧的话:"知善知恶是良知。"陆象山说"心即理",王阳明在这里补了一手,心就是良知,良知能够辨别善恶,所以就是天理。

天理有是非、善恶,朱熹是将二者分开的,"是非"是宇宙的客观之理,"善恶"是人间的伦理之理,但在阳明看来是同一回事:是非的最后标准,乃是在于人心的善恶。人心所好的,便为是,人心所恶的,便为非。离开了人心,根本没有客观的是非可言。所以说,宇宙在人心当中,天理就是良知。

在民国的时候,大哲学家冯友兰先生与现代新儒家一代宗师熊十力都在北大教书,冯友兰对熊十力说:"王阳明的'良知说'是一个假设。"熊十力大吃一惊:"怎么可能是假设?'良知'是呈现!""假设说"是冯友兰信奉的实在主义逻辑上推论的需要,而"呈现说"乃是阳明心学坚信良知像天理一样是真实存在的,潜伏在人心深处,可以通过直觉将良知呈现出来。

王阳明继承了孟子的传统,相信每个人都有良知,人皆可为尧舜。你不信吗?有一个故事,说是有一个晚上在王阳明家里抓到一个入门偷盗的小毛贼。阳明先生好为人师,苦口婆心,对他讲了半夜做人要有良知的道理,小毛贼听得稀里糊涂,问:"我的良知在哪里?"王阳明命令:"你将短裤给脱了!"小毛贼有点犹豫:"这,好像不太好吧?"阳明大喝一声:"这就是你的良知!"

孟子说人心中有四端,其中一端是羞恶之心,小毛贼还知道在众人面前赤身裸体不好,说明他良知未泯,还有希望挽救。佛教有一句话:"放下屠刀,立地成佛。"阳明学相信人性本善,又受了佛教影响,也经常讲:"满街都是圣人。"因为哪怕是恶人,只要你突然有了觉悟,也可以成为圣人的。善恶只在一念之间而已啊。

知行合一,行就是知

不过,阳明心学与佛教有很大的区别,乃是在于觉悟不是沉思默想的过程,而是道德实践的结果。王阳明讲了这么多道理,千言万语归结为三个字:致良知。良知在你的心里,但要呈现出来,必须去做,就去实践,这就是"致"。

阳明学是非常注重道德实践的。在朱熹那里,知是知,行是行,但到王阳明,他强调"知行合一",不可能有脱离实践的认知,行就是知，不行不知。你要让良知呈现，觉悟到什么是良知是不够的，最重要的是行动，去实践良知！

毛泽东在上世纪40年代写了《实践论》，他说，实践出真知，要想知道梨子的滋味，就要亲口尝一尝。20世纪70代末改革开放之始提出的"实践是检验真理的唯一标准"，这些或许可以说跟王阳明思想有所关联。

朱熹是老夫子，重视读书研究，他是知识主义。但王阳明是力行家、行动派，比较起读书，更看重亲身实践，他是道德主义。研究中国思想史的权威余英时教授说，他们两个代表了宋明理学的两种路向，知识主义是"道问学"，道德主义是"尊德性"。

到底是学问重要，还是道德重要？这是很有争议的，这涉及知与行的关系。按照儒家的中庸思想，二者之间需要适当的平衡，过犹不及。王阳明的有些学生不是读书人，贩夫走卒都有，他们不大重视知识，有反智主义倾向，相信一己人格的力量来影响大众，特别是王阳明之后的泰州学派，被称为"左派王学"，到处讲学，不是用知识，而是信仰来启蒙民众，已经很像宗教了。

要知道，王阳明以及他的学生都很自负狂妄，你想想，我心即是宇宙，宇宙就在你心里，怎么会不狂？从明代到当代，中国出了很多狂人，都与阳明学有关。他们相信自己就是天理，便无所畏惧，死也奈何他不得，于是造就了一大批伟大的人格。但相信"我心即宇宙"的伟人，既能大善，也能大恶，给历史带来的灾难也要比常人巨大得多。

朱熹是很谦卑的，所以他讲"敬"，对天理与知识有敬畏之心。阳明先生呢，他讲的是"诚"，只要心诚，良知便可直达天理。宋代儒家特别喜欢讲"天地万物为一体",在理学那里,万物一体的中心是天理,但到了心学这里,天地万物一体的中心便是"我心即宇宙"的自我。

阳明心学对儒家的意义,相当于是基督教的新教改革。基督教新教改革的核心是什么?就是个人可以绕过教会,直接和上帝沟通,近代西方的信仰自由,就是从这里开始的。你想想,心学不也是这样吗?在儒家历史当中,还没有人像王阳明这样重视个人意志的自由。在这之前,"天理是什么"有一套规矩的解释,到了王阳明这里,是"我心即天理",每个人可以根据自己的良知去理解天理。良知就是天理,只要你去实践良知,你就能跟天理无限接近。这不就是儒家的新教改革吗?

在儒家思想的范围内,王阳明可以说把道德心灵秩序推到极致。他认为,每个人的内心都有不依赖于外在权威的道德尊严。近代思想解放就是从道德自主起步的。这么看的话,心学其实已经叩响了通向近代的大门。难怪晚清和"五四"的启蒙思想家,从梁启超、谭嗣同到李大钊,都会到王阳明那里去寻找思想上的本土资源。

但是,王阳明并没有彻底完成儒学的改革,他还差一步。在王阳明的理论中,虽然天理可以自由解释,但是良知仍然不能挣脱天理。一直到"五四",这个禁锢才彻底打破。陈独秀、鲁迅他们让个人的心灵彻底从天理中解放出来。

当然,就算王阳明没有跨出最后一步,他也已经很了不起了。他的思想不仅是晚明社会的救世药方,而且鼓舞了一大批明朝士大夫走向民间。王阳明的门徒开创泰州学派,这群人喜欢到基层乡镇四处讲学,听众竟然是贩夫走卒,各色人等都有。他们告诉那些打着赤膊、光着脚丫子的平民百姓说：每个人都有良知，人皆可为尧舜！

你想想，在心学之风吹拂之下，明代士大夫在庙堂之外的民间开辟一片天地。过去儒家只是一种精神的权威，如今竟然潜入民间，跟农夫、商人结合在一起，不仅有"批判的武器"，也有"武器的批判"，也就是从精神的力量变成了社会的力量。

讲到这里，中国文化的核心结构——儒家就讲完了。我现在简单为你总结一下。

儒家要解决的问题，就是人间的两套秩序：社会政治秩序和道德心灵秩序。孔子以后的儒家，孟子强调仁，重在道德心灵秩序；荀子强调礼，重在社会政治秩序。董仲舒继承荀子，提出纲常名教，但是他突出了"礼"，却忽视了"仁"。在道德心灵秩序上，汉代以后的儒学经不起佛教的冲击，沉寂了八百年。到北宋，儒学重新接上孟子的传统，又吸收佛教的智慧发展出理学，朱熹建立了一套完整的、思辨化的哲学体系。而明代的王阳明又进一步发展为心学，差点完成一场儒学的"新教改革"，几乎让个人的心灵从天理的秩序中彻底解放出来。

你发现没有，儒学在发展的过程中有一个核心的线索，就是道德心灵秩序逐渐放大，个人的位置越来越突出。到"五四"的时候，终于冲垮了外在纲常名教的束缚。所以在我看来，孔家店被打倒不仅是西方文明外力的冲撞，其实也是儒学自身演变的结果。

讲到这里，希望不要给你留下一个错觉，以为儒家思想可以包打天下，解决古代中国所有的问题。不是的，儒家虽然提供了中国思想的核心结构,但好花也得有绿叶扶,下一个模块,我就要回到先秦的百家争鸣,看看道家、墨家和法家如何与儒家形成中国思想的互补结构。

进阶思考

阳明心学认为"良知即天理",它和现代的个性解放有共同点吗?

延伸阅读

秦家懿:《王阳明》,生活·读书·新知三联书店,2011年。

乙部

中国文化的互补结构——儒、道、法、墨

了解了儒家,就掌握了中国文化吗?

并非如此,中国文化是由诸子百家构成的丰富的整体。最重要的四家儒、道、法、墨,构成上、中、下三层互补结构。中国文化作为高级文明,也有两张面孔:上层统治阶级——外儒内法;中层知识精英——儒道互补;下层社会民众——儒墨循环。

第 17 讲

为什么治世是儒家，乱世成墨家

墨家与儒家是春秋战国时期的两大显学，儒家代表的是贵族的理想，墨家反映的是平民的愿望。两家学说有三个重大区别。

儒家讲爱有差别，墨家讲"兼爱"。但墨家的理想过于严苛，反而儒家更贴近人性。

儒家讲重义轻利，墨家讲"交相利"，类似近代的功利主义，以人民的公共利益为善的唯一尺度。

儒家的社会是"和而不同"，墨家的社会是"同而不和"，统一意志，统一思想，统一行动，统一财产。它的小农社会主义乌托邦理想，在现实中是绝对专制的"利维坦"。

上一单元我为你讲解了历史上的儒家，希望不要给你留下一个误解，好像中国文化就是儒家包打天下，其余几家都是可有可无的配角而已。前面已经说过，中国文化是世界上最重要的轴心文明之一，特殊的文化可能比较单一，但是轴心文明呢，内在的元素都非常丰富，而且呈相互冲突、补充之势。你想想，古希腊文明中既有理性的柏拉图、亚里士多德，也有世俗的伊壁鸠鲁和退隐的犬儒哲学呢。

先秦的百家争鸣，据说有名字的有一百八十九家，真正成为流派的是九大家，其中对后世影响最大的，除了儒家，无非是墨家、道家和法家。那么墨、道、法与儒家究竟形成了什么样的关系呢？

好了，从这一讲开始，我就要为你讲一讲中国文化的互补结构。在社会的底层平民阶级那里，是儒墨互补；在社会的中层士大夫精英那里，是儒道互补；而在社会上层统治阶级那里呢，又是儒法互补。

讲到墨家，你可能比较陌生，战国以后，好像墨家就不见了，还值得专门花时间讲吗？但是，中国的历史是治乱循环，儒家有一套坚强的合法性理论，是治世的主流意识形态，但一到乱世，儒家也乱套了。这个时候，就轮到墨家登场大展身手。

那么，乱世的墨家在哪里？它究竟有哪些魅力，吸引了社会底层的农民兄弟们？今天我就先来聊一聊儒墨互补吧。

为什么墨家处处与儒家对着干

墨家是儒家在战国时期碰到的最大对手。他们在西周的时候，是一批世袭的武士，礼崩乐坏之后，这些武士与儒生一样，也成了"丧家之犬"，流落到民间，谁雇佣他们，就为谁打仗，成了职业的雇佣军。他们的首领叫墨翟，很有思想，被尊称为墨子。

你大概很想知道，为什么墨家当年处处与儒家对着干，让孟子头痛死了？原因很简单，他们所代表的阶级利益有冲突嘛。孔孟都出身贵族，儒家代表的也是贵族的想法与利益，他们一心想复辟的，就是贵族时代的周礼。

那么墨子呢？你不要看他出身比孔子还高贵，是殷商王室的后裔，但到他这一代已经没落，成了工匠，经常与底层的手工业者混在一起，墨子的阶级属性也变化了。马克思说过一句名言，阶级的代表是什么意思？无非是指，一个人的思想不能超越他所属的阶级的生活所越不出的界限。

按理说，平民阶级是沉默的大多数，他们敢怒不能言，无法倾诉自己的想法。现在有墨子替他们来说话。你看，到了战国时期，平民们也有了自己的意识形态。

当时，已经开始出现一些脱离贵族的土地占有者，还有手工业者。墨家代表的就是这群人。周礼管的是贵族，像他们这样的底层平民，根本就不在周礼约束的范围之内。春秋战国，旧体制崩溃的时候，平民群体壮大起来之后，他们当然也希望有一套有利于自己的新思想，甚至符合自己群体利益的新制度。墨家思想，反映的正是这些底层平民的正当愿望。

这群人的正当愿望是什么呢？其实很简单，就是能好好过日子。墨子觉得，不管大国还是小国，战胜国还是战败国，只要发生战争，倒霉的首先是老百姓。所以，墨子是个和平主义者，他觉得好的社会应该是人人都能好好过日子，用他的原话说，就是"饥者得食，寒者得衣，劳者得息"。

但墨子的"和平主义"不是儒家那样单纯的学派和学说。他不仅倡导和平，还身体力行，阻止战争，用行动实现大义。为什么他有这个实现和平的实力？要知道，墨子率领的这批人称为"墨者"，相当于古代的职业军人，但说是职业军人，他们并不喜欢战争，而是追求和平。有一次墨子用沙盘推演的方式，阻止了楚国去攻打宋国，这才是军人的最高境界，用《孙子兵法》的话说，就叫"不战而屈人之兵"。

儒家与墨家的想法是不一样的，在人与人之间的距离上，意识形态的对立还是表层，精神气质的差别才是最重要的。墨家与儒家，整个精神气质就很不搭调。

我们来稍微比较一下孔子与墨子这两位教主吧！孔子重视贵族社会的礼仪，墨子却认为那些礼乐是铺张奢侈，应该取缔；孔子看不起手艺人、种田的，万般皆下品，唯有读书高；墨子本人就是能工巧匠，据说发明过一只会飞的小玩意；孔子养尊处优，生活很讲究贵族的派头，墨子却是粗衣恶食的苦行者。

不同的精神气质——或者用法国社会学家皮埃尔·布尔迪厄的话说，不同的"文化惯习"，使得"物以类聚，人以群分"。所以，墨家就与儒家杠上了。

墨家与儒家的三个区别

墨子比孔子要晚,他咄咄逼人,在好几个问题上对孔子看不顺眼,与儒家过不去。

第一个问题,是究竟要"礼乐",还是要"节用"?

孔子要维持没落的周代贵族秩序,"礼乐"是什么?就是一种有差别的社会秩序嘛!父母死了,做儿子的,不仅要大事铺张,厚葬死者,而且还要为父母守制三年。

这让墨子看了很不爽,这不是铺张浪费吗?有什么实用价值?平民阶级都是过惯精打细算苦日子的,墨子就提出把一切劳民伤财的繁琐礼仪给废了,大家要勤俭治家,葬礼也要简朴,大禹时代的风气不就很好嘛,现在都被贵族的奢靡之风给搞坏了!

第二个问题,是"爱有差等"?还是"兼爱天下"?

孔子虽然讲"仁者爱人",但儒家的爱是有差别的,具体来说,是以自我为中心,亲亲尊尊,长幼有序,男女有别,这是西周封建等级制遗留下来的礼教。

墨子对此非常不满意。为啥?因为儒家是从人的角度谈论"爱",墨家却是从天的视野看待"爱"。"今夫天,兼天下而爱之",每个人都是上帝的子民,凭什么有差别?你想想也是。墨家是一帮来自五湖四海的雇佣军,一起出生入死,假如还要分亲疏关系,这仗是打不赢的。只有你牺牲了,战友为你的父母养老,这支队伍才有凝聚力和战斗力。

第三个问题,是"重义轻利"呢?还是"交相利"?

孔子有一句名言:"君子喻于义,小人喻于利。"出身贵族的儒家，将西周封建社会遗传下来的道德义务看作最高的原则，而个人或国家的利益比较起"义"，都是次一等的。"利"必须服从"义"，不讲道义的利益社会，是小人国，而不是君子国。

但是，墨子却认为："义者，利也。"不要与我谈论玄乎的"义"，真正的义，就是利在其中。人们相互交往，就是为了利益嘛！不过，你不要以为墨子是杨朱，只盯住个人的一己私利。他所说的"利"，乃是"国家百姓人民之利"，用今天的话说，是人民的根本利益。那么，谁能代表人民利益？等会儿我来告诉你。

这场墨家与儒家的历史大辩论，最后谁是赢家？墨家输了。为啥？原因，四个字：不合时宜。墨家的理想高妙是高妙，但太超前了，社会的上、中、下三层都接受不了。

君主为啥讨厌墨学？很简单，你要抑强扶弱，有造反的嫌疑，秩序都乱了！不仅不接受，还要打压。

士大夫为啥不欣赏？我马上要谈到，墨学很有一种神秘的宗教色彩，军事化的严明纪律，喜欢独立思考、自由行动的读书人不喜欢。

那么，社会为啥也对墨学敬而远之呢？你想想，战国时代距离周代不远，宗法血缘关系根深蒂固。墨子说要爱天下之人，可是物质条件是那样地匮乏，既然不能平等地厚待天下所有父亲，就只能一视同仁地薄待自己的父亲，将他当作别人的父亲看待。中国人这么重视血缘亲情，能受得了吗？

这样一来，曾经在战国时代风头一时的墨家，等到天下实现大一统，很快就衰落了。但是，儒墨之争，墨家真的是彻底的大输家吗？

造反者的宗教

如你跳出战国的短时段，从两千多年的大历史来看，会发现什么？原来墨家阴魂不散，平时看不见，偶尔露峥嵘。一到王朝末年，民不聊生，底层农民揭竿而起的时候，墨家就浮出水面，成为造反者的思想灵魂了！

你或许会问，什么时候农民起义打过墨家的旗号啊？我怎么不知道啊？这样说吧，墨家的思想是一种农民文化的深层结构，自从先秦以后，它就潜伏在各种具有反叛精神的民间信仰之中，成为它们共同的精神底色。后来的墨家是借尸还魂，躲藏在历代农民起义打出的旗号背后。虽然这些旗号像东汉末年的五斗米道、宋朝的白莲教、清末的拜上帝会等等，看起来都是五花八门的民间宗教，但它们背后有一脉相承的深层结构，这就是作为平民意识形态的墨家。

冯友兰先生说过，墨家是战斗的传教士。中国的农民在太平盛世当中，被束缚在土地上，生活在各种血缘、地缘的关系网络之中，它们都是儒家所教化的顺民。等到王朝末年，土地被豪强兼并，这些顺民纷纷成为四处流窜的流民。这个时候，就有野心家、阴谋家要将这些一盘散沙的流民组织起来，成为改朝换代的工具。

这个时候，墨家就不可缺少了。为什么呢？因为墨家具有造反者所必须有的两种力：信仰力和组织力。没有这两种力，秀才造反，三年不成。

先来看信仰力。比较先秦各大学说，墨家最具有宗教性。儒家是很理性的，子不语乱力怪神，敬鬼神而远之。而墨子呢，是"尊天""明鬼"，相信有一个人格神的天帝。墨子说，天帝命令人要实现三个"有"："有力相营，有道相教，有财相分。"这不是古代中国农民的绝对平均主义理想吗？

你可能要问了，儒家不是也讲"不患寡只患不均"吗？不错，但儒家所要追求的"均"是"均衡"的意思，用朱熹的话说，是"均，谓各得其分"，每个人在宗法等级社会当中各自取自己应得的那份。不过，墨家向往的，是绝对的平均主义社会。不问等级、身份，人人平等。从墨子到洪秀全，历代小农都怀着这样的梦想，打土豪，分田地。那就跟着干吧！

现在问题来了，高高在上的天帝意志，在人间由谁来代表呢？当然是有魅力的权威人物。社会上下，都要服从这个权威，定于一尊。这就是墨家拥有的第二个力：组织力。

墨家所向往的社会，是"尚同"的社会，统一意志，统一思想，统一行动，统一财产。这个"尚同"，乃是与天的意志保持统一，以上边即天的意志作为标准，而不能按照下边即人间的舆论来定是非。

墨子相信，人性是趋利避害的，所以他们愿意服从一个绝对的、强有力的政府。在这一点上，墨子可以说是中国的霍布斯，要在人间建立全能的"利维坦"。墨子的这个"尚同"理想，后来对法家也产生了巨大影响。

你一定记得孔子说过："君子和而不同，小人同而不和。"其实啊，儒家还容许"君子"社会有一定程度的差异，但不同的信仰和利益之间要保持和谐。墨家的社会就可怕多了，人人趋同，相互之间却不断有残酷的内斗。这样的"小人"社会，我自己在少年的时候，就曾经经历过。

定于一尊、统一意志的社会如何实现呢？墨子是"神道设教"，率领他的门徒们以理想主义的宗教精神，摩顶放踵，以身作则，吃苦在前，享受在后。墨家最崇拜的人物是谁？是三过家门而不入的大禹。

你发现没有，历代农民起义不都有这样一种墨家的宗教精神吗？精神令人敬畏，但他们期待的理想社会又是那样可怕。

最后为你总结一下。中国的历史是一个超稳定的系统，朝代更迭，分分合合，似乎都是治乱循环。儒家擅长在治世发挥作用，但你想要理解乱世的一面，就必须理解墨家背后的思想脉络。在大历史的维度上，儒墨之间就形成独特的大尺度互补结构。

如果是在太平盛世中，老百姓生活在血缘、地缘形成的稳定关系网络中，衣食无忧，他们当然更愿意当顺民。这时候，墨家就没什么用。但是，一旦社会出现运转问题，甚至战乱频发，老百姓吃不饱、穿不暖的时候，墨家朴素的理想主义就有用了。因为任何时候，这些老百姓都只有最简单的愿望：让我好好过日子。

对于底层的平民阶级来说，太平盛世，个个都是儒家，都是匍匐在王权和族权下的顺民。等到天下大乱，他们又摇身一变为墨家，成为改朝换代的工具。中国文化是一个超稳定的系统，这个一治一乱的意识形态，其内在又是互补的：墨家夺权了，又要重新回到儒家；儒家维持不下去，又转向了墨家。如此治乱循环，形成了中国的大历史。

进阶思考

为什么墨家所向往的社会,会成为几千年来农民阶级的理想?

延伸阅读

任继愈:《墨子与墨家》,北京出版社,2012年。

第 18 讲

为什么历代统治者都喜欢"外儒内法"

法家比较晚出,它综合了儒家、道家和墨家思想中的末流而成。

早期法家分为法、术、势三大流派,最后由韩非集大成,为秦始皇所采纳。

韩非思想的三条原则:循名而责实;赏罚分明;道之以政,齐之以刑。前两条针对群僚百官,后一条对付平民百姓。

法家的"法制"与现代"法治"是两个完全不同的概念:法家"法制"之上有君主的意志,而现代"法治"中的"法"是至高无上的。中国君主专制的思想渊源来自法家。

前面一讲，为你讲了社会底层的儒墨互补，今天我们的视线要转向上层，聊一聊儒法互补。

秦始皇统一中国，用的是法家，但成也萧何败也萧何，最后也亡在了法家的误导。但有一个问题，不知道你想过没有，既然法家误国，为什么秦朝以后的统治者还是对法家念念不忘，挂的是执政为民的儒家招牌，施行的还是严刑峻法的法家治理术呢？

这就要从法家的起源说起。

法家是对付谁的

在先秦几家重要的思想流派当中，法家的出现比较晚。原来，在周代是靠一套封建宗法制度管理整个国家，到春秋时代，封建制崩溃了，特别在战国时期，权力逐渐向各国的君主集中，政府的职能变得复杂，需要有一种新的治理方式，于是法家应运而生。

那么，法家的这套治理术，究竟是什么玩意呢？你大概知道，是三大法宝：法、术、势。也可以概括为八个字：君势为体，法术为用。君主的权势是核心，法与术都是驾驭臣民的具体技巧。

你想一想，君主喜欢法家，这套治理术是用来对付谁的？还用说，一定是人民大众呗！统治者不是最怕人民起来造反嘛。这种看法也不能说全错，但我要告诉你：法术势三大法宝，与其说是对付庶民，不如说是冲着贵族和官僚来的。

为啥呢？你一定听说过这句话：刑不上大夫，礼不下庶人。

这是描述了西周时代，对贵族的要求是各守本分的周礼，对付百姓另有一套严酷的刑法。社会上下两个等级，各有各的规矩，不能僭越。

不过，到了春秋战国时代，这个等级化的礼法秩序被儒家和法家携手打破了！我在之前讲过，孔子对中国文明突破的最大贡献，是提出了"仁"。仁既然是每个人的人性之善，那么作为仁的外在秩序，"礼"也一定是超越等级的，是普遍化的道德秩序。原来是礼不下庶人，如今也下移到基层社会，成为贵族与平民共同要遵守的良序美俗。

法家破的是什么呢？对了，是那个"刑不上大夫"。我们都知道的商鞅变法，核心就是将原来对付庶民的刑法，也上挪普遍适用于贵族卿大夫。上挪下移，儒、法两家在礼法秩序上共同打破贵族与平民的等级界限，从此告别封建时代。

那么，法家为什么要破这个局呢？原因很简单，战国时代的贵族势力太厉害了，直接威胁到君主的权威。

你一定知道"三家分晋"，司马光的《资治通鉴》讲的第一个故事，就是这事儿。三个小小的晋国卿大夫，竟然逼迫周天子封自己为诸侯，建立魏国、赵国和韩国，从此拉开战国时代七国争霸的序幕。

对外争霸，看起来是外交与战争，但大家都懂的，外交是内政的延续，战争是另一种政治。你要攘外，必先安内啊。七国的内政，哪一家都不太平，都有跃跃欲试的贵族想挑战国君，重演三家分晋的故事。

法家改革的重心是什么？用今天流行的一句话说：上层联合下层，夹攻中层！吴起帮助楚悼王，李悝在魏国搞改革，商鞅协助秦孝公，做的是同一件事儿，君主与平民联手，一起做掉中层的贵族。

怎么个做法？两个办法。第一是鼓励平民耕战。耕是种田，战是打仗。不管你出身如何，只要认真耕田、拼命打仗，君主就可以奖励、提拔你。这样一来，王权绕过贵族，直接从平民那里获得了统治的合法性基础。

你不要以为君主与民众是死对头，他们才是互相欣赏的一对。一般老百姓最恨的是直接统治管理他们的小官小吏，反而对皇宫里的神秘王权有很多期待和想象。以小农为主体的国家，永远断不了好皇帝主义的幽魂。

马克思有一句名言，说分散的自耕农就像一袋马铃薯，没有组织力量，他们无法捍卫自己的利益，只能期待高高在上的王权滋润自己。割据一方的贵族和在君王身边的官僚集团就不一样了！他们调皮捣蛋，时刻威胁着君主的绝对权威。

所以，君主做掉中层的第二个办法，就是采纳法家三大法宝。

法家的三大法宝：法、术、势

法、术、势原来是商鞅、申不害和慎到分别提出来的，互不相干，到了韩非这里，将这三个法宝打包，从简单的治理术提升为一套完整的法家理论。

韩非是战国晚期的韩国人，但不为韩国国君所欣赏，他后来投奔到秦国。秦始皇非常欣赏他，说："我要是能见到这个人，即使去死，也不后悔了！"他将韩非写的《韩非子》奉为治国的葵花宝典。

先说"法"。为啥不用儒家的"礼"，而要用商鞅的"法"？这要谈到韩非对人性的独特理解。他毕竟是荀子的学生，相信人性都是恶的，懂得自己的利益在哪里，会本能地趋利避害。君主要善于利用人的自利之心，奖勤罚懒，赏罚分明，这样臣下就知道自己该干什么，不该干什么，干了以后又有什么后果。

举一个例子吧，韩国第六任君主韩昭侯有一天醉酒睡着了，管帽子的小臣体贴君主，便给他盖了件衣服。韩昭侯醒来，知道情况后，同时给管衣服和管帽子的小臣以惩罚。管衣服的被重罚可以理解，因为他失职嘛，可为啥要罚好心的管帽子的？因为他超越职责，做了不该他做的事儿！

再说"术"。"法"是公开的，是臣与民必须遵循的法则，而"术"呢，是帝王南面之术，秘不示人，隐藏在君主心中。在法家看来，君臣不是儒家那样的伦理关系，而是生死斗争的利害关系。防臣如防贼，要时刻提防臣下的谋反。

韩非告诉君主，你身边有八种奸人，包括妻妾、父兄、侍从……除了自己，没有一个可以信任的！怎么办？要将所有的人都看作自己潜在的敌人，为君主的，要把握好三条原则：深藏不露、独自决断、独揽大权。

最后是"势"。法家与儒家不一样，不在乎民心的向背，只是要维持君主的绝对权威，在任何情况下都有说一不二的权势。韩非讲得很彻底，再坏的君主也是君主，再好的臣民也是臣民，这就像帽子再破也是戴在头上，鞋子再美，也只能踏在脚下一样。

在三大法宝的基础上，韩非进一步总结法家治理国家的基本原则，简单来说，也有三条。

第一条是"循名而责实"。每一个官职都是"名"，君主明文规定，在什么岗位上需要完成什么职责，要求官员切实去做到，这就是"实"。至于你怎么做到的，采取什么合法、非法的手段，为君的不必管得太细、太具体，可以睁一只眼闭一只眼，只需设立目标责任制，以此考核、监督官员。

如何考核、监督呢？这就是第二条："赏罚分明"。君主日理万机，不可能对所任命的官员一一考察，看谁是道德廉洁的圣人、谁是能力超强的贤人。很简单，设立奖勤罚懒、赏罚分明的制度，完成职责的有赏，完不成的重罚！自然没有官员敢懈怠，与君主打太极拳，上有政策下有对策。另外，再设立一套专门监督官员的官职，直接听命于君主，对最高主权者负责，天网恢恢，疏而不漏，整个官僚系统就能够像一台机器一样运作。

以上两条是针对群僚百官的，第三条是对付平民百姓的："道之以政，齐之以刑。"儒家相信人性是善的，其治国方针是"道之以德，齐之以礼"，以仁义道德方式治理天下，但法家相信人性是恶的，必须用行政权力和严刑峻法治理百姓，让他们在权力与法律的威慑下感到恐惧，不得不听话守法，做驯服的良民。

历代君主的外儒内法

接下来的故事你也知道了，韩非、李斯帮助秦始皇统一天下，又将秦朝带到沟里，最后翻船了。以前一直有个说法，汉武帝"废黜百家、独尊儒术"。你以为汉武帝以后的统治者真的不用法家了吗？哪里的事儿！儒家可以解决政权的合法性，王道政治的旗帜当然要举得高高的，但一讲到具体的治国理政，还是法、术、势这一套。这就叫"外儒内法",或者"阳儒阴法"。

汉武帝手下有一个叫汲黯的部级老干部,他很敢说话,当面就戳穿了汉武帝的把戏,说:"陛下您内多欲望而外讲仁义,还效法什么尧舜之治呢?"这话很尖锐,只要君主好大喜功,有大野心,必然是法家。

为什么呢?成功的统治者,必须具备两个要素:一要有权威,二要有权力。权威是让人心服口服的道德合法性,权力是驾驭控制臣民的能力。儒法两家,各有短长,儒家好言王道但拿捏不住权柄,而法家呢,擅长治理却少了道德正当性。

碰到无为而治的君主,他未必对法家感兴趣,那套法、术、势,整体琢磨着如何对付臣民,太累啊!但像汉武、永乐、雍正、乾隆这些枭雄式帝王,对外要开拓疆土,对内要摆平各种反对的声音,将社会资源集中到国家手中,法家是最好使的集权手段。

你想想,视权力如生命的有为君主,他会舍得放弃这三大法宝,真的相信那套君仁臣忠的儒家伦理吗?

现在我们明白了,为什么历代的统治者,特别是那些自以为是、想大权独揽的英明君主,都喜欢玩"外儒内法"的把戏。

有一种比较流行的看法,说法家即使如此肮脏,它毕竟在提倡法制啊!但是,你知道吗?法家的"法制",是刀口偏旁的"制",英文是"rule by law";而现代的"法治",是三点水偏旁的"治",英文是"rule of law"。一个将法作为统治的工具(by),另一个将法作为最高原则(of)。一字之差,相隔了两个时代!

现代的法治意味着法是最高的,没有任何人的意志可以凌驾于法之上。但法家的法制呢,只是实现统治者意志的工具,法的上面,还有拥有最高立法权的专制君主。

讲到这里，你大概明白了，法家也是人治，只是与儒家那种相信圣人治国的人治不一样，它是一种另类的人治，是打着法制旗号、披着法的外衣、绝对服从君主专制的人治。

在法家式的法制统治下，没有一个人是有安全感的，包括法家自己。商鞅的靠山秦孝公死后，商鞅只能逃命，要住客栈，不敢暴露身份，店小二拒绝了他："商君之法规定，没有证件的一律不得住宿，否则我就有连坐之罪了！"商鞅仰天长叹："为法之弊，一至此哉！"我为君王着想，制定恶法，最后搬起石头砸自己的脚，搞死了我自己啊！

最后总结一下，法家的思想是中国历史当中最坏的政治遗产，是绝对君主专制的思想帮凶。不过呢，因为它也是一种人治，所以与儒家纠缠在一起。这两家的政治思想，儒家好言王道，但拿捏不住权柄，而法家呢，擅长操弄权柄，却少了道德正当性。这两者的结合，恰恰能弥补彼此的不足。所以，汉代以后的历代统治者，都希望"外儒内法"，用儒家的王道理论，来论证统治的合法性，用法家的治理术，来驾驭臣下和百姓。

外儒内法，让君主既有合法性权威，又有驾驭天下的绝对权力。宫廷政治的秘密全在于此。要说对中国政治的影响力，法家可以说是跟儒家并驾齐驱，法家跟儒家纠缠在一起，形成外儒内法的互补结构。我在下一个单元讲述中国政治那部分单元的时候，还会为你深入分析。

进阶思考

为什么说法家的法制不是现代的法治,也是一种人治?

延伸阅读

郭沫若、王元化等:《韩非子二十讲》,华夏出版社,2008年。

第 19 讲

"拔一毛而利天下，不为也"有合理性吗

杨朱之学是道家的先驱，是其第一阶段。它的学说处处与墨家相反，先秦时代的思想，是儒、墨、杨朱的三足鼎立。

杨朱之学是一套隐士的哲学，它产生和流行于黑暗时代，重在苟全性命于乱世，有三个重要的核心观念：贵生、避世、为我。

杨朱虽然不屑于救世，但也有自己的治世方案：人人为己，天下治矣。这一思想后来发展为道家重要的治理术——黄老之学。

在先秦，儒家有两个劲敌，除了上一讲提到的墨家之外，就是杨朱。孟子咬牙切齿地说，杨朱和墨翟太厉害了，天下舆论不归杨则归墨！孟子决心要与墨学与杨朱之学好好论辩一番，夺回话语主导权。

可以说，春秋战国时代，是儒、墨、杨朱三足鼎立。杨朱是道家的第一阶段，老子、庄子是道家的第二、第三阶段。道家是一些什么样的人？他们都是战乱时期的隐士，一看世道已经不可收拾，于是躲进深山老林，苟全性命于乱世。这些隐士嘲笑孔子是"知其不可而为之"，他们有点像古希腊的犬儒，不仅退隐人间，而且还有一套退隐的哲学。"拔一毛而利天下，不为也！"这套道家哲学影响了几千年的中国。

你要了解中国人的心灵世界，不可不知道家哲学。你想明白如今各种精致版的和粗糙版的利己主义流行，也一定要了解它的本土根源杨朱之学。

其实，儒家所面对的两个劲敌墨家和杨朱，是最针锋相对的，墨家讲牺牲，杨朱讲贵生；墨家要救世，杨朱讲避世；墨家为天下公利，杨朱讲为我，处于两个极端。儒家反而比较温和，走中庸道路。

杨朱是道家的先驱人物，他奠定了道家的基本格局。好了，现在就开始为你一一介绍杨朱的三个核心观念：贵生、避世和为我。

贵生：从精神快乐到肉体快乐

杨朱最重视的，是人的生命。他提出："全性保真，不以物累形。"

这句话是道家思想的核心。意思是说，按照自己的本性生活，保持生命的本真性，不为外在的功名利禄所牵累。

这是中国思想史上最早的个人主义。杨朱既鄙视身外之物，什么权力、财产、名誉、成功，也看轻感官欲望的满足和身体的快乐。"全性保真"，最重要的是精神性的生命存在。早期的杨朱很高大上，不那么世俗。

到了先秦之后的第二个乱世魏晋时代，杨朱之学发生变化。本来，先秦的杨朱讲"轻物重生"，现在蜕变成一种感官与欲望满足的现世快乐主义。《列子传》里的《杨朱篇》，一般被认为是魏晋时代的人假托杨朱，说自己的心里话。他们认为，有耳朵听不到美乐，有眼睛无法享受美色，有鼻子不能闻到花香，有话说不能直说，身体想舒适得不到安逸，想为所欲为却不能放肆，这些都是人生的大缺憾啊。

但身在乱世，怎么办呢？只有一种活法："且趣当生，奚遑死后。"人生无常，最要紧的是保全性命、享乐人生啊。冯友兰先生有一段评论很到位，他说，魏晋时代杨朱的徒子徒孙们太重视肉体的快乐。因为在一切快乐当中，精神快乐要经过修炼，肉体快乐最容易得到，所以一般凡夫俗子都以肉体满足为快乐的捷径。

到这个时候，对一般国人影响甚大的杨朱之学完全定型。中国人的心灵世界，其实有两个灵魂，一个是孔子，另一个是杨朱。孔子让国人注重精神的道德，但杨朱教大家追求肉体的享受。比较起世界上许多其他民族，中国人其实是很世俗的，很在乎生活中的感官快乐，而且还很考究，乐此不疲，"舌尖上的中国"就是世界一绝。

避世：无用之用就是大用

杨朱的第二个观念是"全生避害"。生命是最珍贵的。无论是精神，还是肉身，都值得自己好好珍惜。杨朱之学，可以说就是"生"的哲学。

不过，在乱世里，虽然你珍惜自己，但最大的威胁却来自外部，别人要来伤害你，怎么办？

"全生避害"的核心在于"避"，逃离一切可能给自己带来伤害的事儿。这是寻迹山林的隐士们的基本策略。隐士的最早鼻祖是尧舜时代的许由，我的本家老祖宗。尧要将部落联盟的首领位置禅让给他，许由吓坏了，说："小鸟在森林里筑巢，所需要的只是几根树枝而已，鼹鼠到河水边，不过是为了解渴而已。谢谢你，我要天下干什么呢？"你看，人家将王位白白送给许由，他也不要。不是清高，而是明白人，权力会给自己带来灾祸啊。

老子后来很欣赏许由这样的爱惜羽毛之人，说："贵以身为天下，若可寄天下；爱以身为天下，若可托天下。"只有那些将自己看得比天下贵重、爱自己超过爱天下的人，才可以将天下托付给他啊！这个话很有点意思，可以慢慢体会。你想，你会将公司的重要位置给一个洁身自好的人，还是给一个不在乎自己名节、功名心很强的人？

在乱世的年代，行为招摇、表现杰出有时也会招来灾祸。庄子讲过一个故事，说森林里有一棵大树，属于"不材之木"，没有什么用。伐木的将其他有用的大树都砍走了，唯独留下这个废物，它反而因此保全了性命。庄子意味深长地说："人皆知有用之用，而莫知无用之用也。"他的意思说，善于保全自己的人，一定不能显山露水，要力求低调、无用，最后这个"无用"反而有了大用，叫"无用之用"。

庄子所发挥的杨朱之学，当然可以说是一种犬儒和懦夫的活法，但在乱世里，不少中国知识分子都是以这种生活哲学在残酷的政治环境里幸存下来。远的不提，大家熟悉的钱锺书、杨绛夫妇就深得此道，在别的知识分子纷纷落难的时候，他们以明哲保身的方式撑过乱世。另一位同样姓钱的文学家钱谷融先生，也说得很坦率："我是一个无能又懒惰的人。懒惰，只是为了自保。淡泊名利，与人无争，因此也少了许多无谓的烦恼。"这话说得很沉重，也很有杨朱、庄子式的出世智慧。

不过，在乱世里，你再谨小慎微，也不能保证绝对的安全，飞来横祸，躺着中枪，怎么办？老子说："吾所以有大患者，为吾有身；及吾无身，吾有何患！"一个人之所以有恐惧，是因为贪生怕死，假如索性大彻大悟，将一己之生死放下，那么就无所畏惧了。这就是说，最彻底的"为我"，乃是"无我"，将自我放下，于是产生了庄子后来的超越生死、将自我与万物等量齐观的"齐物论"，这一点以后再给你详细讲解。

为我：人人为己，天下治矣

杨朱之学归根结底，就是第三个观念"为我"。杨朱说过的"拔一毛而利天下，不为也"，成为千古名言。

于是，杨朱成为千夫所指：那不是彻头彻尾、自私透顶的铁公鸡吗？你可能会说：我可不要与这样自私自利的人生活在一起！

不过，蔡元培先生对杨朱之学倒有比较公正的理解，他说，杨朱式的个人主义，是一种不损人的唯我主义。一般的利己主义，都不免要损害他人，但杨朱利己而不损人，讲究纯粹的无为，不干涉主义，人人自爱，个个自治，这样天下就太平了。

杨朱之学，虽然不屑于救世，但也是一种另类的治世方案。因为他相信，人人为己，天下治矣。这个世道之所以不太平，纷争不已，就是因为自负救国救民的牛人太多，像儒家、墨家、法家，个个都有一套救世方案，而且还坚信只有自己那一套才能救中国，于是吵来吵去，打来打去，搞得天下愈加混乱。假如换一种思路，人人都不冒充救世主，去管人家的闲事，只为自己而活，将自己的本分做好，天下不就相安无事了吗？这一思想后来发展为道家重要的治理术——黄老之学。

杨朱的三观用今天的话来说，叫"主观为自己，客观为别人"。大自然自有一只看不见的手，将人人为自己的动力，转化为社会的公共利益。我在课堂上给"90后"大学生讲到这里，年轻人在下面是一片欢呼：老师，杨朱说得有道理啊！不要批评我们是利己主义一代，利己而不损人，有什么不好？

为什么当今的不少年轻人会欣赏杨朱之学？答案当然是过去的中国人老是被当作小孩子,被教化、被启蒙，不要为"小我"，要为"大我"而活。于是在这个世俗时代，发生了反弹，许多人愿意只为自己活着。到了近代，为了冲决纲常名教的网罗，实现人的个性解放，从梁启超到蔡元培，都很欣赏杨朱，杨朱之学在清末民初有一个大复兴。

不过，等个人主义真的在中国出现了，他们又发现，那种杨朱式的唯我主义原来还有负能量，那就是人人为己，未必一定会增加公共利益的总量，倒是会彼此抵消，相互摩擦，并不能形成理想中的自发秩序。于是，"大我"的问题被重新提出，只是现代社会的"大我"不再吞噬"小我"，而是无数个"小我"共享"大我"而已。

杨朱之学，放在今天，究竟是耶非耶，非三言两语能够说清，与其我来告诉你，不如让你运用批判性思考的能力，得出自己的结论。这不也符合杨朱的"为我"的原意吗？

进阶思考

如何看杨朱的"拔一毛而利天下，不为也"？有他的道理，还是一种精致的利己主义？

延伸阅读

梁启超、胡朴安等：《道家二十讲》，华夏出版社，2008年。

第20讲

老子的思想为何既可敬又可怕

老子讲的"道",不是一般常识意义上的小道,而是宇宙、社会和人生的大道。道是天地万物的本原。

道就是自然的法则。它的发展规律是"反者道之动",事物发展到一定阶段,会向自身的相反方向转化。由此老子得出结论:无为无不为。

老子要排斥的是人的欲望与知识,他所欣赏的是"大智若愚"。他的处世哲学,具有复杂的二重性:既自然又功利,既博大又精明,既智慧又世故。

鲁迅先生在"五四"的时候，写过一篇历史小说《出关》，说的是老子的故事。孔子向老子求学，几次来往之后，老子发现孔子与他道不相同，是要上朝廷的，发达之后将会对自己不利，于是决定骑着老牛出走。在函谷关口，老子被守关的官吏拦下来，硬要他讲学。于是老子摇头晃脑开始讲：道可道，非常道……

鲁迅当然是故事新编，但将道家与儒家的不同志向刻画得活灵活现。究竟老子在先，还是孔子在先？学术界争得一塌糊涂，我们这里且不管它，今天我要为你讲一讲老子的学说。

所有的高级宗教或哲学，归根结底，都要回答两个问题：一是如何救世界？二是如何救自己？这也是我之前讲过的重建政治秩序与心灵秩序。道家中的三位，老子偏重救世，杨朱和庄子更在乎救己。

大历史学家钱穆先生说，在中国思想家当中，老子是最复杂的：老子最崇尚自然，但又最功利；老子是博大的，但又最精明，会算计；老子的心智，最有智慧，但又最深沉、最世故。

这段话很有意思。一般人不是觉得老子很出世吗？待会儿我要告诉你的，是另外一个老子——很入世、很阴沉的老子。原来他还有这另一面？现在我就来与你聊一聊。

这世界为什么乱

前面说了，杨朱、庄子都是隐士，认为这个世界已经病入膏肓，不必去救了。但老子你不要看他是道家,骑了一头青牛西出函谷关,去云游四方。其实骨子里,他是很有点野心,想出来救世的。

所有的救世药方,首先要回答的是,为什么这世界乱成这样?病根在哪里?

儒家说,因为大家都不认周礼,君不像君,臣不像臣,父不像父,子不像子。墨家讲,还不是天下少了定于一尊的权威吗?人民的整体利益无从体现啊!

那么,道家怎么看呢?

杨朱是道家的先驱者,是个一毛不拔的利己主义者,"拔一毛而利天下,不为也!"不过,杨朱有他的道理。他认为,这个世道之所以不太平,纷争不已,就是因为自负救国救民的牛人太多,儒家、墨家、法家,个个都有一套救世方案,而且还坚信只有自己那一套才能救天下,吵来吵去,打来打去,搞得天下愈加混乱。

杨朱讲,假如换一种思路,人人不冒充救世主,不去管人家的闲事,只为自己而活,将自己的本分做好,天下不就相安无事了吗?杨朱之学虽然不屑于救世,但也是一种另类的治世方案。你不要小看杨朱,道家思想的核心就是从他那里出发的,人人为己,天下治矣。我之前提到的西汉初年黄老之学,不就是这个道理吗?

不过,杨朱讲的只是常识性的大白话,并没有上升到一套高级的哲学。与孔子同时代的老子,当然要深刻得多:世界这么坏,什么原因?不是你孔子说的人心道德败坏,而是天下之大道被忘记了!

那么,什么是老子心目中的大道?这正是《道德经》里要研究的核心思想。

我之前有提到,春秋时代,文明的突破是孔子与老子共同完成的。孔子的贡献是心灵的自觉，建立了中国文化独特的道德主体性。孔子虽然讲天命，但对那个超越世界究竟是怎么回事，语焉不详，存而不论。而老子呢，刚好弥补孔子的空白，回答了"天道是什么"的问题。

你知道，古代人的生活与现代人不同，与天非常接近。巫师不就是整天占卜、想了解天命吗？直到轴心文明时代，老子第一个出来，用非常精粹的哲学语言，揭示宇宙的运行法则，也就是天道。这是世界文明史上非常了不起的大突破、大智慧。

天地有情还是无情

那么，老子心中的天道，究竟是一个什么样的世界呢？了解这一层很重要，一个人的三观，首先取决于他对大自然宇宙的理解，为啥？天人合一，人类社会的规律来自宇宙规律嘛。

一部《道德经》，只有大约5000字，比今天的一篇学术论文还要短，但是里面所蕴藏的信息量，大概比得上一个图书馆。

《道德经》开篇说："道可道，非常道。名可名，非常名。无名天地之始。有名万物之母。"这段话，老子表达了三个重要的核心观点：

第一句，用语言表达的"道"，不是常识性的小道，而是宇宙的大道。老子要探讨的大道，是自然、社会和人生的根本大道理，有点像儒家说的天道、天理，那个终极的太极。

第二句，凡是具体的事物，都是有名称的。天是天，地是地，但这个宇宙的终极大道，无法有名称，"道"就是无名之名，虽然有名称，但不是一般事物的名称，它只是"无"的代号。

第三句，天地起源于"无"，而万物起源于"有"。"无"是天地的开端，而"有"呢，则是万物的根源。老子在这里讨论的是宇宙的起源问题，在开天辟地之前的宇宙，无法表述它，只能用"道"来命名。你说道存在吧，它是抽象的，是无；你说道不存在的吧，却又是天地万物的大原大本。

这是宇宙起源的问题，非常烧脑。但古代人与天的关系，要比现代人密切得多。孔子探究什么是天命，但老子还要厉害，去追问天地背后的本原问题。他想解决的问题，其实是两个。

第一个，宇宙万物是如何发生和起源的呢？《道德经》里说："道生一，一生二，二生三，三生万物。"从一到二、再到三和万物，都是"有"，是客观存在的宇宙万物，但最初的"有"，是"一"，是混沌一片但又是统一的宇宙。那么，这个混沌一片的宇宙是从哪里来的？老子回答是"无"，"无"中生"有"。这个"无"，你要记住，是本体论意义上的，不是宇宙发生学意义上的，与时间、空间这些具体的存在没有关系。它只能表现为"无"，老子将它称为"道"，与常道完全不同的根本大道。

第二个，宇宙万物遵循什么法则运行的呢？这才是老子最关心的核心问题。《道德经》里有另一段话："人法地，地法天，天法道，道法自然。"这里的"法"是动词，是效法的意思，人类社会要效法的是天地，天地效法的是抽象的道，但道效法谁？老子回答说，是自然。注意，这个"自然"不是我们今天所理解的客观存在的自然界，而是道的自身，本该如此的就叫"自然"，道以自身为法则。

现在你明白了吧，老子讲了半天有与无，天地与道，最后乃是为了告诉我们简单而朴实的真理：一切的一切，从宇宙到社会到人生，都要遵循道的自然法则。

现在问题来了，老子讲的天道与孔子讲的天命有什么不同呢？

我在之前提到，孔子认为，天的内在本质就是"德"，是"有德之天"，所以天人合一，人类社会也要讲"仁"。你看，孔子差不多就是一个大暖男，儒家与基督教一样，是弱者的哲学，很有人情味儿。

老子的世界就很不一样了！整部《道德经》读上去冷冰冰的，老子面无表情地、非常冷酷地为你揭示宇宙的客观法则："天地不仁，以万物为刍狗。"由此推出更可怕的事实："圣人不仁，以百姓为刍狗。"在老子的眼中，从宇宙到社会，就是一个无情无义的世界。

打一个不恰当的比喻吧，老子与孔子的分歧，差不多就是美国共和党与民主党的区别：民主党要救济社会弱势群体，但共和党相信市场的自然法则，该怎么样就怎么样，你不要老是想着去干预客观规律，用仁啊、义啊去人为调节社会矛盾，越多人为干预，世道就越乱！

反者道之动，无为无不为

老子不仅发现了宇宙存在的方式，而且还告诉我们，宇宙变化的规律究竟是什么，这就是一种原始的辩证法："反者道之动。"用今天大家都熟悉的语言，就是"物极必反"：事物发展到一定阶段，必定会向其相反方向发生转化。

你一定知道老子的这句名言："祸兮福之所倚，福兮祸之所伏。"

祸与福，不是绝对的，在一定条件下，坏事可以变成好事，倒过来，人生太得意，一不小心，也会招来灾祸。人生是这样，自然界何尝不是如此？明天要降温，今天必定大热。就连股市也遵循这个规律，人人看好的时候，往往是顶部的信号，而个个看坏的时候，距离底部也不远了。

明白了这个普遍的自然法则，老子的人生态度便与孔子截然相反，不是"知其不可而为之"，而是处处谨慎，步步留意，消极防守。他说，委曲反能求全，屈就反能伸展，低洼之地反而能盛满一池春水，扔掉旧的反而会得到新的，少取反而会多得，贪多反而会让人迷惑。

老子的人生哲学，千言万语，可以归结为五个字："无为无不为。"无为，不是无所作为，而是认识到事物本来的发展规律，不是去拔苗助长，不是什么"有条件要上，没有条件创造条件也要上"，这种硬干最终一定会碰得头破血流。无为，是耐心地等待客观条件的自然产生，等到时机成熟，就可以四两拨千斤，一切水到渠成。

下一讲我要讲到的庄子，是真正的无为，没有任何功利之心，追求的只是自由的心灵。但老子还是有企图的，他的无为，只是洞察自然规律之后的手段，最终的目的还是有为。

老子最欣赏的力量，是水。水，看起来非常柔弱，却无坚不摧，滴水穿石啊。他说："江海所以能为百谷王者，以其善下之。"百川合流之所以一起奔向大江大海，汇拢于此，就是因为它很低调，处于低下的地方啊，所以江海能够成为百川之王。

守住自然的本性

老子要人们守住自然的本性,那么,自然的本性是什么呢?

在老子看来,自然的本性是一种"德"。儒家讲"天德",那是人间的伦理道德对天的投射;而道家讲的"德",意思不一样,它可以是道德的,也可能与道德无关。德,只是一种纯粹的自然本性。

老子有一段话,大意是说,知道什么是阳刚的厉害,就会守住阴柔的力量,甘愿做包容天下的溪谷,让万千的河流都汇聚到我这里,这就是自然的德性,回复到原初婴儿般的单纯和朴素。

所谓的无为,就是守住一个"朴"字。所谓朴素、朴实,最重要的是守住你本来的自然本性,质朴就是美德,美德就是质朴。一个拥有美德的人,应该过平淡的、质朴的生活。

老子要人们放弃两个东西,一个是欲望,另一个是知识。

欲望会让人忘记自然的本性,寻求快乐会让人失去美德。他说,缤纷的色彩令人眼花缭乱,各种声音令人耳朵都聋了,丰富的食物让你失去味觉,纵情于打猎让人心变得放荡,稀有的物品使人变得行为不轨。所以,最大的灾祸是人心的不知足,最大的错误在于想得到的太多。

另一个要放弃的是知识。为什么知识也像欲望那样可怕?因为在老子看来,知识也是一种贪欲。就像权力越大的人越觉得自己是弱势,金钱越多的人越觉得自己贫穷,知识越多的人越会感觉自己无知,于是想知道更多未知领域的秘密,结果是好奇害死猫。

老子说:"智慧出,有大伪。"知识多了,反而会出现虚伪和诡计。老子与墨子一样,是中国反智主义的老祖宗,区别只是:墨子看不起精英文化，重视平民的手艺；而老子呢，索性认为所有知识都有害处，统治者应该让老百姓无知无欲，远离所有的聪明和机巧，过原始人一般的质朴生活，这样天下就太平了。

为什么厚黑学会看上老子

老子最欣赏的人格叫"大智若愚"。这个大智者，不是真的无知愚蠢，而是从无知发展到有知，再进一步大彻大悟，体悟到人生的最高境界是"无"，这个"无"不是真的无知，而是明白了"全有"，"全有"就是无限，就是自然的本性所在。于是，最大的智慧、最高的智者，是看上去笨笨的，好像没有欲望、不懂得追求自己利益的蠢蛋，其实呢，他正是最聪明的高人，可以做到无为无不为。

根据事物"物极必反"的发展规律，这个"大智若愚"者有一套自己的处世哲学。他非常懂得，你要收敛的事，先来个大扩张；你要削弱的对手，先让他变得强盛；你想得到的东西，那就先送出去吧！

这套处世哲学有点阴险。后来不少崇拜厚黑学的人，从老子那里学到对付敌人的权谋之术。你想想，在现实生活当中，最危险的不是被你的对手贬低谩骂，而是被他捧到天上的云端，你高兴得晕晕乎乎，最后一不小心，从云端跌落到地面，跌到最肮脏的地沟沟里！智慧与卑鄙，有时候只是一张纸的两面，就看谁来用、用在哪里了。海涅说，我播下的是龙种，收获的却是跳蚤。假如老子读了厚黑学，是否也会像海涅那样仰天长叹？

回到一开始我提到的钱穆先生对老子的评价，你发现没有，老子既智慧又复杂的思想，不也是中国文化性格中的两面吗？他的有些东西，是深入国人骨髓的。

不过，与老子比较起来，另一位道家庄子就不一样了，庄子豁达豪放，不像老子那样老谋深算。庄子是彻底的无为，不屑于无不为。下一讲，我就讲讲这位可爱的智者庄子，是如何在另一个层面上与儒家构成精神的互补。

进阶思考

你觉得，孔子的充满人情味的世界，跟老子的冷酷无情的世界，哪个世界更真实呢？为什么？

延伸阅读

陈鼓应:《老庄新论》，商务印书馆，2008年。

第 21 讲

如何在不自由中获得自由

一个人的真我,不存在于身体中,也不在知识与道德之中,而是审美意义上的自由的灵魂。

所谓自由,首先是相对的。每个人、每个生命都有其自然的本性,只要遵循自己的天性去做,不管能力大小、结果如何,都是自由的、幸福的、快乐的人生。

"道"无所不在,宇宙万物在存在价值上都是平等的,要破除的是人类中心主义和自我中心主义。人的最高境界是与"道"合一、与天地万物同一的绝对自由。

有一个流传很广的说法：中国人都是儒教徒，读懂《论语》，就懂得了中国。这话不错，但只说对了一半。林语堂先生在《吾国与吾民》中讲，中国人的精神灵魂之中，除了孔夫子，还有一个庄子。国人在顺利得意的时候，都是儒家，在失败落魄的时候，都变成了道家！

"进则兼善天下，退则独善其身"，你一定听说过这话。那么，如何个进退法？中国人心灵当中，为什么要装两个灵魂？在乱世里，不少人的想法都是生存第一，"活下去"！但怎么个活法？如何做到不仅能够活着，还能活得悠哉、自得其乐？

好吧，这就要回到庄子，学学他的人生境界了。

德性、知识和身体，都不是真我

庄子与孟子是同时代的人，流传下来的《庄子》一书是魏晋时代一个叫郭象的人重新编撰的，可以说是道家思想的集大成者。我之前讲过，轴心文明时代的中国哲学家擅长的不是逻辑思维，而是形象思维。孔子擅长举一反三，在具体情境中阐发道理；而庄子呢，是一个大文学家，索性编造一个个有趣的寓言，让你去体会其中的人生玄理。

庄子从小很贫困，住在破旧的巷子里，饿得面黄肌瘦。孔子有一个他最欣赏的弟子，叫颜回，也是这样贫困，不到三十岁就死了；但庄子呢，整天乐呵呵，活到七八十岁。为什么？他有一套自己的养生哲学，那就是对心灵自由的追求。

自由，首先意味着有独立的身份，独立于官家。庄子名气大了以后，楚威王派了两个使者，带了千两黄金，来请他做楚国的宰相。庄子头也不回就走了。他说："你们看见过祭祀天神时用的肥牛吗？过几年养尊处优的好日子，就被宰了，供奉在神面前，这个时候它再想要做一头特立独行的猪，来不及了！我宁愿在泥巴里打滚，图个逍遥自在，也不稀罕什么宰相大官！"

用今天的话说，庄子最稀罕的是"活出一个真我"来。什么是"真我"？有三种不同的理解。

第一种是从杨朱到道教的理解，真我就是肉身的存在，人生追求的就是延年益寿、长生不老。但在庄子看来，人的躯体只是世间万物的一种，生生死死，最终还是要回到泥土之中，生命是有限的，它不是真我。

第二种是荀子的理解。人有认知的能力，理性是真我，像笛卡尔所说的"我思故我在"。但庄子笑了，人的生命是有限的，但知识是无限的，以有限的生命去追求无限的知识，那不是很悲催吗？可见，理性的自我也不是真我。

第三种是孔孟的理解。人是德性的存在，有德就是真我。但庄子有不同的看法，善与恶都是相对的，在一个层次是善的事情，到另一个层次就可能是恶。善与恶，往往都是相伴而行。所以，德性的自我也不是真我。

幸福就是遵从你的自然本性

那么，什么才是庄子心目中的"真我"呢？

在《齐物论》中，庄子描绘了这样的形象："乘云气，骑日月，而游乎四海之外。死生无变于己，而况利害之端乎！"一个真人，驾着云气，骑着日月，遨游于宇宙八方，生与死都奈何他不得，何况什么小小的利害得失呢！

庄子真是大文学家，寥寥几笔，就将拥有真我的神人烘托得呼之欲出！这个神人无所执着，不为任何世俗所累，连生死都超脱了。他顺自由的本性翱翔四海，云游八方，快活极了。

是的，庄子所追求的，既不是德性，也不是知识，更不是健康。德、智、体这种三好学生式的境界在他看来如同粪土，他所要的只是一个东西：心灵的自由。

自由有两种不同的类型：外在的自由和内在的自由。外在的自由是英美文化传统所追求的，这是一种不受外来强制的自由，自由就意味着拥有法律保护的天赋权利。在庄子生活的乱世里，不要说法治秩序，连草菅人命的事情也经常发生，寻求外在自由而不得，庄子于是回归内心——改变不了世界，就改变自己吧。他发掘内心的自我，享受自己独有的那份快乐，不为任何世俗的功利所左右，这就是道家的内心自由。

你现在明白了，庄子的自由是审美意义上的自由。

《庄子》一开篇，就讲了大鸟与小鸟的故事。大鸟是鲲鹏，展翅九万里，小鸟是麻雀，只能从这根树枝跳到另一根树枝。它们谁更幸福？庄子说，小鸟与大鸟一样，都自由而充分地发挥了自己的自然能力，它们是同等的幸福。这就告诉我们，幸福与快乐不是可以衡量的客观指标，比如你拥有多少财富，是否具有某种令人敬畏的权势。不，只要你在做你想做的事儿，而且你做到最好，你就是一个幸福的人。

庄子哲学有点相对主义的味道。在他看来，每个人、每个事物都有其独特的自然本性，是无法相互比较的，顺乎天性是一切幸福和善的源泉，而被欲望支配是一切痛苦和恶的根源。庄子在这一点上与崇尚自然主义的卢梭是一对知音。

我们的现实痛苦，其实不是得到的太少，而是想要的太多，总是与别人比，压力山大。其实每个人都有自己的天性，你要的东西未必是你真正想要的，未必会给你带来长久的快乐，只是流行的世俗逼迫你不得不去苦苦追求而已。深陷在各种辛苦时，我们唯独忘记了最重要的东西，就是内心的真正渴望，那是每个人独一份的终极快乐。

这让我想起著名的伦理学家阿拉斯代尔·麦金泰尔，他说人有两种对利益的追求。一种是外在利益，比如金钱、知识、权力、名誉等，那是身外之物，而且彼此之间可以替代的。另一种是内在利益，是你内心真正想要的，是不可替代、不可交易的，它会给你带来长久的、甚至是终极性的幸福和快乐。

庄子告诉你的，其实就是麦金泰尔所说的对内在利益的追求。这个内在利益源于你的自然天性。不要为自己缺乏竞争能力而自卑，只要遵从你的自然天性，做自己愿意做的事情，恭喜你，你就是与马云同样自由，甚至比他更自由的人。

齐物论：绝对的自由

上面谈的还只是相对的自由，庄子还告诉我们，有一种更高层次的绝对自由。那就是与自然同一。

我在上一讲介绍了老子的思想：宇宙最高的自然法则是"道"。如果说"道"是一种精神灵魂的话，那么它的肉身在哪里呢？

有一个住在东郭的人，就问了庄子这个问题。庄子回答说："道无所不在，遍及自然界与人间万物，甚至在蚂蚁、谷草、砖瓦和粪便里面，都有神圣的道！"问的人目瞪口呆，都不敢说话了。

庄子这种看似极端的比喻，其实是要告诉你一个道理：宇宙间天地万物，都是平等的。无论是非、善恶、大小、贫富、尊贵还是卑贱、发达还是潦倒，都是在特定情况下的差别，只有相对的价值。人生如梦，无时不在变幻转化之中，今天拥有的，明天就有可能失去。你不要看不起班级里的最后一名差生，或许未来就是你的老板！

庄子认为，世俗世界里的种种差别都是偶然的、没有意义的，所以，区别事物的不同有什么必要呢？"天地与我并生，而万物与我为一。"宇宙的所有存在物，其实与号称"宇宙的精华，万物的灵长"的人类是同一的，在价值上是平等的。这就是庄子最著名的"齐物论"思想。

你大概会说，这不是贬低人类吗？不错，庄子所要破除的正是两种偏见，一个是人类中心主义，第二个是自我中心主义。

人类中心主义将人视为宇宙中最高贵的生物，其他动物、植物和事物的存在，都要为人类服务和牺牲。但在庄子看来，要以无所偏执的同情之心来对待世间万物，物同此心，心同此理。不管是人，还是低等动物，都是活生生的生命存在。

庄子以一种艺术的移情心理，平等地对待宇宙万物，很像北宋的张载提出的"民胞物与"精神,泛爱一切人与生命。只是张载作为儒家,爱的重点还是人,而庄子呢,作为"齐物论"的道家,是爱一切生命。这与今天的动物保护主义和自然生态保护主义很有相通之处啊。

其次,庄子破除的是自我中心主义。西方哲学有主体与客体之分,儒家哲学也以自我为出发点,然后修身、齐家、治国、平天下。但在庄子看来,这些都是"我执",偏执于自我的狭隘,他提出一个骇人的观点——"丧我",就是忘记自我,放下自我,道无所不在,世间万物在存在价值上都是同等的,不要从狭隘的一己立场,要从"齐物论"的立场对待其他的人和其他的存在。

这样,庄子从追求真我、追求个人的相对自由出发,通过万物平等,达到最高的境界:与道合一,与天地万物同一,这就是人的绝对自由。这个绝对的自由,就是庄子所说的"逍遥游"的境界,生命存在着一种完美的可能性,可以从世界的本原中获得,通过与自然的合一而实现。

到了这个境界,富贵贫贱、荣辱生死都不在话下。

进阶思考

庄子所追求的心灵自由,你认为是真实的,还是只是自欺欺人?

延伸阅读

陈鼓应:《庄子浅说》,生活·读书·新知三联书店,1998年。

第 22 讲

怎么实现人生的进退平衡

庄子所追求的理想人格是：至人无己，神人无功，圣人无名。

至人、神人和圣人的境界，是一种精神的超越。简单地说，是无知之知、无用之用、无法之法、无辩之辩。

道家的"退一步海阔天空"，不是意味着避让、退隐、消极，而是"后退一步，远眺彼岸"，与道相遇，与天地合一。

上一讲我讲到庄子的齐物论，他要我们放弃自我中心主义和人类中心主义，与道合一，与天地万物同一。

我研究过一位现代中国著名知识分子——复旦大学外文系的林同济教授。连最骄傲的钱锺书先生也说，中国只有一个半人懂英语，一个是他本人，另外半个就是林同济。林同济的一生有三重境界：年轻的时候，相信"力本论"，世界的本原就是物理学中的"力"；中年的时候，成了狂热的国家主义者；到了晚年，终于体会到，与自然合一的道家，是中国文化的最高境界。

也可以这样说，儒、道、墨三家，墨家是青年人的境界，儒家是中年人的境界，而道家呢，是老年人的境界。

那么，道家的人生境界，究竟如何体现的呢？今天我继续为你讲庄子。

"得道"的四个境界

庄子将达到绝对自由的人称为至人、神人和圣人，但是他说："至人无己，神人无功，圣人无名。"这是什么意思呢？

所谓"至人无己"，就是说，达到最高境界的人，超越了自己与宇宙万物的区别、"我"与"非我"的区别，所以他是"无己"的。

所谓"神人无功"，你想想，道是无为，又无所不为，那么，与道合一的人，就不必追求功利的事情，只要按照自然本性去做，就可以出神入化，神乎其神。

所谓"圣人无名",老子曾经说过,"名可名,非常名",圣人与道合二为一,道无名,圣人岂非也是无名?要注意,道家说的"圣人"与儒家的"圣人"内涵不太一样,儒家的圣人是道德最高尚之人,而道家的圣人呢,与道德无关,只是达到与自然同一的最高境界。

也许,你会说:"我也要做这样的至人、神人、圣人呀,有什么功夫可以修炼、什么本领可以学习呢?"我告诉你吧,在庄子看来,人生的最高境界根本不是通过学习、修炼可以得到的,大道无形,你只有通过艺术的直觉,才能对大道有所领悟。

庄子的"得道",得的是老子所说的"非常道"的道,是一种精神的超越。简单地说,是四种境界:无知之知、无用之用、无法之法、无辩之辩。

先讲"无知之知"。庄子虚构了孔子与他最得意的弟子颜回的故事。颜回对老师说:"我进步了!我忘记了礼乐。"孔子说:"这不够。"颜回又跑来说:"我进步了!我忘记了仁义。"孔子说:"这还不够。"过些日子,颜回又来报告说:"老师,我'坐忘'了。"孔子考他:"什么叫'坐忘'?"颜回回答:"忘记自己的形体,远离自己的聪明,与大道融为一体,这就是我体验到的'坐忘'。"孔子表扬他说:"认识到万物一体,就没有偏私;体悟到生死转化,就不会偏执,颜回,你已经达到贤人境界了!"

庄子在这里借孔子之口,是要告诉你一个道理,最高的"知",是对大道的体认,而不是各种自以为聪明的小"知",这叫"无知之知"。无知之知不是原始状态的那种愚昧无知,而是获得各种知识之后获得的大彻悟、大知识。

庄子将这种大"知"称为"明",明亮的明。"明"与"知"不一样,"知"只是对具体事物的认识,而"明"呢,则是对宇宙万物整体的体悟。"明"比"知"要高一个层次。在道家这里,要做一个明白人,很不容易啊。

最高的知识,乃是一种无用之学。这就是我要讲的第二点——"无用之用"。我在杨朱那一讲里已经提到,有一种不材之木,因为伐木者都看不上眼,反而避免被砍伐,长成几百年的参天大树。这是从保全性命角度来理解的无用之用。从知识层面来说,有用之学都是具体的雕虫小技,而无用之学直接与宇宙的大道相通,看起来没有用,实则有大用,关系到一个民族的生死存亡、一个政权的存在合法性、一个人的安身立命。文学、历史、哲学、宗教这些人文知识,就是充满大智慧的无用之用啊!

那么,如何获得珍贵的大智慧呢?"无法之法"。西方哲学家卡尔·波兰尼提出过一个著名概念:默会性知识。这种知识只可意会不可言传,无法在课堂上教授,也不能用语言符号直接表达,它只能通过实践者在具体的行动中自己去体会和把握。道家说的"无法之法"就类似于这种默会性知识。

美国动画片《功夫熊猫》中的阿宝,阴差阳错被选中去与大魔王神龙决战,他总是想在师父那里学到打败敌人的功夫,最后师父泄露天机:中国功夫中的最高法道,乃是无法之法!

无法之法,是人的心灵与自然的大道合二为一,上接天意,下接地气,天地人融会贯通,于是超越所有门派的具体法道,达到所向披靡的最高境界。

从知识的方法论来说,最高的方法论也是无法之法。如同庄子讲的寓言庖丁解牛一样,技艺已经到炉火纯青、出神入化的段位,没有固定的套路，不拘泥于僵硬的定式。真正的大师手艺，都是顺着自然的纹理，和着自然的节拍，顺势而为，变化无穷。

这种本领你怎么学？只有长年累月的积累，用心去慢慢揣摩体会。学本领这玩意儿，拼到最后，比拼的不是技术，而是境界——你对你从事的这个行业的内在法道的理解。每个行业都有自己的法道，你的境界越高，就越能接近无法之法。

最后是"无辩之辩"。庄子所生活的战国年代，百家争鸣，各派吵了个脸红耳赤、人仰马翻。庄子作为一个隐者，在一边默默地观战，内心很不以为然。比如，儒墨两家是当时的显学，究竟哪家是、哪家非？真理在谁的一边呢？庄子不屑于简单地站队，他超越于混战之上，看到了是非之争背后的丑陋一面。他说："道是无往而不在的，言论是超出是非的。你们两家都自以为是，以对方为非。真正的道，反而被无谓的争论遮蔽了，要讨论的理，却被浮华的言辞代替了！"

庄子还讲了一个寓言。老人养了一群猴子，说："早上喂你们三颗果子，晚上喂四颗。"猴子不高兴，都造反了。老人说："那么这样，早上四颗，晚上三颗，如何？"猴子一听就高兴了。这就是"朝三暮四"成语的由来。庄子的慧眼，一眼就看穿争论的双方往往都有共同的本质。是非是相对的，争论是没有意义的，道不会被谁垄断。每一门派，既有所见，也有所蔽，完全的真理就存在于不同的意见之中。那种以压倒对方为目标的争辩有什么意思呢？还不如不辩之辩，放下偏见去共同寻求自然之大道吧！

后退一步，远眺彼岸

庄子的四个境界：无知之知、无用之用、无法之法、无辩之辩，归根结底，告诉我们什么呢？在我看来，就是一个看似浅显却很不寻常的道理：退一步海阔天空。

我们平日都生活在一个狭窄的空间里面，所牵挂的都是眼皮底下一地鸡毛式的蝇头小利，常常为自己的一孔之见洋洋得意，并因此看不起别人；也会为一点小的挫折感到悲伤，甚至痛不欲生。但是，庄子的哲学告诉你，这都是因为我们的眼界太狭小，境界太低。你没有见识过真正的大川大海、真正的大智慧、真正的武功大法的缘故！

庄子讲了两个故事。一个是河伯的故事。黄河自以为汇聚了四面八方的小河，天下之美尽在自己。待河伯到了大海，领教了什么叫辽阔，才"望洋兴叹"！另一个是井底之蛙的故事。它洋洋得意向东海的海龟炫耀自己在一口浅井里是如何自由快活。海龟半只脚跨入井里，马上吓得退了出来，告诉青蛙大海是如何博大，自由是何等享受，井底之蛙这才感觉到自己是多么浅薄，过的是多么不自由的生活。

道家的退一步海阔天空，不是意味着避让、退隐、消极，而是"后退一步，远眺彼岸"。从功利的世俗当中抽身出来，回到一个更大的世界中重新思考和定位自己。这个时候，你不再是那个撑满镜头的大特写的你，而是融化在天地背景中的你。这就像蒙娜丽莎再美，也得有自然山水衬托，没那些山水背景，不成其为蒙娜丽莎之美。

获得海阔天空，你才获得了真我，一个精神得以在天地中自由翱翔的自我。因为你不再纠结于世俗的得失,不再为身外之物感伤,不再计较琐碎的功利。你的肉身虽然在枷锁之中,但你的灵魂自由了,你不可能被打败,你超越了世界。因为你与道相遇了,与天地合一了,与日月同光了!

中国古代知识分子有儒与道的两面性,进则兼善天下,退则独善其身。有道则见,无道则隐。这个退隐与独善,正是到自然山水当中去寻求与道合一的真我。

道家的这一退隐哲学,到了魏晋时期,达到登峰造极的境界,下一讲我再继续讲。

进阶思考

"退一步海阔天空",如何理解庄子的"退"的含义?

延伸阅读

骆玉明:《长得逍遥自在心》,鹭江出版社,2017年。

第 23 讲

为什么说魏晋士人是真正的贵族

到了魏晋时代,道家发展出魏晋玄学。玄学分为唯理派和唯情派,竹林七贤是唯情派的人格典范。

魏晋名士最具有贵族的品格,简单而言,是自然、风流和雅量。

贵族精神的高贵标志是从容不迫、荣辱不惊,在任何情况下,都能保持优雅的风度和真实的自我。

前几年有一句网络流行语，叫"主要看气质"。什么气质？贵族气质。那么，什么样的人最具有贵族气质？在中国历史当中，魏晋一代知识分子最具有贵族气质与风采。这一讲我为你聊聊魏晋名士与魏晋玄学。

你一定听说过"竹林七贤"吧？魏晋年间，嵇康、阮籍等七位大名士，远离政治，躲在竹林里，经常喝酒、唱歌、吟诗、作文。有一本书叫《世说新语》，记载了许多魏晋士人的有趣的故事。他们的风采如此之潇洒，精神如此之超脱，将道家推到新的高度，这个新高度就是魏晋玄学。

魏晋玄学分为两派，一派叫唯理派，另一派叫唯情派。唯理派通过注释《庄子》阐发道家思想，我在庄子那两讲里已经给你介绍过，今天将重点讲解唯情派，看他们是如何通过贵族的精神品格展示玄学哲理的。

这个贵族品格，简单来说，是六个字：自然、风流、雅量。

越名教而任自然

什么叫"玄学"？所谓"玄"，来自《道德经》中的一句话："玄之又玄，众妙之门。""道可道，非常道"的"道"，非常玄妙、形而上，是天地万物的本原。魏晋知识分子最喜欢谈论的不是人间的纲常伦理，竟然是世界到底是有还是无，这不是最玄乎的问题吗？于是魏晋时期的哲学被称为"玄学"。

两汉不是儒家的天下吗？为什么到魏晋兴起玄学了呢？这是因为到东汉末年，又出现乱世，董仲舒的三纲五常伦理开始松动。有一次，魏国开国皇帝曹丕问大臣："假如君主与父亲都生了重病，只有一帖药可治，你们究竟是救君呢，还是救父？"听上去耳熟吧，与今天"究竟是先救我还是先救你妈"的问题差不多。一个大臣回答得朗朗有声："当然先救父亲！"曹丕的脸色都变了。

你大概知道，曹丕的魏国也好，司马父子的晋国也好，都是篡位而来，天命不足，人心不服，怎么办？硬压！对不听话的读书人实行恐怖统治。司马昭当政的时候，将西晋的知识分子精神领袖嵇康给抓了。当时，京城的三千太学生都跪下，请求朝廷赦免嵇康，让司马昭更起嫉恨之心，非杀不可。

司马政权为了让天下人服从现存秩序，强力推行"名教"。这个名教就是从荀子到董仲舒的礼教，要为臣的绝对遵循忠君之道。然而，现实是如此黑暗，统治者是如此残暴，读书人纷纷远离儒家，转而信奉老庄。不管是躲避山林的，还是在朝廷做官的，士林圈里开始流行一句话："越名教而任自然。"超越名教对个性的束缚，按照自然的本性生活。

魏晋是中国历史上第一次个性解放的时代，知识分子卸下儒家谆谆教导的家国天下责任，将个人的自由、精神的尊严和文化的风采看作生命中最重要的东西。嵇康被杀之后，与他齐名的另一位士林领袖阮籍虽在朝廷当官，但终日酗酒。司马昭为了拉拢他，要结儿女亲家，阮籍竟然大醉两个月，故意回避这等好事，与其成为未来君主的泰山丈人，不如在山野竹林里纵酒豪饮，与野猪同乐！

"越名教而任自然"中的"自然"，有两层意思，一层是指自然山水，另一层是前面讲过的"道法自然"中的自然，指的是宇宙万物的本性。其实呢，古代中国人并不像现代人那样将这两种"自然"完全区别开来，在他们看来，自然山水蕴含着天地万物的本性。

东晋最有名的文学家陶渊明有一句名诗："采菊东篱下，悠然见南山。"这是一种道家的安宁心境，一种自然的境界。沉浸于山水之中，与自然合一，你才会回归本来的自我。民国著名的美学家宗白华先生有一句精彩的评论，说魏晋的士人是"向外发现了自然，向内发现了自己的深情"。大自然与真性情，不是相通的吗，甚至，不就是同一个东西吗？

魏晋玄学所研究的，正是这个相通的自然本性与自我的真性情。他们最看重的，不再是外在的建功立业，而是内在的性情自由。名教那套人为的礼的规矩被打破了，只要是符合自然本性的，你想怎么做，就请便吧！魏晋年间，有一群士大夫参加葬礼，这位去世的贵族大人生前喜欢驴子鸣叫，于是大家一起学驴叫为他送行。你看，魏晋的贵族活得就是如此任性洒脱！

是真名士自风流

你或许在生活中经常听到这样的话：这个人有名士风度。所谓"名士风度"，就是魏晋读书人所展示的风流倜傥和高雅谈吐。

在中国知识分子精神史里，"风流"是一个好词。说你风流，不是下流，而是罗曼蒂克。"是真名士自风流"，这有点像欧洲中世纪的骑士，像近代的浪漫主义诗人拜伦、雪莱，无论对异性，还是对自己，都有一种浪漫主义的风雅姿态，自然脱俗，尽兴而为。

《世说新语》里有很多这样的魏晋名士故事。竹林七贤中有一位叫刘伶的大名士，整天在家里赤裸着身体喝酒吟诗。有人来拜访他，吓了一跳："你这样不成体统吧？"刘伶很不以为然："天地是我的房屋，屋子是我的衣裤，你为什么钻到我裤裆里来了？"这当然是疯话，但疯话里面有气魄，以天地为家，与自然交融，率性本真，不拘小节，你想想，不就是名士派头吗？

真名士所追求的风流，更多的是自然本性的精神愉悦。大书法家王羲之有一个儿子叫王徽之，半夜醒来发现漫山遍野白皑皑一片，下雪了。江南人见到雪景很兴奋，他令人备船连夜去见朋友。一路喝酒唱歌，到了朋友家门口，却不敲门进入，又坐船回去了。仆人很奇怪，就问他，这位大名士说："我本来就是乘兴而来，尽兴而归，见不见朋友，有什么关系呢？"

真正的名士，做事是不在乎具体目标的，一功利便俗，尽兴的人生，就是风流人生。

你不要以为魏晋名士比的只是喝酒，酒只是助兴，名士们真正比试的，对外是举止风度，对内是真才实学，很有一点唯美主义的味道。个性、才学、风雅，三者缺一不可。其中，最令人尊重的是"清谈"。

这个"清谈"，谈的就是玄学，从宇宙的有无到内在的本性这些抽象的玄妙之理。不是说"清谈误国"吗，魏晋的名士就是这样任性，国家关我什么事，最要紧的是谈吐如何风雅。

从东汉到魏晋，有一个从"清议"到"清谈"的变化。东汉末年，一大批太学生聚集在京城，指点江山，议论国事，这叫"清议"。到了魏晋，统治者收紧舆论，不得妄议。于是，知识分子被迫只能谈谈玄学，谈论与政治不相干的事儿。这个变化，有悲哀的成分，也有精神的自觉——个人其实比国家更重要。所谓清谈，比试的是如何用最精粹的语言表达最深刻的思想，看谁最具有贵族士大夫身份的高贵和精神的情趣。

荣辱不惊的胸怀雅量

魏晋士人的贵族品格，除了"自然""风流"之外，最高级的莫过于"雅量"了。大家都知道器量，人的胸怀有大有小，器量格局也不同。所谓雅量，可以说是器量的升级版，但又不仅如此。

关于雅量，《世说新语》中有两个典型的范例，一个是嵇康，另一个是谢安。

前面说过，西晋大名士嵇康为司马昭所杀。临上刑场的时候，他突然提出要弹一曲《广陵散》，因为过去有学生一直恳求他要学弹这首曲子，嵇康没有答应，如今《广陵散》却要失传了——他唯一的遗憾竟然是这个！嵇康抚琴低吟，神色自若，好像人生的终结，不过是去赴一场盛宴。人不能因为陷入危境而变得形象丑陋，即使在生命的最后一分钟，也要展现出精神的高贵和性情的自得！

另一个典范是东晋的名相谢安。淝水大战，是决定汉民族历史命运的世纪一战，假如东晋战败，中国文化将因此倒退几百年。号称雄兵百万的前秦苻坚，最后竟然被几万东晋军队打败了！捷报传来，谢安正在下棋，他若无其事，直到一盘棋下完，才轻描淡写地告诉大家：前方的将士们打胜仗了。

什么叫雅量？现在你大概明白了，雅量就是贵族的精神高贵标志：从容不迫，荣辱不惊，在任何情况下，都能保持优雅的风度和真实的自我。

如此说来，杜甫听到捷报传来，又是"初闻涕泪满衣裳"，又是"漫卷诗书喜欲狂"，只是俗人境界啊。如果你能达到魏晋名士那种自然、风流和雅量，哪怕只有一半，恭喜你，你真的拥有贵族精神了。

进阶思考

为什么魏晋名士达到了道家的最高境界，体现了真正的贵族精神？

延伸阅读

骆玉明：《世说新语精读》，复旦大学出版社，2007年。

丙部

中国文化的信仰结构——儒、道、佛三教

中国是宗教国家吗？中国人的心灵结构又是如何的？

不要以为中国人没有信仰，只是我们的信仰结构与西方人不一样，具有世俗民族独特的个性。

那么，儒、道、佛这三大宗教，在中国社会扮演了什么样的功能呢？

第 24 讲

为什么儒家是一种另类的宗教

儒学具有双重性质。一方面它是文教,注重人文教化;另一方面,宋代以后它成了一种特殊的儒教,读书人的宗教和帝国的国教。

儒学虽然呈现出宗教的特性,但它不是超越性的宗教,只是世俗性的宗教。它所有的宗教性格,最终落实在社会伦理和政治秩序层面,这与基督教、佛教、道教完全不同。

中国文化的核心结构是儒家思想，儒家和其他先秦诸子形成互补结构。但是如果你把时间线拉长，就会发现，中国文化传统里其实还有一个非常重要的部分，就是信仰。

东汉末年，佛教传入，道教兴起。之后近两千年里，中国文化发展的主线就是儒家和道教、佛教之间相互竞争、相互渗透。在这样的互动中，三家对世界、人生各种维度的观念，塑造了中国人的精神世界，形成一套多元的思想体系，这套多元的思想体系，就是中国人的"信仰结构"。

我先来讲儒家。你大概想问，我们已经有一整个模块在讲儒家，为什么在信仰结构里还要讲呢？

其实，儒家有两重性格。在核心结构模块中，我介绍的是儒家的一重性格——人文性。这一面向的儒家，你肯定已经很熟悉了。不过，儒家还有另外一重性格——宗教性。

现在问题来了，儒家算是一种宗教吗？关于这个问题，学术界争得一塌糊涂，我姑且不来作裁断。这一讲只是想告诉你，它在什么意义上是一种宗教，什么意义上又不是。

儒家的双重性格

儒家是在先秦诞生的轴心文明，它不像基督教、印度教那样，具有正式宗教的形态，而是一种人文学说。儒学关心的不是死后灵魂如何得到救赎、精神如何得到解脱，而是在现世如何修身、齐家、治国、平天下，成为一个有德之人。

有一个说法，说儒家是"文教"，我很赞赏。所谓"文教"，乃是人文教化，通过儒生的言传身教来改造社会、治理国家。

不过，儒家的这种世俗性格，到佛教东来，就挡不住了。佛教对士大夫的吸引力是有精妙复杂、可供把玩的义理，对老百姓的吸引力是菩萨可以保佑天下众生。于是，经过近千年努力，儒学融合佛教的部分形式与内容，发展为宋明理学。

宋以后的儒学具有双重的性质。一方面，它依然是文教，注重人文教化，另一方面，它成了一种特殊的、另类的宗教——儒教。

你可能要问：为啥儒家具有这双重性格呢？

一个大的思想体系，要处理两个重要的关系，第一个是人际的伦理关系，第二个是人与神、人与天的关系。杨庆堃教授讲，你不要看佛教与道教在中国影响很大，但一般中国人的伦理价值观念，不是佛教与道教提供的，而是儒家提供的。这与基督教与伊斯兰教既是一种人生的终极关怀，又是社会的一般伦理系统，完全不一样。

你看，说儒家首先是一种人文伦理，就是这个意思。

但是，儒家也要回答另外一个问题：人如何与天命沟通？你已经知道，古代中国人生活的意义、政治秩序的合法性都来自那个超越的天命。人与天命沟通，有两种方式，一种是内在超越，另一种是外在超越。

所谓内在超越，就是我之前讲过的：孔子发现了"仁"，有了道德自觉的人心，可以直接与天命合一。你还记得吗？我特别强调，中国文明的突破，就是从这里开始的。

不过，与天沟通还有另一种外在超越的方式，这就是祭祀制度。

祭祀谁呢？天地与祖宗。祭祀制度在夏商周就有了，特别到了西周，周公制定周礼，通过礼乐制度详细规定下来。孔子不是说"吾从周"嘛，他遵从的就是西周的礼乐制度。

你不要以为孔子发现了"仁"，实现了中国文明的内在突破，那套以祭祀为核心的外在超越就从此消失了。哪里的事儿，一直到明末清初儒家解体，儒家的祭祀制度一直保存得很完整。儒家除了讲"仁"之外，不是还强调"礼"吗？"礼"是什么？你猜得不错，一个是纲常名教的伦理制度，另外一个呢，就是膜拜天地与祖宗的祭祀制度。

你现在大概明白了，说儒家同时也是一种儒教，指的就是这套祭祀制度。

祭祀的三个面向

老百姓祭祖、古代皇帝祭天、读书人拜孔子，这三种现象你肯定都不陌生。但是，你可能没意识到，这三件表面看来不相干的事，在中国人的信仰结构里其实是同一件事，这就是中国人延续了几千年的祭祀。

儒生本来是在祭祀里专门管礼仪的人，靠着这个专业技能，儒家就接管了中国人的祭祀。儒家正是因为主导了中国的祭祀，才有宗教的特性。

儒家的祭祀，除了祭祀天地和祖宗之外，还把自己的创始人孔子也纳入祭祀范围，让孔子有了和祖先、天地并列的神圣性。于是，儒家的宗教性就有三个不同的面向：老百姓的宗教、国家的宗教和读书人的宗教。百姓祭祀的是祖宗，国家祭祀的是天地，而读书人呢，祭祀的是圣人孔子。

先说老百姓的宗教——祭祀祖宗。清明节扫墓、祭日烧纸，都是融入中国人日常生活的祭祀仪式，体现了儒家独特的伦理观。中国人习惯把生命看作两条线，一条是对过去的回忆，一条是对延续的盼望。而祭祖这个行为，恰好是衔接这两条线的关键，把过去、现在和未来的生生死死串联起来。

类似这样的观念，在其他文明中也同样存在。你还记得2018年奥斯卡奖最佳动画片《寻梦环游记》吗？墨西哥有一个亡灵节，类似咱们的清明节，每家每户都要祭祀祖宗。只要死去的人还有人记得，他在亡者世界里的灵魂就不会消失。你看，这跟中国人的观念多么相似！

这种观念下的死后世界，就是人间世界的延伸，身前和死后，祸福一体。中国人要为子孙后代而活，为千秋万代造福；同时，行事做人又要对得起祖宗，不辱没先人。个人的生命和死后的价值，都和血缘家族的传承联系在一起。所以，中国的老百姓都相信，祭祖可以得到祖先的庇护，保证家族的兴旺。

我们再来看儒家宗教性的第二个面向——作为国家的宗教。上古祭祀传统里，还有一种更重要的仪式：祭祀天地。到了汉代，人们更重视五岳象征天下的意义，在解释儒家经典的时候，儒生就特别强调五岳祭祀是天子专属。

这套仪式最终发展成了国家权威的象征。你可能去过泰山，泰山是五岳之首，它可不仅仅是一般的名山。在古代，泰山是历代皇帝祭祀天地的首选之地，最隆重的封禅大典就是在泰山举行的。那种仪式感和庄严感，炫耀的是国家的文化权力。那么，谁可以参加封禅大典呢？只有皇帝和朝廷高官有资格参加，不要说老百姓，连一般的士大夫都轮不上，只有远远站在那里，做吃瓜群众的份儿。

儒教的第三个面向，是读书人的宗教。宋代以后的儒学，越来越注重形式化的礼仪，与佛教也差不太多。书院里的儒生每天一早要拜孔子，然后静默修身，诵读经典，晚上再拜一拜，检讨自己白天的言行是否符合名教伦理。

孔庙是读书人膜拜至圣先师的空间。你想想，县城那些庄严肃穆的文庙、孔庙，平民百姓去不去？不去，那是读书人去的地方。你知道儒生最大的愿望是什么？有一个叫"梦醒子"的儒生，说了一句名言："人生啊，不吃一块冷猪肉，愧为此生！"什么意思？就是死后能够配享孔庙，像历代圣人一样被人祭祀，牌位前放一盘冷猪肉。

县府衙门旁边的孔庙，不是谁想建就可以建一个的，它是国家文化权力的象征，具有十足的威严，所以一般百姓对孔庙就像对衙门一样，是敬而远之。每年的祭孔大典，也要由当地最高的行政长官率领文武官员，再加上本地的有头有脸的士绅们，行礼如仪。那种仪式感和庄严感，与国家的阅兵差不多，只是炫耀的不是武力，而是意识形态的主宰权力。

一种另类的"宗教"

不过，儒家虽然呈现出宗教的特性，但是它和我接下去要讲的道教、佛教又不一样，在我看来，儒家是一种另类的"宗教"。

另类在哪里呢？一言而蔽之，儒家不是超越性的宗教，而只是一种世俗性的宗教。

一般老百姓为什么需要宗教？是为了精神有依靠，命运有托付，生死有安排。佛教、道教还有基督教都有高高在上的、主宰命运的大神，老百姓信仰菩萨、神仙或者上帝，可以给自己带来希望。但是，儒家不一样，它太现实了，没有管人间事的神，不需要信众，也不会承诺什么具体的回报。

儒家的宗教性最终要为人文性服务。也就是说，人和天地、祖宗的沟通，最终还要回到现实的伦理秩序中来，祭祀祖宗是为了强化家族之间的团结，封禅大典是为了巩固皇权的绝对权威，拜孔子也是为了修身成有德之人。

儒家的所有宗教性格，最终还是落实在社会伦理和政治秩序层面，这和基督教、佛教、道教完全不一样。基督教教人如何救赎，佛教教人如何解脱，道教教人如何永生，这都是神和个人之间的事。但儒家呢，祭祀的仪式都是为了巩固世俗的家族、王朝和儒家的权威。

所以，百姓若有所求，比如要去考秀才、举人，宁愿去文昌阁也不会去孔庙，因为文昌星有这种功能啊，可以保佑你科场走运啊，而孔老夫子只会讲大道理，没有菩萨和神仙的法力。你看，在孔庙里，只见读书人对至圣先师行大礼的，没有人磕头烧香的。用现在的话说，就是儒家不够接地气。

这几年中国出现一群新儒家，也想在民间复兴儒教，他们到乡村里租一块地，办起了书院，带领一帮弟子每天向孔子磕头，苦读圣贤书。但是，当地的村民竟然不接纳他们，觉得这帮儒生和自己没有关系，还偷偷搬走了书院的瓦片，去盖农民们喜欢的观音庙。在孔庙和观音庙之间，老百姓喜欢哪个，不是一目了然吗？儒家作为宗教的短板，一览无余。所以，它注定只能是一种"另类"的宗教。

进阶思考

你怎么理解儒家的人文性和宗教性这两重性格的关系？

延伸阅读

黄进兴：《皇帝、儒生与孔庙》，生活·读书·新知三联书店，2014年。

第 25 讲

既然有了儒家,为什么还要有佛教

对于生死这个终极问题,儒家选择了回避,而道家又缺乏成体系的生死观。于是,对生死问题有深刻理解和系统解释的佛教回答了这个问题,并重塑了中国人的生死观。

中国的佛教,最有影响的是四大宗派:天台宗、华严宗、禅宗和净土宗。前二者注重玄理,是士大夫的佛教;后二者注重修行,是平民百姓的佛教。

中国佛教最重要的三尊大佛是阿弥陀佛、观世音菩萨和弥勒菩萨。

佛教有四组基本概念:业与因果报应;轮回与觉悟;同一与涅槃;有与无。

上一讲为你介绍了中国的"另类"宗教儒教，今天我就要谈一谈中国宗教中最大的佛教了。如今，"佛系"的说法非常流行，"佛系青年"已经成为最时尚的文化现象之一。可能你就是其中一个呢！

关于佛教的故事，你大概也知道得不少，不过，你有没有想过：既然中国人都是儒家信徒，为什么有了儒家，还要有佛教？佛教还是外来的宗教呢，但中国人为什么愿意接受它，最终将佛教改变为中国人的宗教？

祥林嫂的终极之问

好，我们现在先来讨论第一个问题：为什么有了儒家，还要有佛教？

儒家为中国人提供什么？一套以"礼"为中心的伦理秩序和以"仁"为核心的人生观。基督教和伊斯兰教既是一种人生的终极关怀，又是社会的一般伦理系统，儒家完全不一样。

现在问题来了，中国人也有终极关怀的问题啊，比如死了以后灵魂在哪里？生与死的意义究竟如何？这些终极性的人生困境，立刻暴露了儒家的最致命的短板。它只是一种道德伦理学说，但对人的终极价值，却保持沉默，将这一空白留给了宗教，由佛教与道教去回应。

为什么儒家会对终极价值问题保持沉默？因为它不注重来世，只关心现世的人生价值。孔夫子说："未知生，焉知死。"如何活着都还不知道，还去想什么死后的事儿呢！孔子对鬼神的态度也是非常暧昧，说"敬鬼神而远之""祭神如神在"。鬼神究竟存不存在，不知道，但你对鬼神不要冒犯，敬畏而不亲近，你祭祀神的时候，神就在你心里了。一般中国人对鬼神的态度，大概就是这个态度吧。

儒家不去追问死后的那个超越世界，它关心的是活着的这个现实世界，用如何生的问题，替代祥林嫂的那个终极之问：人死了之后，究竟有没有灵魂？

前面讲到儒家祭祀祖宗的时候，已经提到儒家将整体的生命看作两条线，一条是对过去的回忆，一条是对延续的盼望。祭祀祖宗是很重要的，祭祀让过去、现在与未来的生生死死串联起来，成为不朽。儒家的这种基于宗法血缘家族的独特生死观，与基督教个人独立面对上帝的生死观，以及后面要讲到佛教的生死轮回观，有很大的不同。

对人生的终极价值问题，儒家作了不是回应的回应，以生代替了死，你就好好活着吧，不要去想死后的事儿！不过，死亡毕竟是令人畏惧的，你没法不面对它，即使你还年轻，离死神遥远，也会遭遇家人与朋友的死亡，同样令人痛苦与悲伤。

也许你会问，在中国人的人生观上，不是还有道家吗？庄子是如何回答这个生死问题的呢？

我已经讲过，庄子的哲学基础是"齐物论"，不仅天下万物是价值同等的，生与死之间，也是齐一的。庄子的妻子死了，好朋友惠施去吊丧，看到庄子蹲在地上，敲着一只破盆子在唱歌。惠施很生气，说："你不哭也就算了，还鼓盆而歌，这也太过分了吧！"庄子回答说："不然，生生死死，命也。死生只是自然的演化。一个生命,从出生、成长到死亡,就像一片树叶,在春风的吹拂下发芽,夏天枝叶最为茂盛,到了秋天慢慢凋落,化入泥土,待来年又会催生出新的生命。"人的生命也是如此,从大自然而来,最后回归大自然,实现道家的最高境界:生命与自然的最终合一。

庄子的哲学提供了与后面要讲到的佛教相似的生命智慧,这就是生死如一,视死如归。但是,庄子思想是一种诗意的哲学,缺乏一种成体系的生死观。

于是,儒家和道家都同样回避的祥林嫂终极之问,就由佛教来回答了。

在佛教传入之前,中国人从来没有想过"死后的灵魂去哪儿"的问题。但是,到了东汉末年和魏晋南北朝,就不得不想了。

为啥?乱世之际,看不清未来有什么希望,现实也是如此黑暗,缺乏起码的安全感,儒家原来那种意气风发的人生突然变得很虚妄,人们内心充满各种迷惘。"对酒当歌,人生几何?譬如朝露,去日苦多。"竟然连不可一世的大枭雄曹操也流露出这样颓废惆怅的情绪,更不要说一般士大夫呢!

大概你会想,那个时候不是有道家的魏晋玄学吗?它就填补不了儒家留下的空白?不错,我在之前提到过的魏晋玄学,当时的确在读书人当中很流行,但是它只告诉你如何洒脱地活着,没有告诉你如何面对死亡。死亡,毕竟是每个人都要面对的人生大限啊,不要说士大夫,连老百姓都很关心。

于是,印度传过来的佛教,不早不晚,就在东汉末年进入中国,到魏晋南北朝迅速在大江南北流行起来。

佛教传入中国

为啥佛教有这么大的魔力？道理很简单，它与儒家不一样，它会告诉你如何在生死轮回的苦海中解脱。

几乎所有高级的宗教主要关心的，都是人的得救问题。基督教义的核心是人如何通过皈依上帝救赎灵魂，而佛教呢，是人在生生死死的轮回中如何解脱。人生就是一个"苦"字，生死轮回，苦海无边，如何渡过苦海，获得永恒？

佛教在中国的传播，经历了三个阶段。

最初阶段是东汉末年乱世之时。一种外来文化进入中国，一开始往往会被认为是自家的宝贝，这样才能让心气很高的中国人接受。最初说法，这是老子晚年出了西关，到达印度后，创立佛教，这只是《道德经》的变种，现在又回来了。晚清中国人也是说，西学源于中国，这才放心引进，开始搞洋务运动的！

第二阶段是魏晋南北朝时期，在印度来的高僧鸠摩罗什主持下，大规模翻译佛经，才结束了佛教源自老子的古怪说法。佛教在印度，相对于主流的印度教，属于异端，但传到中国以后，与中国的正统思想结合，慢慢走向主流。有好几朝君主，都放弃了儒学，将佛教定为国教，自己也成了虔诚的佛教徒。

最有名的是梁武帝，这位非常有作为的梁国君主，到了晚年竟然弃国家于不顾，四次出家当和尚。搞得大臣们只能筹集重金，将他从神庙里赎回。在梁武帝倡导下，南朝礼佛之风越吹越盛，你一定还记得杜牧有一句名诗"南朝四百八十寺，多少楼台烟雨中"，说的就是这个佛教盛行的情景。

第三阶段是到了唐代，玄奘从西天取经回来，佛教在中国成熟了，宗派众多，玄理高深。但最有影响的是四大宗派：天台宗、华严宗、禅宗和净土宗。其中，天台宗和华严宗注重佛理，一般老百姓玩不动，是头脑复杂的士大夫喜欢把玩琢磨的。而禅宗和净土宗呢，特色在于修行，更适合普通信众，传播和影响自然也更广泛。你如今见到的佛系青年，可能不是禅宗就是净土宗呢。

中国的佛教，除了四大宗派之外，你还要记住的，是三尊菩萨：阿弥陀佛、观世音菩萨和弥勒菩萨。佛就是菩萨，神通广大，法道无边，为佛教的信众所普遍膜拜供奉。

先讲阿弥陀佛。传说在西天有一个国王叫法藏，他出家修行之后成为阿弥陀佛，所管辖的佛国净土里，没有地狱、饿鬼、畜生，所有众生都可以转世过幸福美满的生活。那么，怎么到这个西方极乐世界呢？很简单，每天有空的时候，一遍遍反复默念"阿弥陀佛"就行了！这种修行方法最为简单，因此在中国也最为流行。

其次是观世音菩萨。在佛教信仰中，观世音大慈大悲，解救众生脱离现实的苦难。老百姓遭遇天灾人祸，或者有所求，第一个想到的就是去拜观世音，求菩萨保佑。因此，观音庙在中国最多，香火也最旺。观世音最主要的道场就在"海天佛国"——浙江的普陀山。我想你一定听说过吧？

第三是弥勒菩萨。弥勒佛是释迦牟尼的继承者，象征着来世的光明与希望，对穷苦农民特别有吸引力，这辈子做牛做马，下辈子要翻身当主人！因此，弥勒佛有一种乌托邦的梦想与魅力，在历次农民起义当中，都打出弥勒佛的旗号，号召游民们起来造反，建立一个平等的新社会。弥勒佛又是最世俗、最和善的，他在许多庙宇里,化身为布袋和尚,挺着大肚子,笑口常开,"容天下难容之事,笑天下可笑之人"。

四组基本概念

讲完了佛教在中国的四大宗派和三大菩萨之后,现在我为你简单讲解一下佛教的四组基本概念。

第一组概念是"业"与"因果报应"。所谓"业",一般解释为人的行为,但在佛教看来,宇宙的一切现象都是"心"的表现而已,所以"业"不仅是行为,也是动机。你的心怎么想、怎么动,就会产生结果,这就是"业"的报应。"业"是因,"报"是果,一个人的存在,就是一连串的因果造成的。

比如,你今天混得不错,不一定是你努力的结果,而是你的前世修得好。假如你犯下罪孽,即使躲过今世的惩罚,到了下一辈子,也一定会有报应,要下地狱的,而且还会连累你的子女后代,这叫"因果报应"。贪官污吏说:"我死后,哪管洪水滔天!"假如他信了佛,就不敢这样说,有畏惧感了。

第二组概念是"轮回"与"觉悟"。今生是什么?来自你前世的"业",而今生的"业",又决定了你的来世,于是生生死死,无穷轮回,这是一个人痛苦的主要根源。这个痛苦,伴随着生死轮回,永无尽头,那么如何从苦海中解脱出来呢?

最重要的是"觉悟"。"觉悟"这个概念我们今天经常挂在嘴边,要知道它来自梵语,释迦牟尼在菩提树下就是觉悟。钱穆先生说,佛教与基督教不同,基督教是"信"的宗教,佛教是"悟"的宗教。

"信",是对上帝意志的服从,而"悟"呢,要靠自己内心境界的升华。觉悟就是对生死、名利以及各种欲望、执念的超越,彻底摆脱痛苦的轮回。

那么觉悟到什么呢？这就是第三组概念"同一"与"涅槃"。佛教中的"觉悟"与我之前讲过的庄子的"自觉"有点相似,都是人的内心世界的飞跃。庄子的"自觉",是意识到自我与自然的同一,自我融化到自然之中；而佛教的"觉悟"呢,是意识到个人的心与宇宙的心"同一",我心即宇宙,宇宙在我心中。

到这个境界,就是"涅槃"了。"涅槃"是一种超越生死、圆满寂静的内心状态。基督教讲的是"皈依",对外在的上帝的皈依,但佛教的皈依,却是对自己内在的心性的皈依。这个"心性",就是佛性,世界的本原和生命的本原,竟然来自同一个佛性。

释迦牟尼不是叫佛陀吗？"佛陀"的本意就是"觉悟了的人"。你一旦觉悟了,返归到这个佛性,恭喜你,你就是佛,就是释迦牟尼。孟子说,人性中人人都有善根,佛教也认为每个人内心中都有佛性,因此,人人都有可能成佛,甚至放下屠刀,立地成佛！

第四组概念是"有"与"无",这是佛教最喜欢讨论的问题。这世界究竟是"有"还是"无"？一般人认为是"有",但佛教告诉你,这世界的本质其实是"无"。

但你不要以为找到真理了,这只是第一层次的真理。到更高的第二层次,佛教告诉你,这世界的本质既不是"有",也不是"无",说它"有"还是"无",都很片面,全面的认识应该是"非有非无"。

到这里,还不是终极的真理,从最高的第三层次来看,这世界不是"非有非无",也不是非"非有非无"。那么,世界的本质究竟是什么？佛教告诉你，在终极真理的山峰之巅，这世界的本质究竟是什么，是不可言说的！你想想，宇宙无穷大，你的语言再丰富博大，也是有限的，有限的语言如何能够表达无限的宇宙世界？

听到这里，你是否感到有点崩溃？这个佛教，到底想说什么？是啊，想做一个觉悟的佛系青年，还很不容易呢！不要急，我在下面两讲，将为你详细讲解净土宗和禅宗，这些"有""无"的抽象概念，你都会豁然开朗的！

进阶思考

对于"人死了以后有没有灵魂"，你有什么看法？

延伸阅读

葛兆光：《古代中国文化史讲义》，复旦大学出版社，2006年。

第 26 讲

超越生死的秘密是什么

佛教分为小乘佛教和大乘佛教,中国接受的是普度众生的大乘佛教。其传播和发展,经过了东汉末年、魏晋南北朝和隋唐三个阶段。

佛教本来是"悟"的宗教,到中国以后,发生了从"悟"到"报"的变化,既给人以威慑,又给人以希望。

在中国流传最广的是净土宗,因为这一派修行的门槛最低,而且给中国的普通百姓带来非常实用的应对死亡的方法。

上一讲我为你讲解了佛教的基本教义，你会发现佛理是蛮艰深的，讲究实用精神的中国人又是如何接受佛教的呢？

不要担心，佛教来到中国以后，很快被中国化了。魏晋南北朝之后，与其说是佛教征服了中国，不如说是中国征服了佛教！其实，两种异质的文明相遇之后，必定会产生化学反应，征服与被征服是同一个过程的两面。

现在问题来了，佛教进入神州之后，被谁征服了呢？告诉你吧，第一个是儒家，第二个是道家。佛教在中国被儒家化、道家化了。

这一讲先为你讲解佛教是如何被儒家化、从"悟"的宗教变为"报"的宗教的。

从出世到入世

先讲儒家化。佛教分为小乘和大乘。小乘佛教主要在东南亚，也叫南传佛教，它主要关心的是个人如何解脱；但大乘佛教认为，个人解脱还不够，要普度众生，将天下众生都救出来，自己才能获得彻底的解脱。用儒家的语言，可以说小乘是独善，大乘是兼善，受到儒家"家国天下"情怀影响的中国人，最后接受的大乘，而不是小乘，这不是偶然的。

佛教本来是出世的，但是，出家做和尚尼姑，就与儒家的忠孝之道冲突了。而且，"南朝四百八十寺，多少楼台烟雨中"，要供养的寺庙这么多，谁养得起啊。

于是，慢慢地，大乘佛教在中国发展出两种制度。第一个是"丛林制度"，寺庙里的僧侣，不管职位尊卑，都必须遵守"一日不作，一日不食"的规矩，每个和尚都要从事耕作，自食其力。你看，不就像凡人一样，介入日常生活了嘛。

第二个制度呢，是"结社念佛"。既然和尚也要耕作，那么，何必出家呢？在家当居士，结成民间的佛教社团就行了，照样不影响结婚生子、尽忠尽孝。

佛教在印度本来是出世的，追求心灵的解脱，但到中国之后，像儒家一样，变成入世的普度众生。比如，这些年在台湾与大陆发展很快的星云法师主持的佛光山佛教，还有证严法师主持的慈济会佛教，都属于"人间宗教"，扶弱救贫，广布慈善，充满人情味儿呢。

从"悟"到"报"

佛教本来是一种"悟"的宗教。

佛教的创立者释迦牟尼，早年是一个王子，有一天外出巡游，遇到一位枯瘦的老人，旁边还有一个在痛苦呻吟的病人，迎面又走来一支送葬的队伍。这个情景让王子心中浮现出一个问题：人生辗转于生、老、病、死，永无止境，那么，生命究竟还有什么意义？如果有，终极的圆满又如何可能呢？

你看，释迦牟尼想的问题，正是每个人没法不面对的生命苦境。他在菩提树下坐了七天七夜，到拂晓时分，突然觉悟，悟到了宇宙与人生的真相，由此成了佛陀。"佛陀"什么意思？就是"觉悟了的人"，超越生死、名利以及各种欲望和执念，彻底摆脱痛苦的轮回。

你看，佛陀所觉悟的问题，之前中国人从来没有思考过，或者语焉不详。这个终极问题几乎可以说是所有宗教的必答题。而佛教，有自己独特的答案。

佛教的答案，就是通过觉悟，超越死亡，求的是精神的解脱。

你可能知道，在佛教看来，人生就是一个永无尽头的苦海，生生死死，无穷轮回，这是一个人痛苦的主要根源。那么如何从苦海中解脱出来呢？最重要的，是要像佛陀那样"觉悟"。顺便说一句，"觉悟"这个词现在已经是中国人的日常语言，但在佛教之前，汉语当中是没有这个词的。

现在问题来了，"觉悟"到底是什么呢？佛教的觉悟，就是意识到个人的心和宇宙的心"同一"，就像庄子最后的自觉，也是意识到天地和自我完全合一。你想想，个人是有限的，宇宙是无限的，这有限的个人最终和无限的宇宙接通了，岂不是超越生死，获得了解脱？

这种独特理解，伴随着佛教的广泛传播，给中国思想植入了新的因子。

讲到这里，你可能会问，有能力觉悟的，毕竟是少数人啊，为啥佛教能够俘获这么多不知觉悟为何物的芸芸众生呢？

这就是佛教到中国以后发生的变化了，从"悟"的宗教，变为"报"的宗教。你没有能力修行觉悟，是吗？没有关系，只要你相信佛教的"因果报应"就行了！你心里想什么，做什么事儿，这都是"因"，都会产生"果"，一个人的存在，就是一连串的因果造成的。

你死后究竟是进天堂，还是下地狱，要看你在现世里究竟是为善还是作恶，这就叫作"善恶报应"。假如一个贪官污吏说："我死后，哪管洪水滔天！"对不起，你不怕下地狱，但你作恶多端，还会连累你的后代，让子孙生出来缺鼻子没有肚脐眼。你看，这种威慑力多大，儒家只是劝人为善，但佛教将你的平时作为与你死后甚至子孙的命运都挂上钩了！

"报"的宗教，还有第二层意思——菩萨有保佑众生的功能，这是孔夫子没有的。你想想，一个人家里有了病人，或者想科场中举，他去孔庙求孔夫子？对不起，圣人不是菩萨，他只是让人为善，没有菩萨的无边法道。

在未来一切都不确定的乱世里，人靠什么活下去？希望。儒家给人希望吗？孔子很严肃的，让你担当自己的命运，不会承诺你什么，所以平民百姓不会去拜孔子。但是只要你虔诚地供奉菩萨，菩萨会保佑你全家平安，让你心想事成。这就是希望，哪怕是虚幻的、永远不能兑现的希望。

为死亡开启安宁之路

佛教最强大的地方，就是它来到中国之后把自己本土化了，变成了大众的宗教。

佛教为了传播，有意识地降低了觉悟的门槛。我在上一讲已经说过，佛教在中国有四大流派，但流传最广的，要数信阿弥陀佛的净土宗。阿弥陀佛原来是西天的一个国王，名字叫法藏。他出家修行之后成为菩萨，所管辖的佛国净土里，没有地狱、饿鬼、畜生，所有众生都可以转世过幸福美满的生活。

佛教这么多流派，影响最大的为什么偏偏是净土宗呢？原因是它的门槛最低。在净土宗看来，一般信众怎么到达西方极乐世界呢？很简单，每天有空的时候，一遍遍反复默念"阿弥陀佛"就行了！这就是净土宗为广大百姓开启的"方便法门"。

净土宗降低了觉悟的门槛。它的开创者慧远和尚看透了理论的苍白，也看透了人性的局限。不要以为修行一定要靠思辨，是有知识的人的专利，只要你们内心虔诚，每天多念几遍"阿弥陀佛"，你也可以觉悟，也可以解脱，同样可以搭上去往西方极乐世界的大船！"方便法门"一旦打开，信徒们就蜂拥而至。这种最简单的修行方法，让净土宗成为中国最流行的宗教。

除了念"阿弥陀佛"这个方便法门，净土宗还给中国的普通百姓带来了非常实用的应对死亡的方法，就是过去中国非常缺乏的"临终关怀"。这是老百姓接受佛教的另一个原因。

听了前面两讲，你应该已经了解儒家、道家都有点忌讳谈死亡。《论语》里，当子路问老师什么是死亡的时候，孔子用"未知生，焉知死？"回避了这个问题。但是，正是因为不知道死了以后究竟如何，人们才会对死有恐惧啊。

净土宗不仅不回避，而且有一套正面应对的"临终关怀"。因为在净土宗看来，死亡是往生净土的中介，也就是抵达极乐世界的必经之路，更是决定一个人能否实现解脱的关键环节。在净土宗的文献中，可以看到许多指导信众怎么面对死亡的方法，最重要的就是"善终服务"：助念。一个人在临终之前，自己默念"阿弥陀佛"，或者旁人助其诵读佛经，就能平静地从此岸抵达彼岸，走向天国。这就是一千多年前的"临终关怀"。有了它的指路，死亡就是一个非常安宁的过程，可以安然面对了。

你看，净土宗从理论和实践两个方面，不仅为死亡开启了安宁之路，而且反过来也能坦然面对人生了。明白了死，你就知道何以为生。你想想，对于那些生活在魏晋乱世的百姓来说，那是多么不可缺少的福音啊。

在净土宗的推广下，普通老百姓可能完全不懂得佛教的教义，但这并不妨碍他们接受佛教的观念，信仰佛教。佛教就在这个过程中，重塑了中国人的生死观。佛教的很多观念，都深入到了中国思想中。

进阶思考

对你来说，佛教的答案最终解决了生死这个终极问题吗？

延伸阅读

虚云法师等：《佛家二十讲》，华夏出版社，2008年。

第 27 讲

为什么说禅宗是佛教的马丁·路德式改革

禅宗是中国本土的佛教,它是佛教史上一场马丁·路德式的新教革命。禅宗讲究"以心传心,一脉相传",六世祖慧能是其中最核心的人物。

禅宗的思想可以概括为四个重要的概念:心外无佛、去除迷执、不修之修、无得之得。

禅宗的革命性变革,是让修行者又回到日常生活,由凡入圣,再由圣入凡。出世的佛教,变成了入世的宗教。

上一讲我讲了佛教在中国的儒家化，其实，佛教的本土化，除了儒家化之外，还有一个变化是道家化。

早期印度的佛教，那是苦行僧的宗教，但中国人其实是不愿意为了个人灵魂的解脱去吃那么多苦的，我们骨子里都是老庄，追求一种心灵自由、无拘无束的生活。禅宗产生之后，它让一个佛教徒的修行变得简单了，得道的过程也变得自然平常。

我之前讲过，阳明学是儒家的新教革命，佛教也有自己的马丁·路德式改革，这就是中国本土的佛教：道家化了的禅宗。禅宗真正让佛教实现了彻底的中国化，它对中国和整个东亚世界的宗教、艺术和生活世界产生了巨大的影响。

为什么这样说呢？好，今天我就为你讲一讲禅宗。

以心传心，一脉相传

什么是"禅"？"禅"原来是梵文，意思是"沉思"，独自一个人静思默想。在佛教当中，这是一种修行的法道。在佛法里，有两种传道方式，一种是"传经"，通过经典的传诵，将佛教教义发扬光大。另一种是"心传"，即所谓"不立文字，以心传心"。禅宗就属于"心传"，它没有经典，也不讲高妙玄奥的佛理，只是通过特殊的修行，将本门宗派一代代传授下去。

所以，禅宗特别讲究"以心传心，一脉相传"。也就是说，只有一系脉络才算正宗，其他的都只是"旁出"或者"异端"。上一代传给下一代的，是"衣钵"——"衣"是袈裟，"钵"是吃饭的碗，"衣钵"就是师徒间"心传"的信用物证。通常我们说"继承了某某的衣钵"就是这个意思。

按照这个"以心传心，一脉相传"的规矩，据说禅宗从释迦牟尼开始起传，传到菩提达摩这个重要人物，已经是第二十八代。达摩在南朝梁武帝当政的时候来到中国，他就成了中国禅宗的开山鼻祖。

中国禅宗的第五代祖师叫弘忍，他有两个大弟子，一南一北，北宗是神秀，南宗是慧能。弘忍马上就要圆寂了，他将衣钵传给谁呢？有一天，他将弟子召集过来说，我要指定一个接班人，你俩各自写一个偈吧，看看谁能得我的真传。"偈"就是佛教中能够朗朗上口的唱词。

北宗神秀诵道："身是菩提树，心如明镜台。时时勤拂拭，勿使惹尘埃。"诵完神秀很得意，想听听竞争对手写的是什么？南宗慧能诵吟的是："菩提本无树，明镜亦非台。本来无一物，何处惹尘埃？"你猜弘忍将衣钵传给谁？是的，慧能。

为什么？禅宗经常讲两句话："即心即佛"和"非心非佛"。神秀表现了前一句话，慧能体现了后一句话。但你还记得上一讲我提到的佛教的"有"与"无"吗？将这世界的本质理解为"无"，要比理解为"有"，更高一个境界！

慧能是广东人，大字不识一个，但最有悟性，成了六祖禅宗。佛教的新教革命，其实是从慧能开始的，六祖禅宗是将佛教中国化最关键的人物。

心外无佛，去除迷执

为什么，一个不识字的慧能会领导一场佛教的新教革命？好，我现在就为你简单地讲解一下禅宗思想的四个重要概念："心外无佛""去除迷执""不修之修""无得之得"。

第一个概念是"心外无佛"。佛教强调每个人的心性就是佛性，个体生命的本质与世界的本质是同一的。觉悟者，不必外求，只要回归本心就可以了。

为什么要回归本心呢？因为在佛教看来，心与宇宙一样，是万物的终极源头。有一个故事，说在讲经会上，一阵风吹动会场上的旗幡，两个小和尚于是争起来了，一个说是"风在动"，另一个说是"旗幡在动"。慧能在一边听到了，告诉他们："是你们的心在动。"

佛教可能是最彻底的唯心主义，相信世界上的一切现象都是人心的表现。假如没有"心动"，也就没有了种种的因缘，少了许多人间的烦恼和痛苦。

那么，如何做到不"心动"？神秀采取的是"时时勤拂拭，勿使惹尘埃"，经常克服自己的私欲杂念，保持内在心性的纯粹。而在慧能看来，就像《金刚经》里面所说："凡所有相，皆是虚妄。"你只要意识到"本来无一物"，既没有尘埃，也没有自我，摆脱了自我与外界的虚妄对立，那么，你就与宇宙完全合一，这个合一就是"无"。世界的本体与心的本体都是空寂的，像一汪清水一样纯洁透明。

禅宗的第二个概念是"去除迷执"。就是排除固执的意念，放空自我，无所执着，无所迷恋。世界的本质就是空，你的内心只有像水一样清澈透明，不掺杂任何杂质、任何主观欲念，才能真正看到世间万物的本相，才能悟到宇宙的生死寂灭自有其因缘所在。

在这无穷的因果报应循环之中，人只能随缘，顺应万物，没有必要以固执的态度非要什么不可，不必与外界过不去、与自己过不去。这就叫"无执"。人的种种烦恼痛苦都是因为有所执着，或者贪生，或者沉湎于一段情感无法自拔，或者有太多的功利欲望。一旦你觉悟到人生的本质不是"有"，而是"无"，空寂就是圆满，你就会进入超然物我的境界，与宇宙合一。

不修之修，无得之得

觉悟是所有佛教的追求，但禅宗有自己独特的修行方式，那就是第三个概念："不修之修"。

一般的佛教徒修行，不是静默打坐，就是烧香拜佛。但在禅宗看来，这些都是多余的，还是停留在外在"有"的作为。最好的修行是内在的"无"，不作任何修行，这就是"不修之修"。

"不修之修"不是不作为，而是以"无心"作为。所谓"无心"，就是"平常心"，不追求具体目的，不刻意去做什么。保持一颗"平常心"自自然然、平平淡淡地生活，这就是禅宗的修行。

你看，到了禅宗，修行发生革命性的变化，不仅不要求出家，连烧香拜佛、口念"阿弥陀佛"、每日打坐这些宗教的一般仪式都取消了！一切回到本初，回到自然，就在你的日常生活、每天的起居饮食当中修行。这样的"不修之修"，看起来容易，其实要求很高，你的一举一动，无时无刻不在修行。

修行只是为了觉悟成佛,自我与宇宙打通,到某个时刻,将发生一个质变,叫"顿悟"。为什么觉悟不能像烧水一样慢慢烧开,从99℃烧到100℃,非要一瞬间越过鸿沟,茅塞顿开?因为最高的真理是一个无限的整体,不可能今天悟一点,明天再悟一点。要么还在黑暗中摸索,佛教中这叫"无明";要么像释迦牟尼坐在菩提树下,突然觉悟到真理的全部,飞跃到涅槃的境界,顿悟成佛。

禅师平日带学生是不讲经的,一讲便俗。即使有学生问禅师问题,他通常也是顾左右而言他,让人感觉不知所云。他只是让学生在日常生活当中,用自己的心去慢慢悟道。到了某一刻,禅师看到某个学生处于顿悟的边缘,这个时候他会出来帮学生一把,突然用棒子敲打他几下,这叫"棒喝"。学生一受惊吓,脑洞蓦然打开,顿悟了!当然,有悟性的只是极少数,大部分修禅者到死也只是徘徊在悟道的临界点上,就差最后一口气,跨不过去。俗话说,行百里者半九十,最后一里路,将倒下多少人啊。

那么,顿悟成佛之后,是否可以到处去宣讲得到的真理呢?错了。你的得到,其实是"无得之得",这是禅宗的第四个重要概念。你所得到的,尽在不言之中。这叫"无言",此时无声胜有声。难怪鲁迅在《野草》里讲:"当我沉默着的时候,我觉得充实。"

禅宗喜欢讲一个故事:有一僧人,在未修禅的时候,见山是山,见水是水;等到他有了一点禅的知识,觉得见山不是山,见水不是水;到了顿悟之后,发现见山依然是山,见水依然是水。

这是修禅者三个不同的境界。当你还是凡夫俗子时,见到的山水,不过是表象;待你修了一段时间之后,看到的山水似乎不一样了;但到了觉悟的最高阶段,你又回到本真境界,但不是第一阶段的简单回归，这个时候的山水，已经与你的心合二为一，你悟到了宇宙的心。

不过，宇宙的心，也是一颗"平常心"！所以，在禅宗看来，圣人的生活其实与俗人没有什么区别，"劈柴担水，无非妙道"。他做的事，也是平常人做的事。只是这个事儿的意义已经不一样了，他做任何事已经无所执着，但从中体验到的早已不是凡人的境界。

佛教本来教人"无父无君"，离开日常人伦，出世获得解脱。但禅宗的革命性变革，又让修行者回到了日常生活，由凡入圣，再由圣入凡。出世的佛教，就这样彻底中国化，变成了入世的宗教。

我最欣赏这一句话：以入世的精神出世，以出世的精神入世。这大概就是禅宗的根本精神吧！

进阶思考

禅宗为什么要以入世的精神出世，以出世的精神入世？

延伸阅读

骆玉明：《诗里特别有禅》，浙江文艺出版社，2017年。

第 28 讲

为什么鲁迅说"中国根柢全在道教"

道教将道家、阴阳五行与民间宗教熔于一炉,形成一个自然、社会与人同源同构的宇宙宗教。它有三个源头:道家,阴阳五行,还有太平道与五斗米道。

道教分为两大派:符箓派与丹鼎派。前者强调通鬼神的法术,后者注重修炼内丹、外丹,以期长生不老。

道教文献中,有迷信,也有科学,更有许多今天的科学无法解释的神秘,有待后人以超科学的思维来破解。

你一定到过苏州的观前街吧！你是否留意到那里有一处南方最大的道观？对了，这就是西晋建造的玄妙观，至今已经有1700多年。假如你走进玄妙观，会发现各个大殿里供奉着很多你不太熟悉的神仙，比如元始天尊、太上老君、玉皇大帝、王母娘娘、文昌帝君、太岁神、财神、福禄寿神、张天师、吕洞宾等等。道教所呈现的，真是一个非常热闹的神仙世界。

道教是原汁原味的中国本土宗教，与佛教一样，也是在东汉末年和魏晋南北朝时期风靡全国。大概你会问，不是有佛教了吗，为啥中国人还会信道教呢？

不妨先来看看我们的近邻日本。你是否知道，佛教与神道在日本人生活中是如何分工的？我有一位日本朋友，他告诉我，生的事情归神道管，比如结婚生子、求学发财，而死后的事情归佛教。

其实，中国的佛教与道教同日本的佛教与神道也差不多。前面讲佛教时回答了儒家回避的问题：死后有没有灵魂？如何超越生死的轮回，获得永久的解脱？但是，中国人是很世俗的，经常想的不是死后如何如何，而是活着的时候如何快乐长寿。

明代有一个文学家叫冯梦龙，他说：儒、道、佛三教当中，儒家最为平常，佛教甚为清苦，而道教呢，教人长生不死，最为洒脱。

你想想，哪一家会讨一般中国人喜欢？当然是道教啦。难怪鲁迅讲了一句很深刻的话："中国根柢全在道教。"

道教的来源与前身

讲到道教,不少人都以为"道教"与"道家"是一回事。错了,虽然是一字之差,却不能混为一谈。

道家是什么?是与儒家一起诞生于先秦的人文学说,而道教呢,则是东汉末年才产生的宗教。不过,一般人将它们混淆也是有缘由的,你看,道观的大殿里不是供奉着老子的塑像太上老君吗?这又是为什么呢?

从思想来源来说,道教可以说是一个大杂烩,将道家、阴阳五行与民间宗教熔于一炉,形成一个自然、社会与人同源同构的宇宙宗教。具体来说,道教有三个源头:道家,阴阳五行,还有太平道与五斗米道。

先讲道家。道教之所以将老子奉为自己的鼻祖,乃是将老子所追求的"宇宙之道"作为道教的最高境界。你已经知道,《道德经》将探究"宇宙之道"作为终极目的,庄子的思想呢,又非常重视"养生"。道教将"宇宙之道"与"养生"这两个道家的核心思想拿过来,加以改造,以追求"道"作为道教的最高境界,以长生不老作为修炼的具体目标。原来庄子说的"养生",养的是精神之生命,内在的自由灵魂;到了道教这里,变得身体化了,"养生"只是为了延年益寿,成为不死的仙人。

道教的第二个思想来源是阴阳五行说。我在导论部分曾经提到,先秦百家当中最重要的六家,其中有一家是阴阳家,他们被称为方士,除了探讨宇宙的神秘规律之外,还研究个人如何成仙、长生不老。这套神神道道的神仙方术,再加上其他巫术,在东汉年间大行其道，以后慢慢就演化为道教长生不老的修炼术。

道教的第三个来源是两个民间宗教太平道和五斗米道，它们也是道教的早期组织形态。到了东汉末年，天下大乱，社会底层的各种民间宗教开始秘密传教，呼啸成群，甚至打着替天行道的旗号来起义造反。最有影响的有两支，一个是北方的太平道，另一个是南方的五斗米道。要想激励平时老实巴交的农民起来造反，是要有乌托邦的理想在前面召唤的，这就是小农式的共产主义，在人间建立没有压迫、没有剥削的平等天国。因为最初就有太平道和五斗米道的这种乌托邦基因，道教后来常常被农民起义所利用，成为一种造反的革命宗教。

道教因为有这三个历史来源，它的核心思想可以概括为八个字：平等天国，长生成仙。你现在应该明白了，道教的神仙世界究竟意味着什么。但现在问题来了，个人的生命是短暂的，如何与宇宙合而为一呢？

中国几乎所有的宗教都要回答这个终极性的"天人合一"问题。儒家是通过"立德、立功、立言"来实现生命的不朽，佛教是通过超越生死，实现精神的解脱，但道教呢，从庄子那里借来"养生"这个概念，将长生不老作为修炼的具体目标。

道教这么实在，谁不想长命百岁呢？你想，谁最盼望永远不死？对了，天子皇帝。他拥有了人间的最高权力，可以为所欲为，但有一个最大的恐惧——他像凡人一样，要死的。于是，从秦始皇、汉武帝开始，就千方百计寻找不死的药方。

那个时候，还没有道教，却有了道士的前身——方士。方士何许人也？你还记得我在讲董仲舒的时候提到过阴阳五行说吗？对了，方士就是专门研究阴阳五行说的专家，他们除了探讨宇宙的神秘规律之外，还研究个人如何成仙，长生不老。

秦始皇派御医徐福——这也是一个方士——带了三千童男童女，出海去寻找神山蓬莱仙境，采集长生不死的仙药。除了徐福，秦始皇身边的方士来来往往，没有断过，都说自己有炼不死丹药的神功。结果，秦始皇发现他们都是骗自己的，一怒之下，将这些方士都活埋了，连同儒生一起倒霉。你现在明白了吧，历史上说的"焚书坑儒"，其实坑的是方士，儒生只是殃及池鱼而已。

越是雄才大略的皇帝，其实越是怕死贪生。汉武帝与秦始皇一样，一生也热衷于找不死仙药。只是秦始皇派徐福往东到海上去找，而汉武帝派张骞往西到沙漠里去找。张骞回来报告说，据说西边有大宛国，出产一种汗血宝马，是天马的后代，骑上之后，就可以去往神仙居住的高山仙境了。英明的汉武帝竟然还真信了，两次派几万大军西征，为了能够上天的天马，让西汉帝国元气大伤啊。

丹鼎派葛洪

现在问题来了，既然方士的历史源远流长，那么，为啥到了东汉末年才诞生道教呢？

我上一讲已经提到，佛教的传入与乱世来临有关，道教也是这样。兵荒马乱的时候，不要说皇帝想长生不老，连士大夫精英和一般百姓想的也都是如何活下去，苟全性命于乱世，熬过冬天，撑到春天来临。

于是，修炼长生不老之术在社会上流行开来，道教由此诞生。

道教的内部非常复杂，门派众多，不过，最重要的是两大宗派，一派强调长生，叫"丹鼎派"。另一派注重法术，叫"符箓派"，其他的门派大多从这两派中演化出来的。

先讲丹鼎派。

在西晋时期，出现了一位神医，叫葛洪，他出身于世家大族，饱读各类经书、医书，医术高明，被称为"小仙翁"。他总结了战国以来各种神仙方术的理论，写了一本重要的书籍《抱朴子》，这是道教最重要的经典著作。他把长生术分"内修"和"外养"两个方面："内修"包括身体修炼、冥想等等手段；"外养"主要就是炼丹，也叫炼外丹。

外丹就是秦始皇想求的仙丹。魏晋南北朝的时候，不光是皇帝想求仙丹，炼外丹已经成了社会流行。上至君王，下到贵族士大夫，都相信有一种灵丹妙药可以让人身心愉悦，甚至飞升成仙。他们会请来据说有炼丹秘术的道士，好酒好肉招待，让他们架起丹鼎炉子，没日没夜地烧造仙丹。特别是当皇帝的，最希望自己成为永远不死的人间君王，最迷恋外丹。结果好几位君主都因为吃了道士炼的仙丹，中毒死了！

今天来看，在葛洪的时代，中国人特别重视身体不朽，几乎挖掘了一切能想到的材料和手段，还把这些手段理论化了。除了外丹，道教还有一种追求肉体不朽的技术，就是葛洪说的"内养"，也就是后来道教所说的内丹修炼。

内丹理论是怎么回事呢？人可以做到用意识控制身体，能让自己的生命历程延长。这样做到极致，就能长生不老了。这么说你可能还不好理解，道教自己是这么解释的：你可以把人的身体想象为一只炼外丹的鼎炉，而精气神就是炼制原来那种丹药的材料，通过各种方法，产生纯阳之气。这个纯阳之气的极致，就是内丹体系里所谓的"金丹"。你看，是不是有点像金庸小说里修炼神功的方法？打通任督二脉，就能练成绝世神功——其实，这就是今天的人对炼内丹的一种浪漫想象。

外丹、内丹，听起来很玄，各有一套复杂的解释体系，里面还有特别复杂的专业术语，比如"婴儿"说的是肾脏的精气，"姹女"比喻心脏的状态。但是要我说，它们都有一条集中的线索，就是身体。从方士到道士，从仙药到内丹，道教为我们奠定的生死观，就是用身体不朽来克服对死亡的恐惧。今天社会上流行的各种养生之道，也是这种观念的延续。

符箓派张道陵

讲到这里，你可能会想，不对呀，人要长寿，最怕的还是生病呀，那个内丹、外丹啥的，可以治病吗？

这就要说到道教中的另一派——符箓派。这一派的大教主是大名鼎鼎的张道陵。你在南方旅游，可以在不少地方看到张天师的塑像，这个张天师，就是符箓派的始祖张道陵，他也是五斗米道的创始人。东汉年间，朝廷征辟他到京城的太学做五经博士，张道陵假托有病不去，躲在山里修道。

中国的民间社会藏龙卧虎，有许多能量很大的人物，非一般太学里的书生能比。张道陵有雄大的野心，决定自立门户，创立教派，奉老子为教主，以《道德经》为教义，自称"天师"。人家凭什么信你，跟你走？张天师说，我有神法，可以用符水咒法为人治病。许多创立宗教的先知，都是从为人治病开始传教的，基督耶稣是这样，伊斯兰教的穆罕默德也有这样的神功，奇迹呈现了，一传十、十传百，教徒自然会聚拢过来。

五斗米道也叫天师教，这是道教的最早组织形态。张道陵的孙子叫张鲁，更不得了，他乘汉末天下大乱，各路门阀混战之际，建立了以五斗米道为中心的政权，政教合一，在汉中地区竟然割据了将近30年，后来张鲁向曹操投降，被封为大将军，五斗米道从此也从非法的邪教摇身一变为合法的宗教。他们的传教基地，最初在成都的青城山，后来转移到江西的龙虎山，在南方的势力越来越大。

张天师继承的也是从先秦到东汉的神仙方术，原来信奉阴阳说的方士，也逐渐演化为道教的道士。打着张天师旗号的道士，都宣称自己有一种非凡的神秘能力，可以运用符箓通鬼神。假如谁家有人生病了，请来道士作法，口中念念有词，最后在大门上贴一张符箓，就可以为病人驱鬼。

符箓派，据说还有一种呼风唤雨的能力，大旱之年，要请几位道士来作法，祈求老天下雨。究竟灵不灵，只有天晓得了！

道教的这一派显然迷信成分比较多，常常与巫术分不开。清末的时候，山东闹义和团，据说大师兄们个个通神灵，可以刀枪不入。骗得连慈禧太后也相信了，想借助他们的神力与八国联军对抗。结果，一排子弹打过来，什么刀枪不入的神功巫术，立马现了原形。

是科学？还是迷信？

讲到这里，你大概会以为，道教如此粗鄙简陋，一定是只流行于底层社会的民间宗教吧。告诉你吧，道教像佛教一样，也是上下通吃呢！

为啥？我刚才提到的葛洪，他是一个聪明人，提出一套理论，以神仙养生为内，以儒术应世为外，将道教与儒家结合起来。这就很讨统治者的喜欢。好几个朝代都将道教奉为国教。特别是到了唐代，李氏王朝是鲜卑族，是胡人出身，有自卑感，为了证明自己血缘的正统性，一定要攀上一个圣人，说自己的祖先就是老子，于是道教就成了唐朝钦定的国教。

到了后来，道教逐渐雅化，进入上流社会，许多士大夫是正宗的儒家，但也同时迷恋狐仙鬼怪，蒲松龄的小说《聊斋志异》讲的都是这类故事！你想想，这个世界太神秘，人的命运不可捉摸，连读书人都相信在高高在上的天命与世俗的人世之间，一定存在着各种令人敬畏又令人着迷的鬼神，如何与鬼神搞好关系，不就是道教的独家秘笈吗？

不要说古代的士大夫，直到20世纪初民国成立，竟然还有一帮相信西学的知识分子，在上海成立灵学会，专门研究鬼神和各种超自然现象，其中有一位大名人，就是将进化论介绍到中国的严复！

你现在大概明白了，为什么鲁迅会说"中国根柢全在道教"，中国人对世界的想象，就像苏州的玄妙观所呈现的那样，是一个神仙鬼怪的世界。

最后，问题来了，道教究竟是迷信还是科学？这个好难回答。

在古代，迷信与科学混杂在一起，你中有我，我中有你。有一种看法认为，在中国，外丹是化学的前身，内丹是生理卫生学的前身。李约瑟写《中国科学技术史》，其中的第五卷，研究的就是炼丹术！

道教的世界至今还是一个谜，是科学的因果关系无法解释的，它可能属于目前还是人类思维盲区的第四、第五维空间，最能体现中国文化的神秘性一面。

进阶思考

道教是迷信还是科学？请谈谈你的看法。

延伸阅读

詹石窗：《道教文化十五讲》，北京大学出版社，2004年。

第 29 讲

各路神仙无所不在，谁说中国人不信教

中国人的信仰世界，与原始图腾有关，与西方一神教不同，是一个热热闹闹的多神世界。

中国的民间信仰有三大神和三大崇拜，遍及天、地、人与世间万物。

中国的民间信仰、民间宗教和正式宗教，三者之间彼此可以互相转化。国家权力对民间信仰一直采取渗透和控制的方式，而中国人对国家的认同，也是通过对祖宗和神灵的磕头磕出来的。

前面几讲我为你介绍了佛教与道教，其实，信仰这两种高级宗教的，在中国还是少数人，在底层社会最流行的是无所不在的民间信仰与宗教。比如，清明节你全家要去上坟扫墓，对了，这就是一种中国人特有的祖宗崇拜。

谁说中国是没有宗教的国家呢？正如我之前与你提到的杨庆堃教授所说的，中国的宗教是分散的宗教，它的特色最明显地表现在民间信仰和宗教上。好了，这一讲我就来为你聊聊这个问题。

从原始图腾到民间信仰

民间信仰古已有之，最早是一种原始的图腾崇拜。原始社会的时候，人无法掌控自己的命运，对周边的环境有一种莫名的敬畏，所以给天地万物都赋予某种神秘又神圣的色彩，将敬畏的对象比如狼啊、狐狸啊或者别的什么形象画在旗帜、柱子和身体上，对它们顶礼膜拜，这就叫"图腾崇拜"。

有趣的是，人类进化上万年了，拥有发达科学技术的现代人身上，仍然残留着原始人的文化基因，民间信仰就是图腾崇拜的2.0版。

你不要以为到了先秦，中国发生了轴心文明突破，东汉又有了高级宗教，民间信仰就从此被替代了，没有的事儿，高级宗教文明与民间信仰各有自己的地盘，还互相渗透，打成一片。比如，东汉年间，连饱读儒家经典的士大夫，都相信"谶纬"的学说，"谶"

是预言的意思，"纬"是解释六经的书，"谶纬"就是借助神秘的阴阳五行说与儒家经典结合，来预测王朝的兴衰和天命的走向。你看，中国知识分子都有神神道道的巫师血统，喜欢预测未来呢。

上层社会是这样，底层社会更是流行各种神秘的看风水、算天命、占星术、排八卦。你问灵不灵？大概是信则灵，对于那些有所求的人来说，不管你们信不信，反正我信！

中国人的信仰世界跟西方一神教不同，不是只有上帝，而是一个热热闹闹的神仙世界，从天、地、人到世间万物，都能成为中国人崇拜的对象。

有多少呢？我为你归纳了一下，从种类来说，可以说有三大神、三大崇拜：天神、地神、人神，祖宗崇拜、灵物崇拜、社会神崇拜。

三大神与三大崇拜

先讲天神和地神。你去过北京的天坛和地坛吗？那就是皇帝祭祀天神、地神的圣地。不仅朝廷敬畏天地，而且民间社会也要祭祀各路天神地神。天上有28星宿，也就有28位天神。其中最有名的是文昌星，专门管人间的科举仕途，家里有人要去科场考试，一定要去文昌阁求大神保佑。地神当中，有河神、海神、山神、土地神，还有守护城池的城隍神，等等。

我之前讲过，中国文化的三要素是天、地、人。人是万物之灵，通天地，泣鬼神，所以，还有第三类大神——人神。西方的一神教只能崇拜上帝，禁止任何偶像崇拜，哪怕再杰出的凡人，身上也有原罪。但中国文化当中，没有超越的人格神，人反而容易被神化，变成膜拜的偶像。

受膜拜的人神，与天神、地神一样，有专门建立的庙宇，犹如神仙下凡。在中国历史当中，有三种人因为立德、立功、立言而不朽，死后成为膜拜的偶像，他们是立言的圣人、立功的王者和立德的义人。圣人是指供奉在文庙里的至圣先师孔子及其弟子，孟子、朱熹、王阳明等等。王者是配享太庙的皇帝，还有为国家建立功勋的政治人物，比如成都有纪念诸葛亮的武侯祠，台湾有祭祀郑成功的延平郡王祠。而义人呢，就是仁义道德的人间楷模，最典型的莫过于到处都有庙宇的关帝了，关羽被认为忠义神武，集士大夫美德于一身，生为豪杰，死为鬼雄。

三大神之外，还有三大崇拜。祖宗崇拜是第一大民间崇拜。中国人自古至今，都相信人死后会变成鬼魂，他们在天上会继续影响后代和人间。所以逢年过节，特别是清明和冬至，无论贫富，都要祭祀老祖宗，让他们在天之灵保佑全家平安。一个大家族里，有祭祀先祖的公共祠堂，一个小家庭里，也有祖宗的牌位。杨庆堃教授就讲，中国人的宗教空间，不一定在教堂里，也可以在自己的家里。

第二大崇拜，灵物崇拜。可能是原始图腾的延续，中国人相信，许多动物都是有灵性的，会变成精灵影响人世，所以要善待它们，像供奉神一样祭祀它们。狐狸、黄鼠狼、刺猬和蛇，成为灵物崇拜的"四大家"，特别是狐狸，民间有许多关于狐仙的故事，狐狸修炼成仙，化为人形，在人间与凡人相爱生子。在蒙古族的一些部落里，又有狼图腾，将草原牛羊最大的天敌作为神物，加以膜拜。

第三大膜拜，社会神崇拜。每个家庭，每个行业，都有自己要祭祀的神。深宅大院有门神，据说可以守卫门户，驱鬼辟邪。每家的厨房又要供奉灶神（又称灶王爷），据说可以保一家平安，丰衣足食，免除火烛之灾。而每个行业呢，又有自己的保护神，酿酒的祭祀杜康，木匠膜拜鲁班，茶业祭祀陆羽。

有一个神，是各行各业都不能怠慢的，你猜猜看？对了，财神，伟大的赵公元帅。直到今天，城里禁爆竹，大年三十都很少有人放鞭炮，但到正月初五早上，甚至初四晚上，许多人还是要大放鞭炮，将财神抢进家门。

这究竟是信仰，还是迷信？民间风俗很难用"好"或"坏"来判断，凡是存在的总有合理的一面。只要人们内心还有希望，总是要寄托在冥冥之中。你越把握不住自己的命运，就越希望有天上的、人间的各路大神护住你、保佑你。

从人类学的角度观察，民间信仰还有另外一个功能，它能使本来是一盘散沙的人群凝聚起来，通过周期性的祭祀、礼仪，让他们感觉到自己不再是孤独的"我"，而是一群有着共同祖先、共同神祇的"我们"。我在前面讲过中国社会的血缘和地缘关系，而这些民间信仰正是血缘、地缘之外的第三大关系网络——信缘。甚至连血缘和地缘关系，也是离不开共同的祖宗崇拜或神灵崇拜的呀。

国家权力对民间信仰的渗透控制

一群有着共同信仰的人，一旦不满足于松散的信缘网络关系，产生了教主、教义，特别是有了严密的组织结构之后，就从民间信仰演变为民间宗教。我在上一讲已经提到，道教就是从民间宗教太平道、五斗米道发展而来的。

民间信仰、民间宗教和正式宗教，这三者之间并没有不可跨越的鸿沟，彼此之间是可以转化的。那么，处于中间的民间宗教，与正式的佛教与道教，究竟有什么区别呢？

除了在文明层次上有低级与高级之分，还有一个很重要的差别：佛教和道教是合法的，得到朝廷正式承认，甚至在某些时期还荣升为国教；而民间宗教，基本上都是不合法的，有许多还是官府要打击的秘密宗教，因为它们游离于社会体制之外，与游民游士结合，是一种威胁王朝秩序的颠覆性力量。

历史上这些秘密的民间宗教非常之多：弥勒教、摩尼教、白莲教、八卦教、三一教等。越是被严打，在江湖社会就越活跃，所谓野火烧不尽，春风吹又生。这个春风，就是各种不平等的社会压迫机制的存在。

在西方的历史传统当中，国王管不了宗教事务，倒过来，君主的王冠还得由罗马天主教皇来加冕背书。但在中国，却很不一样，皇权的世俗权力深刻地渗透到宗教领域，无论是佛教、道教这些正式宗教，还是各种庙宇祠堂的民间信仰，究竟合法不合法，哪家是正宗，哪家级别最高，都要由朝廷说了算。因此，宗教对于国家，不是对抗性的关系，反而是依附性的存在。

比如，民间存在各种信缘网络的相互竞争，竞争的方式竟然不是争夺信众，而是争取朝廷的承认！被朝廷认可的，就是"正祠"，而朝廷不承认的、不该拜的神怪，就叫"淫祠"。对神的崇拜需要国家恩准，连祖宗崇拜也要由朝廷来钦定。江苏无锡有一个惠山古镇，至今保留了唐代到清朝的118个家族祠堂，你不要以为这些祠堂都是本土家族，不是，其中很多是由朝廷钦定特批的，让各代有功有德之名臣，才有资格到惠山来建祠堂，光宗耀祖。其中，就有大名鼎鼎的范仲淹、司马光、于谦、张载等等。

在古代中国，朝廷通过对宗族事务和民间宗教的干预，将国家的权威延伸到社会基层；倒过来呢，宗族和民间宗教也是通过朝廷的恩准，与国家权力攀上关系，让家族的族规接轨儒家的礼仪，将神灵膜拜符合帝国意识形态。所以，香港著名的历史学家科大卫教授有一句名言：中国人对国家的认同，是对祖宗和神灵的磕头磕出来的！

不过，中国的民间宗教之于国家的权力，既有向心力的一面，也有离心力的一面，民间宗教的秩序，来自中国人对宇宙鬼神秩序的想象，这些鬼神秩序与现实的权力秩序是合拍的，但一旦与我以后要讲到的江湖社会结合，就变成颠覆性的民间秘密会社，成了改朝换代的工具。正因如此，朝廷对各种民间宗教是很不放心的，既要利用，又要控制。

好了，讲到这里，我将中国的儒、道、佛三大宗教以及民间宗教都为你讲解了一遍，或许你要问，它们的关系究竟是如何的呢，中国人的整体宗教态度又是如何呢？下一讲我就要为你来总结这些问题了。

进阶思考

中国人是如何看待天、地、鬼、神的？它表现为一种什么样的宗教信仰？

延伸阅读

许倬云：《中国文化的精神》，九州出版社，2018年。

第 30 讲

为什么中国人对宗教是"不讲信不信,只问灵不灵"

中国的宗教与西方不同,西方宗教是制度性宗教,独立于社会政治结构,而中国宗教是发散性宗教,镶嵌在世俗结构之中。

中国的宗教具有三个重要的特性:世俗性、功能性和混杂性。神圣与世俗在中国互相渗透;中国人对宗教的态度不是"信不信",而是"灵不灵";不同的信仰与宗教之间和谐相处,儒、道、佛三教合一。

中国是宗教国家吗？很多人可能觉得不是。不过，你知道吗？在14亿中国人里，有正式宗教信仰的，也就是信仰佛教、道教、基督教、天主教和伊斯兰教的人口，竟然有2亿人左右，这还不包括那些平时拜个祖宗、信仰各路民间大神的人呢。

那么，为什么给一般人的感觉，中国不像西方、印度和中东人那样是有宗教的民族呢？好了，今天我先来为你聊一聊中国的宗教与西方的区别，它究竟有什么独特之处。

中国的宗教是一种发散性宗教

杨庆堃教授在《中国社会中的宗教》一书中说，在中国、印度和西方三大轴心文明体系当中，中国的宗教在社会中的地位最为模糊。为什么会这样呢？他提出了一个重要的看法，说这是因为中国的宗教与西方不同，西方是制度性宗教，而中国呢，是发散性宗教。

所谓制度性宗教，是指相对于各种世俗的政治与社会组织形成一种独立的制度性架构的宗教。你看，在欧洲，上帝的事情归上帝管，恺撒的事情归恺撒管。从基督教成为罗马国教开始，宗教与世俗就有明确的界限，国王管人间的世俗事务，教会管个人的灵魂得救。教会有自己一套独立的组织系统、财产系统和信仰系统，与社会结构中的家庭、社团和政治权力系统泾渭分明。

但是中国的宗教呢，就不一样了。杨庆堃教授说它是发散性宗教，意思是说，中国的宗教，最典型的特点是各种民间信仰与宗教并不是独立的，它们与我之前讲过的各种血缘、地缘、业缘关系网络紧密地纠缠在一起，你中有我，我中有你——中国的宗教是以一种发散性的形态，深刻地镶嵌在社会与政治结构当中。你想想，祖宗崇拜不是与家族制度相关吗？每个行业不是都有自己膜拜的保护神吗？比如木匠都膜拜鲁班，做生意的都供奉关公。

即使是佛教与道教，虽然也有正式的宗教组织，但也不像西方的教会那样独立，反而同国家权力纠缠不清，皇帝可以介入宗教事务，为各种寺庙钦定级别高低。同时呢，佛教与道教也渗透到家族、地方和行业的各种关系网络当中，不像西方中世纪的基督教，神圣与世俗之间有一道不可逾越的鸿沟。

有礼有序的祭祀体系

不过，说中国宗教是发散性宗教，也不要真的以为"发散"就是一盘散沙，杂乱无章。错了，其实，中国的宗教是有自己整齐的、等级化的内在秩序的。

为啥呢？这又要比较中西宗教的第二个不同了。西方宗教是信仰的宗教，中国宗教是祭祀的宗教。基督教最重要的是信仰，教徒在精神上对上帝绝对的信赖和忠诚，绝无二心。这叫"因信称义"，因信而成为义人。

但你回过头来看中国人对宗教的态度，重要的不是"信什么"，而是"如何信"！"信什么"是对信仰对象的忠诚问题，而"如何信"是信仰本身的方式问题。只要方式对头，你信什么反而不重要了！这个对头的方式，就是中国宗教有一套完整的、有序的祭祀体系。

祭祀谁呢？前面我讲过，中国思想讲究天、地、人，祭祀的对象从天帝、菩萨、太上老君、地王爷到祖宗、鬼神，还有圣人、豪杰，都是祭祀的对象。就拿北京来说，有天坛、地坛、先农坛；今天的劳动人民文化宫，原本是皇室的太庙；现在的中山公园，原本是社稷坛；还有喇嘛教的雍和宫，儒教的孔庙，皇帝都要去祭祀，一个也不能少。

不要说皇上，百姓也是这样。在中国人的想象当中，这就是一个多神的世界，走过路过不要错过，见到庙宇，管它是观音庙，还是道观、妈祖庙、土地神，都要拜一拜，烧一炷香，各路神仙菩萨，一个也不得罪。

这套从拜天地到祭祖宗的祭祀体系，看起来很杂乱，其实是有内在秩序的。周礼是什么？核心就是国家钦定的祭祀制度嘛！天子要经常巡视各地，看看诸侯们的祭祀是否符合礼仪，假如有违背祭祀规矩的，领主的封号就要被褫夺！

这意味着什么？中国的宗教不在乎你祭祀的对象是什么，而是你祭祀的仪式是否合法，是否符合礼仪。这套礼仪，在儒家的经典《礼经》中有详细的规定，如何祭祀天地、祖宗，在祭祀过程当中，什么身份的人，该处什么样的位置，该完成什么样的礼仪，都讲得清清楚楚，你只要按照祖上的规矩，行礼如仪就是了。

至于你是否真的信神，哦，那真的不重要。孔子不是说"祭神如神在"嘛！神到底有没有？该不该信？在孔子看来，那是不可知的，要紧的是这套祭祀的仪式，只要你以敬畏的态度行礼如仪，神仿佛就在那里，会保佑你！

从殷周发源的这套祭祀体系，经过儒家的提炼总结，到了汉代成了《五经》之一的《礼经》,其中有人文的伦理,也有宗教的祭祀。它如何形成了儒家的两重性,我下一讲再为你细讲,现在你要知道的是,中国宗教的重心在祭祀,祭祀体系的源头来自儒教,各种民间信仰,以及后来出现的佛教和道教。虽然各自崇拜的神灵不同,教义也千差万别,但是,儒教也好,佛教、道教也好,千奇百怪的民间信仰也好,它们的祭祀方式都是同构的,都是相通的,没有本质的差异。

讲到这里,你大概明白了,为什么在中国会出现儒、道、佛三教合一,合一在哪里?就是祭祀仪式。

神与人之间的互惠关系

你不要看中国的宗教是发散性的,但经过国家对宗教礼仪的详细规定,每一个宗教、每一座寺庙、每一种民间信仰,都被整合进井然有序的祭祀体系里面,从国家到地方,从朝廷到百姓,每年逢年过节,那套汉人的中华祭祀传统,都是统一的,从古至今,没有乱过。

假如你是来自广东、福建的话,你一定知道,这套祭祀体系一直到今天,在你的老家都保持得很完整。比如,福建有"迎老爷"的祭祀传统,每年春节过年,都要将隔壁乡里的或县里的据说是比较灵验的神,临时"借"过来几天,那个迎送仪式的热闹、祭祀场面的隆重,真是不见不知道,一见吓一跳,汉人还真不能说不是个有宗教信仰的民族啊!

现在问题来了,中国人的这个宗教信仰,好像与西洋人不一样啊。怎么连别人家的"神"都能借来供奉几天？为啥？因为它灵验。

前面提到的杨庆堃教授说，中国的宗教具有十足的实用性，教徒与他所膜拜的大神，是一种"神人互惠"关系。

你发现没有，周围不少人经常要去庙里烧香拜佛，对菩萨有所求，保佑家人平安、儿女考上大学、自己升官发财等等，都是有很功利、很实在的目的。假如菩萨显灵，愿望实现了呢，必须要去还愿，感谢菩萨的庇护；如果没有实现呢，说明这里的菩萨不灵，要换一个寺庙去求神拜佛。我告诉你一个民国期间的真实故事。大学者胡适家里，有一个仆人本来是信佛教的，胡适有一天突然发现他改去教堂了，就问怎么回事。仆人回答说："先生，大家都说现在耶稣比观音更灵验，我就改信基督了。"

另一方面，人们也会更愿意供奉那些更灵验的神，为他们修更大的造像、更多的庙宇。一个神如果口碑好，就会进入良性循环，一直保持活力，在文化中绵延，比如到今天依然香火旺盛的观音菩萨。但是，一个神如果办不好事，口碑不好，可能就会香火越来越差，最后会从文化中消失。这就叫"神人互惠"！

这种对神的态度，无论是基督徒，还是穆斯林，都是绝对看不懂的。一神教教徒的内心里只有一个神，不是上帝，就是真主，绝对容不了其他的神。谁能最终得救，救赎自己罪恶的灵魂？那是对上帝或真主有虔诚和绝对信仰的义人。圣经故事里的约伯，就是一个对上帝最虔诚的义人。上帝为了考验他的信仰，派撒旦到人间，让约伯经受各种苦难，但约伯对上帝的信仰一直没有动摇。上帝最好的选民，不是得到上帝恩宠的有福之人，关键是在精神上的"信不信"，不是功能上的"灵不灵"。

但是，好几位研究中国宗教的学者都指出，中国的宗教不是"信"的宗教，而是"报"的宗教，教徒最在乎的是"回报"，是神与人之间现实的、功利的利益交易。

所以，你走进中国的一些庙宇，与进入教堂与清真寺的感觉不太一样，似乎跨入的不是神圣之地，而是世俗场所。越是香火旺的地方，越是红尘滚滚！倒是那些深山老林中游客稀少的寺庙，倒是有一种超凡脱俗的气息，让人感觉心灵纯净，真正进入佛国世界。

儒、道、佛三教合流

中国的宗教，包括儒、道、佛以及民间宗教，与西方宗教相比，有两个共同的特征，乃是世俗性和混杂性。

先说世俗性。

西方的宗教是一个神圣的世界，与世俗的现实世界构成严峻的对立与紧张。基督教中神圣与世俗的紧张性，在圣奥古斯丁那里表现得最为明显。在他看来，有两个对立的城，一个是光明的上帝之城，另一个是堕落的世俗之城。人生的唯一价值，就是洗涤心灵中的原罪，远离世俗世界，让自己的灵魂升腾，进入有上帝恩宠的神圣之城。

你想想，你在卢浮宫和大都会博物馆看到的中世纪宗教画，从基督到凡人，都充满了紧张和痛苦。但是在中国呢，神圣与世俗这两个世界却没有严格的界限，神圣在世俗之中，世俗有神圣的庇护。中国有信仰的人，那些佛教徒、道教徒、基督徒，生活在这个俗世当中，内心是平静的，甚至是快乐的，不会觉得他所信仰的神与整个世俗世界有什么冲突。信教，不要求你出世解脱，反而可以在世俗的人伦关系当中坚守自己的信仰。

中国的宗教除了世俗性之外，还有混杂性，即儒、道、佛三教合流。

从犹太教、基督教再到伊斯兰教，都是亚伯拉罕的一神教，是一根藤上的三颗瓜。一神教认为，只有自己的神是唯一的真神，这个神主宰宇宙自然、世间万物与每个人的生死苦乐。他们都相信善恶是非、黑白分明，当末世来临之际，一切都将在神面前得到无情的审判。所以，在西方历史上常常发生宗教战争。

但是，中国历史上从来没有发生过类似的宗教战争，不会为谁是唯一的真神打得昏天黑地。相反地，中国人的宗教世界是一个多神共治的世界，儒家的孔子、佛教的观音、道教的太上老君，还有关公、土地神等等，彼此之间相安无事，可以放在一个寺庙里一起祭祀。在中国人看来，各路神仙并不冲突，他们共同主宰着这个世界——走过路过不要错过，不管是佛寺、道观，还是关帝庙、土地神，见到了，都要烧一炷香，去拜一拜。

前不久我专程去福建的古城泉州，考察这个中国的宗教之都。在小小的泉州古城，佛教的开元寺、道教的元妙观、儒教的孔庙，还有基督教堂、天主教堂、清真寺、关帝庙、天后宫等等，各种宗教建筑至今保存完好，犹如一个宗教博物馆！在元明两代，泉州是海上丝绸之路上的东方第一大港，其地位的重要性犹如今天的上海。当年，船来人往，热闹非凡，佛教徒、道教徒、基督徒、穆斯林等，有不同宗教信仰的人们共同生活在这个城里，和谐相处，其乐融融。你能想象一下这个古代中国耶路撒冷的情景吗？

是啊，西方的宗教都是一神教，而东方的宗教呢，从印度到中国，都是多神教。印度教，是内在的多神，一个宗教里有很多个神。中国的宗教，是外在的多神，儒教的至圣先师、佛教的释迦牟尼和道教的太上老君，可以同时被同一批中国人膜拜，奉为大神。中国人的信仰，是儒、道、佛三教合一，是宗教上的联合执政！

儒、道、佛三教，不仅是外在的和平相处，还有内在的融合。宋明理学吸收了大量佛教的义理和形式，禅宗又用儒家的世俗化与庄子的内在化改造了中国的佛教，而道教呢，索性就是一个容纳各路神仙和教派的混杂性宗教。宋代末年以后，道教的主流演化为全真教，其教义就是典型的三教合流，将道教的《道德经》、佛教的《般若心经》和儒家的《孝经》奉为三大经典。

那么，是否一神教在中国就没有任何影响呢？也不是。魏晋隋唐年间，来自中亚的各种一神教——祆教、摩尼教、景教等都随着胡人的足迹进入中国，他们并没有为士大夫精英所接受，却沉淀在民间，为造反的秘密宗教所吸收，演化为中国的启示性宗教。比如宋代方腊的"吃菜事魔"教派、元明两代的白莲教、晚清的拜上帝会等，都吸纳了一神教的观念和仪式。中国老百姓平时都是多神教信徒，到了揭竿而起之时，皆拜倒于一神教之下，膜拜一个至高无上的真神与权威。

中国的宗教，就是这样复杂，既有主流体制中的三教合流，又有江湖社会的一神教传统。不同的时代，不同的阶层，会有不同的宗教景观。以后，我在讲解中国的江湖社会里，还会继续与你聊聊这个问题。

进阶思考

注重实用性的分散性宗教,能支撑起中国人的信仰大厦吗?

延伸阅读

杨庆堃:《中国社会中的宗教》,上海人民出版社,2007年。

丁部

中国文化的政治结构——周秦之变与宋元之变

很多人以为，中国的传统政治就是封建君主专制，真的是这样吗？

虽然中国历史上的政治制度以君主为中心，但君王有两个身体，一个是制度，一个是肉身。作为制度的君主，可分三种：西周的分封制度下的天子、汉唐两宋的与士大夫共治天下的开明君主、元明清的绝对君主专制。

最重要的政治文化中，有两个重要的历史之变：周秦之变和宋元之变。为什么会发生这两次巨变呢？传统中国历史为何会一步步从开明走向专制？传统政治有丰富的治理术，也有儒家的合法性理论，那么它的短板究竟在哪里呢？

第 31 讲

封建是一个好东西吗

西周的宗法封建制是中国第一个成熟的政治制度,它通过层层分封与效忠,形成了从天子到诸侯、再到卿大夫和士人的血缘—文化—政治共同体。

西周的封建制给后来的中国留下了三大历史遗产:家国一体、礼法秩序和伦理政治。

在民主传入中国之前,封建一直是古代知识分子对抗君主专制的最重要的思想资源。

从今天开始，我要为你讲解中国的政治结构了。说到这个问题，你可能会想，古代中国政治不就是君主专制吗？但我想告诉你的是，中国历史上的君主制未必等于专制，从不专制的君主制度，发展到专制的君主制度，这个演变差不多走了两千多年。

中国的君主制度有三个历史形态：第一，是作为仲裁者的君主，这是西周封建时代的周天子；第二，是作为分享者的君主，这是汉唐两宋与士大夫共治天下的开明皇帝；第三，是作为独裁者的君主，这是元明清三朝才出现的君主专制制度。接下去这三讲，我要为你一一细说。

先与你聊聊西周时期作为共享者的君主制度。讲到西周，你的第一个反应大概是两个字——封建。哎，封建不是与专制一码事吗？过去不是我们常常提封建专制吗？我告诉你吧，历史上的封建，不仅不专制，而且还是反专制的！

为什么呢？这就要从西周时代的君主制度说起。

家国天下，国就是家，家就是国

我们过去学的历史课，将鸦片战争之前的古代社会都看作封建社会。从学术角度来说，这是不准确的。严格意义上的封建制度，就是类似中世纪欧洲和日本的那种，在中国只有西周时期才出现过。

西周的宗法封建制，是中国历史上第一个成熟的政治制度。

你还记得吗，成龙在春晚唱过一首名曲《国家》，歌词中说："都说国很大,其实一个家。……家是最小国,国是千万家。……我爱我的国,我爱我的家。……我爱我国家。"

有没有想过,为什么中国人会将"国"与"家"联系在一起?这就要来了解西周宗法封建制最核心的四个字——家国天下。

周天子代表"天下",诸侯代表"列国",卿大夫呢,代表的就是"家"。所谓"家国天下",就是通过层层分封与效忠而形成的血缘-文化-政治共同体。天子、诸侯与卿大夫,既是亲戚,又是君臣,就像一个大家族。"国"与"家"紧紧地绑在一起,血浓于水,不可切割。这样从天子到诸侯,从诸侯到卿大夫,最后从卿大夫到士人,形成一个等级森严的宗法分层网络,按照据说是周公制定的一套严密而复杂的周礼来维持正常运转。

不要小看这套家国天下制度,它可是中国历史上第一个封建大一统呢!在这之前,夏商两朝上下脱节,上面是一个部落酋长式的君主,下面是互不相干的都邑,一盘散沙。只有到了西周,通过封建分封的方式,才将整个国家整合起来。

封建是什么?封建就是通过血缘加政治的关系,将支离破碎的小国变为大一统的大国。不要以为秦始皇首先实现了大一统,西周才是第一个呢,孔子欣赏的大一统,就是这种用宗法礼乐关系统合起来的天下。

今天的世界上,有各种各样的共同体:家族的、地方的、社会的、宗教的、政治的。什么样的共同体最稳定、最靠谱?除了宗教之外,大概就是血缘了。西周的封建最有创意的地方,是将政治关系建立在血缘的基础之上,天子、诸侯与卿大夫就是一个亲戚网络!商代的时候家族还没有姓,到了西周出现了20多个姓氏,最高贵的姓氏是"姬"。据说华夏族的祖先姓姬，周天子也姓姬。

那么，血缘共同体如何团结起来呢？每一个中国人都要祭祖，要过清明节的。在周礼当中，祭祖与祭天是两个最重要的公共礼仪。祭祖是为了强化家族的集体认同感，那么，为什么还要祭天？周代分封制毕竟不是血缘部落组织，而是一个超部落的国家，所以它的合法性还要借助另外一个东西——天命。祭祖是家族的事儿，祭天则是王权的事情。

西周的这套血缘加政治的封建制度给后人留下什么遗产呢？简单地说，是两个很重要的政治传统。

第一个是"家国一体"。这个"家国一体"，西方人是很难理解的。因为他们的历史传统从古罗马开始，国是国，家是家，截然两分。这在罗马的公法与私法的明确界限之中看得很清楚：公法处理的是与国家有关的公共事务，私法处理的是与个人与家庭有关的私人事务。

不过，在中国，家与国之间没有一条明确的界限，国之本在家，国就是家，家就是国。历代统治者都将国家血缘化、家族化，天子是人民的父母，官员也是百姓的父母官，君臣关系与父子关系是同构的，只不过一个讲"忠"，另一个讲"孝"。王权总是将国家看作他自家的，汉朝姓刘，唐朝姓李，宋朝姓赵，大明是朱家的，大清属于爱新觉罗家族。

"家国一体"又产生了第二个传统"伦理政治"。罗马法里，公是公，私是私；但在中国，公与私之间、政治与伦理之间的界限非常暧昧，难分彼此。本来，政治是"公"的领域，但中国的政治却是一种"私性政治"：不仅"国"就是"家"，国家公共事务也被看作一家一姓的私人事务；更要命的是，在中国的法律与政治领域当中，普遍缺乏公共意识，一切都被私人化与相对化了。君与臣之间、官与民之间、民与民之间，都是相对的、情景化的私人伦理关系，唯独缺少的是刚性的政治契约规范。

周秦之变，换一种大一统的方式

好了，现在回头来看西周封建制度下的君主。不是说"普天之下，莫非王土"吗？为什么说万人之上的周天子不是独裁者，而只是一个仲裁者呢？

这样说吧，周天子有点像欧洲中世纪神圣罗马帝国的皇帝，看起来威风八面，其实是一个虚君，有权威没权力。天子的中央权力只是象征性的，而地方上的诸侯与基层的卿大夫权力非常大，大到对自己的封地有绝对的自主权，不受天子的支配。

这有点像中世纪的欧洲与日本：君上之君，非我之君；臣下之臣，非我之臣。贵为天子，只能命令各地诸侯；而对下面的卿大夫来说，周天子只是一个象征性的国家符号，不用对他尽义务；而最底层的士人和百姓呢，更是只知有家，不知有国，遑论天下！

现在你大概明白了，原来封建制度与秦汉制度不一样，不是郡县制的中央集权，骨子里就是一个地方主义与自发秩序，与现代国家的联邦制度倒是接得上轨。

西周封建制维持了275年，也算长命的王朝，但到周平王迁都洛阳，进入东周的春秋战国年代，却维持不下去了。为啥？血缘关系罩不住地缘关系，亲戚关系破裂了，诸侯不听天子的，连有实力的卿大夫都想当国君,我上一讲提到的三国分晋,不就是这回事嘛。

如今血缘关系松动,封建的大一统礼崩乐坏,接连500多年的乱世,就要换一种大一统的方式了。这才出现了著名的"周秦之变"。

"周秦之变"的核心是什么?就是从西周的封建大一统,变为秦朝的集权大一统,就是你很熟悉的郡县制、编户齐民、车同轨、书同文、行同伦。

为什么需要从周制变为秦制?内忧外患嘛。外有北方的游牧民族匈奴的压力,内部是四分五裂,七国争雄。再退回封建大一统是不行了,接连500多年的乱世之后,想要再次实现大一统,就要换一种方式。

当时有不少法家,纷纷建议君主改革,采用新制度来管理国家。从中央与地方的关系来说,变革的主要目的,就是打破一个个封建的土围子,中央直接任命地方官员,权力一竿子插到底,有效动员基层社会,重新实现统一。用今天的话说,就是社会与国家一体化的举国体制。

在周天子的名下,有71个国家,姬姓的55国,异姓的16国。到了春秋,有14个国家,经过兼并,战国剩下7国,500多年战争打到最后,统一成一个超大国家——大秦帝国。经过这一"周秦之变",从此中国步入另一个大一统。

周秦之变以后,基层行政组织取代宗族组织,官僚制逐渐取代家族世官制度。有一个说法:两千年来,皆秦制也。秦制就是郡县制,建立以后,两千多年来基本没有变化。

寓封建之意于郡县之中

以前我们学的中学历史，都将周秦之变、郡县制代替封建制看作历史的进步，权力集中在中央，总是比权力分散、各自为政好。

的确，作为一个超大规模的帝国，车同轨、书同文、行同伦是必要的，否则中国早就大卸八块，像欧洲那样分裂了。不过，一个大一统的帝国，最难解决的是中央与地方的关系，一管就死，一放就乱，从古到今，这都是一个让历朝统治者头痛的老大难问题。

你还记得吗，大文学家柳宗元写过《封建论》，论证郡县制比封建制要好一百倍，那是唐代后期的知识分子饱受安史之乱、方镇割据时的看法。但是，此一时彼一时也，两宋以后，地方的权力是江河日下，再也挡不住中央集权的步伐。特别是明清两朝，皇帝怕封疆大吏和地方官自作主张、割据一方，用各种各样的法令限制他们。这样一来，大小官员动辄得咎，无不战战兢兢，不敢越雷池一步，不求有功，但求无过。如此一来，地方死气沉沉，没有任何活力。

什么是对付君主专制的武器呢？那个时候的中国还没有民主这个观念，想象不出"民主是一个好东西"，只能从历史的仓库中去寻觅，明清的知识分子突然发现：西周的封建制不是很好吗？

当然，要退回到西周是不可能的，一代大儒顾炎武提出一个很精彩的观点："寓封建之意于郡县之中，则天下治矣！"存郡县之名，行封建之实。地方官员可以由中央任命，但要让他们有职有权，不仅仅对上负责，而是真正成为百姓的父母官！

清朝统治者当然不会听顾炎武的。不过，到了20世纪初，民主的观念从日本传到中国，令清末知识分子脑洞大开：封建不就是中国古代的民主吗？民主也不就是封建的新式说法吗？

将封建与民主画等号当然是错的，不过，在了解这段封建的历史之后，你会发现，封建并不是全坏的。在民主没有出现的时候，相对于君主专制，封建也会是一个好东西！

进阶思考

顾炎武的那句名言"寓封建之意于郡县之中"，你觉得，它是解决中央与地方关系的好方案吗？

延伸阅读

何怀宏：《世袭社会：西周至春秋社会形态研究》，北京大学出版社，2017年。

第 32 讲

儒家政治思想究竟是保守还是激进

在儒家的政治思想里,天意政治、道德政治和民本政治是三位一体的。天、民、君之间,民是最重要的。

天意就是民意,政治就是道德,儒家的这一政治文化传统源远流长,影响了中国两千多年。

孟子将儒家民本思想的激进成分推到极端,民为贵,君为轻,为之后的历代革命奠定了合法性。不过,儒家的民本与现代民主依然有质的区别,其间隔了一个时代。

周秦之变，西周大一统变成了秦朝大一统，中央对地方的管理方式从封建制变成了郡县制。但是，秦朝二世而亡，让汉朝的统治者开始思考：在治理国家的模式上，秦朝究竟出了什么问题？

一般认为，汉朝从秦朝覆灭所吸取的教训是法家过于严苛。这么说当然没错。不过，如果仔细观察一下汉朝统治者的政策，你就会发现，他们已经意识到，只用一种思想来治理，没办法应对越来越复杂的环境了。所以，他们从先秦取经，开始了综合运用各家思想的治理模式。

这种治理模式，我把它概括成"一个合法性，两种治理术"。一个合法性就是儒家，两种治理术就是法家和道家。三家混杂，交替使用，这就是汉朝开始的综合治理模式。

这一讲，先为你谈谈"一个合法性"的儒家政治思想吧。

自从汉武帝之后，儒家在大部分时期都是中华帝国的统治意识形态。儒家的哲学观念你已经了解，那么它的政治学说又是什么呢？儒家的政治思想真的像以前说的那样非常保守吗？还是有激进的另一面？其民本思想与现代的民主又有什么不同？接下来请听我一一道来。

天、民、君之间，以民为本

"以民为本"，这是我们非常熟悉的一个说法，告诉你吧，它最早来自儒家，民本思想是儒家政治观念的核心。不过，追溯其源头呢，又可以从西周说起。

孔子说过一句话："吾从周。"他要遵循的，不过是周代的那一套而已。周代的政治思想主要记载在《尚书》中的一篇文章《洪范》里面，"洪"是大的意思，"范"就是法，"洪范"就是国家治理的根本大法。

古代的政治，核心问题是要解决天、民、君三者之间的关系。首先来看"天"。"天"对于古代人是非常神圣重要的，天是人间秩序合法性的终极源头，政治是否正确，最后要服从天的意志。你要记住的第一点：儒家政治是天意政治。

那么，"天意"是什么？在儒家看来，天的本性就是德性，天是有德的！因此，服从天意，就意味着对道德的尊重。"敬天"与"崇德"就成为同一回事儿了。因此，第二点你可以记住：儒家政治就是道德政治。

现在问题来了，天道是那样地抽象，我们如何发现它呢？这就涉及天、民、君中的"民"了。《洪范》里面有一句著名的话："天视自我民视，天听自我民听。"意思说，天的意志来自民的意志。天本身是沉默的，但天意通过民意说话表达，天心所向，就是民心所归！

天意与民意的一体化，就为天、民、君中的第三个要素定位了。"君"是什么。"君"具有双重性，第一重君主是天之子，必须奉天承运，敬天崇德；第二重君主是民的父母，以民为本，对人民负责，为人民服务。所以，第三点就是：儒家政治就是民本政治。

天意政治、道德政治、民本政治，这是三位一体。天意以道德为中心，以民本为基础，天意就是民意，政治就是道德，这是儒家政治文化的基本传统。

天意就是民意，政治就是道德

好了，接下来我来为你详细讲解一下天意就是民意、政治就是道德这两大儒家政治文化传统。

政治最核心的问题，就是获得统治的合法性。合法性来自哪里？当然来自天意，这是儒、墨、道三家没有分歧的看法。但是，儒家的独特贡献在于，他们继承西周的政治思想，坚定地相信天意就是民意，统治者必须将民意看作头等重要的大事。因为"民之所欲，天必从之"，你与民意过不去，就是与天意为敌，最后必定自取灭亡。

孔子非常欣赏春秋时代郑国的大政治家子产，他有一个出名的"不毁乡校"的传说。郑国当时比较开放，国人经常聚在公共场所议论国事，说三道四，批评时政。有人就不高兴了，向执掌国政的子产献计说："派人去将这些公众聚会的地方乡校捣毁了吧，让他们不得妄议！"子产哈哈大笑："为什么要去毁乡校？让人讲话，天不会塌下来。他们喜欢的，我们就执行，他们讨厌的，我们就改正。民众就是我们最好的老师啊！"

春秋时代还流传过一句名言："国将兴，听于民；国将亡，听于神。"统治者自信的时候，一切以民意是从；而国家要完蛋的时候，就会装神弄鬼，违背民心，开历史倒车。

那么，"政治就是道德"如何理解？现代政治以权利为中心，权利与道德没有关系,但儒家政治正如我之前已经提到的那样,是以道德伦理为轴心。孔子讲,政治就是"正名",君要尽为君的道德义务,臣要尽为臣的道德义务,每个人都将自己名分中那些该做的事儿都做了,实现了仁义,那么政治就清明了。

之前我讲过的法家,喜欢用严刑峻法维持秩序,但儒家却提出"明德慎罚",重要的是让民众明白做人处事的道德,而不是一味地以严苛的法律去威慑他们。孔子在《论语》里说,以刑法为中心建立起来的秩序,百姓有恐惧感,但没有道德的自觉心;而以仁与礼建立起来的政治,百姓不仅有道德,而且有正义感。

儒家的德治思想对中国的政治影响很大,政治的道德化,使得中国人固执地相信所有政治问题都可以用道德的方式解决,政治要清明,不是靠制度,而是靠好人,由道德清白的圣人来当政,国家就有希望了。于是,对清官、好皇帝的盼望,成了延续几千年的国人政治思维,至今阴魂不散。

孟子仁政学说的革命性

孔子虽然为儒家的道德政治奠定基础,但还没有系统的政治论述。到了孟子,他从孔子的仁学思想,发展出一套"仁政"的政治学说。

孟子周游列国,到了魏国,向国君梁惠王推销这套仁政说,他说:"请大王对百姓施行仁政:少一点刑罚,减一点赋税,让民众精心耕种;有空的时候,教他们懂得一点仁义的道理,并在生活中按照忠孝礼义去做。这样一来,足可与坚甲利兵的秦国抗衡也!"

当时，秦国奉行法家的富国强兵的"霸道"，而孟子的这套仁政被称为"王道"。王道与霸道，是古代中国政治的两种价值观：霸道相信的是硬实力，最关心国家的强大，而王道呢，注重的是道德的软实力，关心的是民众的利益。

孟子提出，一要"养民"，二要"教民"。统治者在身体和精神上都要对民众负责。所谓"养民"，就是让老百姓过上好日子，家家户户一亩三分地，老婆孩子热炕头，天下就太平了。

孟子是明白人，他意识到"有恒产者有恒心，无恒产者无恒心"，有了家产，成了小康人家，你就不想造反，愿意过太平日子，而且可以养成一颗道德之心。反过来，一贫如洗的无产阶级是秩序的破坏者，因为他们在造反当中失去的只是锁链。所以，儒家很有点小农式的社会主义意识，要均贫富，家家都是小康。

除了身体上"养民"之外，还要在精神上"教民"，让百姓都在伦理上知道礼义廉耻，遵守"己所不欲、勿施于人"的恕道。儒家很注重对百姓的教化，叫"化民成俗"，让乡里民间形成淳朴、道德的风俗习惯。

儒家不喜欢动乱，喜欢有秩序、有文明，从这点来说儒家是保守的，但因为儒家坚持以民为本，又有激进的另一面。孟子就讲过一句惊世之言："民为贵，社稷次之，君为轻。"翻译成今天的语言，等于说：人民至上，国家其次，政府是无足轻重的！

为什么君主在价值上只能排到第三位？因为君主不能简单地等同于国家，与人民更不是一回事儿。只有执政为民，考虑天下的公共利益，而不是一家一姓的王朝私利，君主才是合法的，值得拥护的。

那么，假如统治者是昏君、暴君，残害人民，怎么办？孟子竟然说："很简单,起来革命就是了!"因为天命在中国,与万世一系的日本天皇制度不同,天命常变,只有有道德的君主才能坐稳江山,代表天来执政。汤王、武王杀掉前朝的暴君,不是犯了弑君罪,而是顺应天意,合乎民情的汤武革命啊!

明朝的开国皇帝朱元璋喜欢孔子,却讨厌孟子。有一次他读到《孟子》,其中说,君若将臣视为手足,臣也会对君推心置腹;君若将臣看作奴才,臣也会对君冷眼看待;君若视臣无足轻重,臣也会将君视为仇敌。朱元璋大怒,失声大叫:"这老头要是活到今天,非严办不可!"他下令国子监将孔庙中的孟子牌位撤下,把孟子逐出孔庙。

你看,说儒家在政治上保守,只是其性格中的一面,它的另一面又是非常激进的,中国历代王朝末年的革命,都可以从孟子那里中找到思想的武器。

不过,儒家的民本思想虽然很激进,却不能与现代的民主画上等号。"民本"与"民主",虽然一字之差,却隔了一个时代。二者之间,有两个重要的差别。一个是政治主体的不同:现代民主,是人民主权,人民是政治的主体,但儒家的民本,依然是君主主权,人民只是政治的客体。另一个差别是制度上的不同:民主意味着人民可以按照一定的周期选举统治者,而民本呢,除非起而革命,否则,无法对抗不对人民负责的政府。

儒家民主思想主导下的中国政治的种种好处和短处,我到以后几讲谈到中国政治制度时,再为你详细分析!

进阶思考

儒家三位一体的天意政治、道德政治和民本政治,给中国带来了什么样的正面和负面影响?

延伸阅读

梁启超:《先秦政治思想史》,商务印书馆,2014年。

第 33 讲

什么是"一个合法性,两种治理术"

老子的治国方针,可以归结为三条:圣王无为、使民不争、小国寡民。

老子思想后来发展为黄老之学,在西汉初年成为统治的主流意识形态:对内清静无为,对外以柔克刚。

中国历代统治者都是霸道、王道杂之,形成一种诡异的政治现象:"外儒内法"或"外用儒术,内用黄老"。

前面我为你讲解了周秦之变，但实现大一统的秦朝非常短命，二世而亡。继之而起的汉朝统治者就从中吸取历史教训，在治理上变得聪明多了。

先讲一个故事。汉武帝的曾孙汉宣帝也是非常能干的政治家，太子刘奭（也就是后来的汉元帝）喜欢儒家经典，见父亲常常用法家的刑名之学，就劝说："陛下持刑太深，宜用儒生。"汉宣帝听了不高兴了，教训太子说："汉家自有制度，本以霸、王道杂之，奈何纯任德教，用周政乎！"意思是说，你小子读了几本儒家的经书，还真的以为可以回到西周，用德政治理天下啊？错了！从咱们刘家建国开始，就是儒、法、道三家混杂并用的！

你听明白了吧，汉代以后的治理模式，就是"一个合法性，两种治理术"。"一个合法性"就是儒家，上一讲已经有了详细的讲解，"两种治理术"呢，就是法家和道家。法家的思想主要是如何辅助君主治理天下，我在之前已经讲过，你也许要问，道家不是很超脱吗？他们有什么治理之术呢？

不错，庄子不屑于政治，他关心的是人的心灵自由，但老子就不同了，他传授的是一套"无为无不为"的政治学说，到了后来，演变为一种黄老之学。

儒家与法家，历来的统治者非常喜欢，帝王的治理术有"外儒内法"的说法，但要知道，还有另外一种说法，叫"外用儒术，内用黄老"。不了解黄老之学，你就很难明白中国政治的另一层秘密。

好了，今天我就从老子的政治思想说起，告诉你什么叫"黄老之学",为什么历代帝王喜欢交替使用儒、法、道三种治理术。

老子的三条治理术

你不要看道家研究的是天道,他们与古希腊哲人毕竟不一样,没有为求知而求知的兴致,最终与儒家一样,关心的还是人间秩序。老子表面上关心的是大道——宇宙的存在与发展的根本规律,实际上这个宇宙的大道还是要落实于人间的秩序,他与孔子、墨子一样,跃跃欲试,要为春秋时代的乱世提供一种另类的治理方案。

那么,老子的救世方案是什么呢?你早已知道的,遵循自然的天道,无为而治。

无为而治,有两层意思。

第一层,是针对统治者而言,叫"圣王无为"。

儒家与墨家都相信,要治理天下,首先要有精英人物,孔子寄希望于德高望重的圣人,墨家寄托于能力超强的贤人,他们都是很有作为的。但在老子看来,真正的圣王,不必作为,只有无所作为,才能无为无不为。

老子讲了一段很深刻的话:统治者的禁忌越多,老百姓越是贫困;政府的法令越是多如牛毛,天下的盗贼就会越多;圣人无所作为,民众就能自然生长;圣人清静无为,民间自己能形成公正秩序;圣人不去惹事,百姓自然会走向富裕;圣人没有雄心,民风就趋向自然淳朴。

你看,老子的思想很接近西方的古典自由主义吧?市场自有一只看不见的手,政府少一点干预,民间会形成自发扩展的良好秩序,不劳驾统治者多操心，你们越折腾，这世道就越乱！

20世纪80年代信奉新自由主义政策的美国总统里根在国情咨文中引用了《道德经》里的一句名言："治大国若烹小鲜。"治理一个多元复杂的大国，最好的方式，就像厨师做一盘油煎小黄鱼，要小心翼翼，不能常常用锅铲去翻腾它。用今天的话说，叫"不折腾"。"折腾"很难翻译成英文，只能音译，但中国人都懂，而"no zheteng"的智慧就是来自老子。

无为而治，第二层意思，是针对百姓的，叫"使民不争"。儒家、墨家以及我以后要讲的法家，都是积极有为之徒，推崇圣人、贤人、能人。但在老子看来，大家都要做出头之人，白热化竞争的结果就是天下大乱。最好的政治秩序，就是"不争"的秩序。

但是，人毕竟有欲望啊，特别是精英人物，还有抑制不住的表现欲。如何个"不争"法？老子出了个阴招："虚其心，实其腹，弱其志，强其骨。"让百姓吃饱喝足，体格健壮，但千万不能让他们有自由思想和独立意志。

人民的温饱问题要解决，但最好让他们无知无欲、没心没肺，老子的治理术就是一套愚民术。"愚"，不一定是"愚蠢"，而是"淳朴"。老百姓知识多了，眼界开了，反而麻烦，让民众保持原始的自然朴素状态，这是国家的大福啊！

你大概要问，这个老子想要的是究竟是什么样的社会？告诉你吧，就是小国寡民的社会。

先秦的各家各派政治思想，除了法家，都是鲁迅笔下的"九斤老太"，觉得这世道一代不如一代，最理想的社会不在将来，而是过去，所以儒、墨、道三家都要复古。

不过，三家虽然都怀恋过去，但心目中的黄金年代是不一样的：孔子最近，要回到有礼乐秩序的西周；墨子想回到大禹时代，因为大禹为了治水，三过家门而不入，有一种"摩顶放踵"的宗教精神；而老子的理想社会呢，恐怕最远，他羡慕的是既没有圣王也没有国家的原始部落社会。

老子的理想社会是这样一个蓝图：老百姓日出而作，日落而息，天高皇帝远，与他没有一毛钱关系。每个人衣食自理，自得其乐。一个个封闭自足的小部落，彼此之间可以听得见鸡犬叫声，但到死都互不串门，不相往来。这就是小国寡民的生活！

按照对百姓的治理方式，老子将统治术分为三个等级。最低的等级是法家式的"畏之侮之"，用法令和权力随意欺负和侮辱百姓，让他们感到恐惧，这是最低级的治理术。其次是儒家式的"亲之誉之"，统治者成为百姓的父母官，民众感激涕零，再三表示感谢国家。好则好矣，在老子看来也未必高明。最高境界的治理术是道家式的"不知有之"，百姓浑然感觉不到统治者的存在，快快乐乐地活在自然有序的原始状态之中。

老子的治理术，在春秋战国时代没有实践的空间，到了秦朝灭亡、汉代开国，终于有了大展宏图的机会，这就是黄老之学的崛起。

西汉初年的黄老之学

所谓的"黄老之学"，"黄"指的是黄帝，"老"指的是老子，合称为"黄老"，它属于老子思想的后代，道家中的一派。黄老之学，其实在战国时期就出现了，只是像儒家一样，没有市场而已。到了西汉初年,终于时来运转,成为刘邦治国的核心法道。

一个学说的流行,有它的自身规律,必须具备适合它的社会政治环境。儒家适合于盛世,庄子走运于乱世,法家在大一统时代交狗屎运,而黄老之学呢,往往兴盛于大乱过后、拨乱反正的王朝初年。

秦始皇采取的是老子最看不起的法家治理术,修长城、摊派徭役、严刑峻法、焚书坑儒,搞得民怨沸腾,揭竿而起,统一中国后不到15年就完蛋了。刘邦是聪明人,他作为底层出身的小官吏,明白不可一世的秦朝垮得这么快,是因为统治者雄心太大,太喜欢折腾了。如今大乱过后,人心思定,不希望新皇朝再有扰民之举。于是刘邦听从萧何的建议,摒弃法家,开始推行黄老之学。

西汉初年的黄老之学,简单地归结为两句话:对内清静无为,对外以柔克刚。其思想源头就是我刚刚讲过的老子的三条治国方针。

如何对内清静无为?首先是减税、减税、再减税!让老百姓有一个喘息的机会,自由去开垦荒地,繁殖人口。经济有自我调节的功能,不过几十年,国家就恢复了元气,迎来繁华的文景之治。

其次,为什么要对外以柔克刚?因为北方有匈奴,秦始皇修了长城也挡不住。为了有一个长久的和平环境,休养生息,汉武帝之前的几代统治者都对强大的匈奴采取低调的韬光养晦策略,主动与他们和亲,将公主送到遥远的草原,嫁给单于。汉朝与匈奴国书往来,即使对方态度傲慢,出言不逊,也是不亢不卑,以柔弱胜刚强。

改革开放40多年了,邓小平当初实行的政策也是黄老之学,对内是小政府大社会,容许农民土地承包,让一部分人先富起来。对外是韬光养晦,不出头,一心一意搞四个现代化。你看,小平同志是很有一点传统智慧的!

帝王的治理术：儒、道、法并用

经过黄老之学的细致调理，到了汉武帝，迎来空前的盛世。于是，继法家、道家之后，轮到儒家的春天了。

儒家、道家和法家这三家治理术，简单地概括，可以说儒家是德治主义，以道德治理天下；法家是物治主义，以物质性的功名利禄逼迫臣民就范；道家是无治主义，统治者无为而治，让社会形成自发的良序。

哪家更好、更高明？当然是仁者见仁，智者见智。不过，你不要以为汉武帝真的是废黜百家，独尊儒术。中国历代统治者，包括汉武帝在内，都精明得很，都是儒、道、法并用，三种治理术兼容并包，灵活运用。

于是形成了几千年中国政治非常诡异的现象，就是"外儒内法"，或者是"外用儒术，内用黄老"。

为什么会出现这样的里外不一？政治的核心问题，一是统治的合法性，二是统治的治理术。合法性，解决政治的权威问题，让民众乖乖地自愿服从统治；治理术，解决政治的权力问题，让国家有能力控制整个社会。

儒学有一套关于政治合法性的成熟理论，什么天道啦、民意啦，以民为本啦，秦始皇不信这个邪，结果二世而亡。汉武帝就聪明多了，最终将儒家接过来，让帝国有了合法性的道德基础。

不过，儒家的治理术比较单薄，德治能够解决政治的权威问题，却无法落实权力的安排。于是，外面要讲儒家，里面还是要暗暗按照法家或者黄老的治理术操盘。三者并用，一个也不能少。

晚清的曾国藩就很懂这一套，为后来许多人所膜拜。他早年刚愎自用，后来几经挫折，终于将儒、道、法玩得炉火纯青。

悟透了儒、道、法，你就懂得什么叫政治，特别是什么叫中国的政治。

进阶思考

儒家、法家和黄老之学，这三种政治智慧如何用在今天的工作和生活中呢？

延伸阅读

许倬云：《从历史看组织》，上海人民出版社，2017年。

第 34 讲

为什么会从共治天下走向君主专制

中国的君主专制不是始于秦始皇,在汉唐两宋一直实行的是士大夫与君主共治天下。

共治局面之所以能实现,是因为士大夫背后有贵族和天命的支撑。

士大夫与君主的共治,并非法治的硬约束,只是伦理的软约束,共治能否实现,取决于强势一方的君主是否开明。人治,是共治的先天性制度缺陷。

前面我为你介绍了西周的封建制，你知道了，封建不等于专制，封建还是反专制的。那么，"周秦之变"以后所建立的秦汉之制，是不是君主专制制度呢？

许多人都会认为，中国的君主专制是从秦始皇开始的，一直到辛亥革命，持续了两千多年。其实这是一个大错觉，是百年前"五四"激进知识分子制造出来的神话。

民国的史学大师钱穆先生对"五四"全盘否定传统就非常不满意，认为我们对传统要怀有"温情"与"敬意"，他写了一部《国史大纲》，提出中国的政治分为两段：前一段是汉唐两宋，是士大夫与君主共治天下；后一段是元明清，才出现真正的君主专制制度。

你大概会很惊奇，中国历史上竟然还有过君主与人家分享天下？是合伙人制，还是委托管理？好了，今天我就要来与你聊一聊汉唐两宋的士大夫与君主共治。

共治是如何形成的

我上一讲讲过，从西周开始，中国政治就是"家天下"，天下江山不是姓刘，就是姓赵，国家的所有权当然是天子的，不容他人来共享合伙。

不过，治理天下是一项专门的技艺。在治理术上，儒家与法家不同，儒家是官治，法家是吏治。"官"与"吏"在中国的差别大了去了，就像西方政治中的"政客"与"官僚"不同一样。"官"

有自己的执政理念，而"吏"只是官僚的工具。所以，儒家的官治需要博雅之学，有一套天理人道，提供合法性价值；而法家的吏治只是治理之术，按照上面交办的，完成职责而已。

秦始皇以为天底下只要皇帝一个人英明伟大就够了，他讨厌有想法的儒家士大夫，喜欢听话、好使唤的法家小吏，秦朝是"以法为教，以吏为师"，将国家法令当作教材，奉衙门小吏作为老师。结果如何？法家的苛政让秦朝二世而亡！

汉朝皇帝一看，明白了，光有行政学那套治理术不够，还得有政治学，解决统治的合法性问题。从汉武帝开始，转向重用儒家。所谓重用，乃是邀请儒家士大夫来共治天下。江山的所有权还是我的，但委托士大夫来管理。

汉武帝本人还是儒家、法家杂用，用董仲舒的儒学，也用桑弘羊的实干。但他设立的五经博士制度是一个大变化：汉初的人才有三教九流，只要能打天下的，都能够拜相入阁；独尊儒术之后，只有通晓经典的儒家士大夫，才有机会往上发展。于是，中国政治特色的文官政府就此诞生。公元前就建立理性的文人政府的，世界上就数中国最早。

什么是"文官政府"？从制度上来说，乃是将朝廷明确一分为二——内朝与外朝。外朝的头儿呢，就是宰相。宰相原来是皇帝的私臣，皇族内部的家事与天下之国事，公私不分，都得由宰相这个大管家来打理。

但汉武帝之后就不一样了，国事与家事分开了。宰相率领文武百官执掌外朝，独立于王室；重大决策由皇帝拍板，政府管理由宰相实施。皇权与相权的划分，有点像现代的企业管理，皇帝是董事长，有用人之权，宰相是总经理，执掌日常事务。宰相的权力很大，君主的命令必须经由宰相的副署方能生效，所以历史上常常有宰相拒绝副署、将皇帝诏书退回的事情发生。

门第与清议

讲到这里，你可能会问：汉唐的皇帝为什么不学学秦始皇，乾纲独断，一人说了算，多么过瘾啊！

告诉你吧，非不欲也，乃不能也！为啥？除了我前面说的治理天下要有专门技艺之外，最重要的是到了东汉末年，世家大族又重新崛起。外朝的背后，有君主奈何不得的门阀势力支撑啊。

你看永嘉南渡以后的东晋，君主是什么？只是各路门阀的共主，做什么事都要先看看贵族们的脸色。比较起君主，宰相就要厉害多了！你一定记得刘禹锡的名句："旧时王谢堂前燕，飞到寻常百姓家。""王谢"，说的就是六朝最有名的两个世家大族：琅琊王氏和陈郡谢氏。"王与马，共天下"，王家竟然与司马皇帝共享天下啊！后来崛起的谢家，也十分了得，决定中原文明命运的淝水大战，就是"风流宰相"谢安一边下棋，一边打赢的。

到了唐代，你不要看唐太宗李世民威风八面，玄武门之变中敢对自己的兄弟下毒手，但他在丞相魏徵的犯颜直谏面前，只能耐着性子，点头称是。为啥？原来李世民所属的关陇门阀，在门第上还不及魏徵背后的靠山——山东的世家大族。再说呢，李氏王朝又是鲜卑族出身，在汉族士大夫面前，天生有自卑感。一个讲究门第的贵族社会里，是没有专制君主的戏份的，你门第低，牛不起来啊。

现在问题来了，到了北宋，贵族势力被削平，皇帝是否可以从此一人说了算呢？也不行。门第衰落了，但另外一种力量，"清议"却兴起了。

所谓"清议"，就是士大夫的舆论。我以前说过，中国古代的政治有双重权威，都代表天命。一重是政治权威，那是属于天之子皇帝的，这叫"政统"。"政统"之外，还有一个"道统"，就是孔夫子所说的"士志于道"的"道"，既是天道，又是人道。

这个"道统"不在皇帝这里，而掌握在儒家士大夫手中。用今天的商业语言，叫"拥有最终解释权"，皇帝的所作所为是否符合天命，不能由皇帝自己说了算，必须由掌控天命解释权的士大夫通过舆论来评点。这就是清议。

我之前为你讲过的宋明理学，将天理与人心打通，给予士大夫极大的底气，用"道统"去抗衡"政统"。因此，宋代士大夫从王安石到司马光，从范仲淹到朱熹，个个都是品格刚正，敢怒敢言，很有一点道德骨气。

另外一面呢，你看北宋的君主，很少有昏君的，大都开明大度，对士大夫礼让三分。这要感谢宋太祖留下的好传统。宋太祖自己是行伍出身，为了防止藩镇割据卷土重来，使了一招，"杯酒释兵权"。既然不用武将，那么只能重用文官，以文官制约武将。

太祖当政的时候，宰相赵普要提拔某个人，太祖不喜欢，拖着不批。赵普不高兴了，批评皇帝说："赏罚分明是古往今来的规矩，岂能以陛下个人好恶来定夺？"太祖还是不理，走开了。赵普急了，追上去，不罢不休。太祖自知理亏，竟然拗不过宰相，只能悻悻然批准。

太祖曾经为宋朝立下一条规矩：不杀大臣和言官。因此，宋代士大夫的气焰是比较嚣张的。据说北宋赫赫有名的包公担任谏官，在皇帝面前屡屡犯颜直谏，讲得慷慨激昂，唾沫星子都飞溅到宋仁宗脸上了，皇帝一边鼓励他继续说，一边偷偷地用袖子将唾沫擦去。

宋朝的君臣，君像一个君，臣像一个臣，大都符合儒家的仁君贤相标准。难怪前几年有一个问题问历史学家：假如时光可以倒流，你愿意生活在哪个朝代？猜猜看答案是什么？大部分历史学家选择的，竟然都是宋代！

共治的先天性缺陷

讲到这里，你可能会问，既然士大夫与君主共治这么好，那么，我们就真的回到宋代行不行？告诉你吧，不要说回不去，即使回去了，这个共治也有天生的大 bug，那是它的致命伤。

这就是共治所赖以存在的社会政治基础，不是法治，而是人治。你一定知道英国《大宪章》，至今已经有八百多年。那是中世纪英国贵族与君主签订的契约，明确规定了双方的权利与义务。《大宪章》后来成为英国不成文宪法的最早源头，它对贵族与君主的共治构成了硬约束。

但是，汉唐两宋的共治，却是软约束。为什么硬不起来？因为是建立在人治的基础上。你不要以为君权与相权之间，是温良恭俭让，和谐共生。不，任何一个朝代，都充满了紧张和斗争。究竟谁说了算，要看士大夫与君主之间的力量对比和意志较量。假如君主意志比较薄弱，掌控不了局面，那么宰相的权力就很大。倒过来，如果人君非常强势，即使有宰相，也接近君主专制了。

有意思的是，虽然内朝和外朝的制度化是汉武帝确立的，但由于汉武帝性格太强势，相权根本不是皇权的对手。皇帝对丞相动不动就训斥谩骂，甚至处死。公孙弘之后的六位丞相里，有三位获罪自杀，两位下大牢死去，以至于有一位叫公孙贺的将军，前方与匈奴打仗非常勇敢，但被汉武帝任命为丞相时，却吓得号啕大哭！

讲到这里，你一定明白了，共治好则好矣，却是建立在人治的沙滩上。皇权与相权之间，不是现代的法权关系，而只是君臣的伦理关系，主动权始终在皇权一方。士大夫之于君主，只有伦理的软约束，缺少的正是法权的硬约束。政治是否开明，依然要拜托偶然性——老天爷给天下赏赐一个好皇帝。

这就是人治之下中国政治的悲哀，哪怕有士大夫与君主共治，也克服不了这个先天的制度性缺陷。而按照君主制的自身逻辑，只要没有足够的力量制约，它总是要往独裁专制的不归路上发展。下一讲，我再来为你讲述为何"崖山之后无中国"，君主专制在中国是如何出现的。

进阶思考

为什么汉唐两宋能维持士大夫与君主共治的局面？

延伸阅读

宫崎市定：《宫崎市定中国史》，浙江人民出版社，2015年。

第 35 讲

为什么说"崖山之后无中国"

"宋元之变"终结了汉唐两宋的士大夫与君主共治天下,开启了中国历史上绝对的君主专制制度。

绝对的君主专制由元朝统治者从草原带来,到了明代,由朱元璋正式制度化,其重要标志是废除宰相,外朝直接隶属于皇帝。

黄宗羲认为明朝灭亡坏在绝对的王权专制:"为天下之大害者,君而已矣。"他的"公天下"思想,与现代的民权观念非常接近了。

有一句非常流行的话，叫"崖山之后无中国"。崖山一战，南宋的残兵被蒙古大军全部歼灭，因此很多人认为，中国文化从此断绝。这个说法当然见仁见智。但是，如果换一种角度，上一讲我介绍的士大夫与君主共治天下的局面确实就此终结，那么，"无中国"这个说法就成立了。

为什么呢？因为崖山一战，发生了一场"宋元之变"。我之前提到中国历史上有两次政治巨变，第一个是从封建制转变为郡县制的"周秦之变"，第二个便是从士大夫与君主的共治蜕化为绝对君主专制的"宋元之变"。

或许你会问了，君主专制，秦始皇、汉武帝不也很厉害吗？不错，但这仅仅是他们意志独断的缘故。在汉唐两宋，君主专制远远没有被制度化，还有明确的外朝与内朝的区分，宰相可以平衡君主的权力，可以说只是"相对的君主专制"。而到了元代，"绝对的君主专制"出现了。那是谁带来的呢？又是如何被制度化的呢？

好了，现在我就给你细细聊一聊。

宋元之变

在政治上，华夏汉文化奉儒家为正统，从孔孟开始就有一套完整的执政为民的王道。民意代表天意，而士大夫呢，又代表了民意，所以，统治者不得不尊重读书人。

但是，来自蒙古大草原的成吉思汗以及他的子孙们，骁勇有余，文明不足。他们马上得天下，也以暴力治天下。一代中国史研究大家宫崎市定说，蒙古人最初过着游牧生活，没有足够的食品，即便通过征服建立了庞大帝国，政治上仍是狩猎者的理论，被征服的土地与人民不过是狩猎而得到的战利品。也就是说，人民只是征服者的私有物，没有任何发言权。

元代在政治上实行严格的族群等级制度。蒙古人、中亚来的波斯人、阿拉伯人都是可靠放心的统治阶级；而北方的汉人——更不用说南方的汉人——即使做官，也不得担任正职，至于宰相大臣更是轮不上了。元代的皇帝是草原上说一不二的草原共主大可汗，是丛林世界的狮子王，卧榻之旁决不容他人酣睡，哪里还容许有士大夫与大可汗共治天下？想得美，没门儿！

不过，蒙古人心思和做事太粗糙，开创了绝对的君主专制，却不懂得如何将它制度化。真正让它变成一套祖宗之法的，是继之而起的明朝。你不要看明朝回到汉人当皇帝的时代，朱元璋却深深地中了游牧民族大可汗的独裁之毒。朱元璋在军事上北伐成功，但他的灵魂却被元朝南伐了。为什么？因为这位来自社会底层的流氓皇帝，没有读过多少儒家经典，倒是在蒙古人的统治下耳濡目染，学会了许多残暴地对待读书人、折磨士大夫的君王之术。

本来，以儒家为核心的中原文化有"天下意识"，并没有"江山意识"。天下，是天下人之天下也，非一家一姓之皇族所独有。但自从朱元璋以后，只有朝廷之小江山，再无"天下人之天下"，即使有的话，也蜕变为家天下、皇天下、朱家人的小天下。

朱元璋做的最大一件事，是将宰相制度给废了，"永不设相"！这可是中国政治史上惊天动地的大事变啊！为啥？你想，士大夫能够与君主共治天下，制度上靠的就是执行总经理职责的相权。如今，宰相没有了，六部尚书直接向皇帝报告、对君主负责。士大夫文官组成的外朝，从此再也没有了与君权相平衡的相权。皇帝既是国家领袖，又是政府首脑，集权威与权力、董事长与总经理于一身！

君主独裁之下，制度就形同虚设，全看人。皇帝有雄才大略、超强的权力意志，就稳得住局面，做得了大事。刚愎自用的独裁者，既能大善，亦能大恶，大善大恶，全在其一念之间。你说可怕不可怕？

士大夫与君权

你知道吗，从汉唐到宋明，士大夫与君权的关系，一直呈下降的趋势。为啥？这只要从君臣见面时所行之礼就可以看明白了。

汉代的丞相面见君主，皇帝必须起身相迎。唐代的三省长官去见君主，皇帝还能招呼：请坐赏茶！君臣在一起坐而论道。到了宋代，宰相在君主面前，只能毕恭毕敬站在那里，叫"立奏"。明朝呢，从首辅到文武百官觐见皇上，就要行三跪九拜之礼了。你看，士大夫在王权面前的尊严，真是江河日下，一溃千里。

不要说尊严，这些朝廷命官连自己的性命都捏在皇帝的手上，生死未卜。宋太祖曾经定下"不杀大臣"的祖训，所以宋代的士大夫比较有安全感，活得体面。到了明朝，流氓出身的朱元璋延续元代的蛮夷作风，将读书人视为奴才和家畜，稍不满意，便在大庭广众之下，剥掉臣下的裤子，打得血肉横飞，当场打死的也不在少数！官僚们清晨出门上朝，惶惶不可终日，到了傍晚出衙门，就要互相庆贺：又多活了一天。

在宫廷里当众剥裤子痛打，这叫"廷杖"，在中原王朝的家法中原来是很少用的，那是游牧民族传来的野蛮陋习。

明太祖和永乐帝为什么要用廷杖来对付士大夫？朱元璋要灭的不是读书人的肉身，而是孔夫子留给他们的尊严，肉体的惩罚还在其次，要害在精神上羞辱士大夫，让他们意识到自己只是朱家奴才之命。

皇帝这么厉害，是否明朝的士大夫都给吓趴了呢？错了。你一定还记得我之前讲过，到了明朝，儒学发展出王阳明的良知说，这给士大夫们很大的精神鼓舞：我心即代表世界，我不入地狱，谁入地狱？

明朝士林当中，竟然形成了这样一种风气：谁给皇帝提意见，提得越尖锐，名气就越大，如果因此而受到廷杖，那就是流芳百世。于是前赴后继，一个倒下，另一个又站出来。万历年间有一个谏官叫邹元标，被称为东林党的"三杰"之一，向皇帝提意见，两次上疏被廷杖，被打得皮开肉绽，死去活来，因此而青史留名。

当然，最出名的莫过于你也很熟悉的海瑞了。海瑞在奏疏中批评皇上虚荣、自私、多疑，气得嘉靖皇帝大声喝令："抓住这个人，不要让他跑了！"一边的宦官不慌不忙地跪奏道："万岁不必动怒，这个海瑞向有痴名，听说他已自知必死无疑，他在上奏之前，已经买好一口棺材，召集家人诀别，仆从早已吓得统统逃散，这个人是不会逃跑的。"嘉靖最后命锦衣卫将海瑞抓入死牢，差点杀了他。

公天下与私天下

由元代开创、被明朝制度化了的绝对君主专制,后来又被清朝继承下来,康熙、嘉庆、乾隆,直到慈禧太后,一个比一个厉害,达到君主专制的顶峰。讲到这里,你一定明白了,原来这个最坏的中国政治遗产,思想上是法家的,制度上是元明清的。

不过,如今也有一些学者有另外的看法,说治理像古代中国这样一个超大规模的国家,需要有君主的绝对权威,否则天下就乱了,天朝的治理就没有效率了。甚至有人说,君主制是天然的制度,而像禅让啊、民主啊,倒是人为的制度。

这些说法对不对呢?当然你可以自行判断。我们讲历史的,不妨回到历史,看看明朝的知识分子如何来看君主专制制度。

明末清初,浙江有一个大儒叫黄宗羲,他深刻检讨了明朝灭亡的历史教训,说坏就坏在绝对的王权专制:"为天下之大害者,君而已矣。"为啥?他说,"古者以天下为主,君为客","今者以君为主,天下为客"。那个时候黄宗羲还无法想象民主这回事,只能以尧舜时代的"公天下"理想来批判君主制的"私天下",他说,天下乃天下人之天下,岂能让一家一姓之小王朝私有独占!

黄宗羲写的《明夷待访录》当年可是一本禁书,只能藏之名山,等到两百多年之后的清末才大放异彩。梁启超惊呼,黄宗羲的"公天下"思想,不就是现代的民权观念吗?《明夷待访录》竟然比卢梭的《民约论》早了数十年,实在是人类文化的高贵遗产啊!

历史真是一场吊诡,假如君主制没有发展到元明清的绝对专制,大概就没有辛亥革命了,或者即使有革命,也可能出现英国式的虚君共和，或者日本式的君主立宪，20世纪的中国历史从此将改写。不过呢，历史是没有假如的，我们只能以历史分析历史。好了，讲完了中国的君主制的三个阶段，下一讲我将为你整体分析中国的传统政治。

进阶思考

有一些学者认为，治理像古代中国这样一个超大规模的国家，需要有君主的绝对权威，否则天下就乱了，国家的治理就没有效率了。你怎么看呢？

延伸阅读

朱永嘉:《明代政治制度的源流与得失》，中国长安出版社，2015年。

第 36 讲

传统中国政治的短板在哪里

一个好的政治制度,有三条标准:能否有效赋予权力以政治合法性?能否有效限制权力的滥用?能否有效实现权力的和平更替?儒家为核心的古代政治,在第一点是强项,在第二点是弱项,在第三点是不及格。

中国的传统政治,只有治道,没有政道。徒有一套美妙的王道理论,以及如何治理天下的治理术,但缺乏刚性的国家宪制架构。无法有效地限制君主的权力,无法以和平稳定的程序实现统治者的权力更替,以致两千多年来中国一直处于治乱循环之中。

前面几讲，我为你讲解了中国的政治制度是如何从西周的封建制演变到汉唐两宋的共治制，最后蜕变为元明清的绝对王权制的。今天我继续与你一起讨论：传统中国政治既有儒家的政治合法性理论，又有法家和黄老之学的治理术，但三千年的中国历史为什么总在上演一出又一出的治乱循环？传统的中国政治，究竟短板在哪里？

三条有效性标准

衡量一个政治制度好不好，以制度要达成的目标来衡量的话，比较困难，因为不同的政治制度有不同的价值目标，相互之间不可通约。因为不同的价值之间难以通约。

不过，一个好的政治制度，能以"有效性"这一中性价值来定三条评估的标准：第一，能否有效地赋予权力以政治合法性？第二，能否有效地限制权力的滥用？第三，能否有效地实现权力的和平更替？

以这三条"有效性"来衡量，告诉你吧，以儒家为核心的古代政治制度，在赋予权力合法性的第一条是强项，在限制权力的第二条是弱项，而在第三项权力的和平更替方面则为不及格！

先看第一条。儒家的政治思想——奉天承运，以民为本——这都为中华帝国历代统治者提供了丰富的合法性资源。不管皇帝如何喜欢法家与黄老的阴阳治理术，儒家的这套王道政治是不能不挂在嘴边,要年年讲、月月讲、天天讲的。中国很早就诞生了一套系统的政治合法性思想,这在世界各大轴心文明之中,也是非常突出的。

不过,思想能否落实为制度,理论能否转变为现实,关键是看第二条,能否有效限制权力这个"必要的恶",将老虎关在笼子里。儒家政治用的是什么办法呢?一个是借助中国政治特有的双重权威,以士大夫的舆论来解释天命,监督君主;另一个是在体制上共治天下,以相权平衡皇权。问题就在于,你对权力是限制得住,还是限制不住?

在传统中国政治里,有一个值得注意的现象,政治的主体始终是天之子君主,士大夫只是治者。他并不是像古希腊公民那样,以政治主体的身份参与政治,而只是以治者的身份与君主共治天下。政治主体可以赋予统治者权力的合法性,但治理者,对不起,只是被邀请参政议政的客人而已。

在共治格局当中,因为没有成文或不成文的宪法,所以共治不是契约性的法权制度,只是儒家的礼教关系,君臣之间虽然各守本份、各尽其职,但在中国的双重权威里,皇权是硬权威,士大夫是软权威。士大夫是否可以发挥文人政府的效用,最终还是要看皇帝的脸色。

法治型的制度对皇权是硬约束,而礼治型的制度对皇权只能是软约束。无论是家法,还是国法,究竟灵不灵,一切只能取决于皇帝本人的道德品质。中国政治的清明,最终总是要落实到圣君贤相。但是,圣君找贤相容易,贤相找圣君很难。为什么?君是主动方,相是被动方。君圣,可以找到贤相当政;而贤相呢,可没有能力让君变得开明啊。

现在，你应该明白了，即使有了共治，士大夫依然无法从制度上限制皇权，而按照权力的自身逻辑，皇权总是有一种自我膨胀的内在性。从共治蜕变为绝对的君主专制，蒙古人入侵只是外因，其真实的内因，乃是一旦缺乏硬约束，限制不住君权，就必然走向独裁。

最高权力的更替危机

传统中国政治最大的短板，是第三条：无法有效地实现权力的和平更替。

你去读二十四史，每个朝代围绕着王位的争夺，太子之间、太后妃子、外戚宦官，彼此钩心斗角、结党营私，一场场血腥的宫廷剧不要太多！弟弟杀兄长，皇帝杀亲儿子，母后被斩首，到处都是杀杀杀！一代枭雄在位的时候，天下都称颂君主纲常独断的好处。等到每一次王位转移，都会伴随着一场严重的权力恶斗，都有几颗脑袋落地，甚至整个家族满门抄斩。

为了防止皇太子们争抢王位，中原王朝有长子继承皇位的传统。长子继承固然稳定，第一、二代君主自然能力非同一般；但进入太平盛世之后，太子们养在东宫，一堵高墙将他们与社会隔离，终日与宦官为伴，再加上基因的衰退，强人之后再无强人。

假如是汉唐两宋的君主与士大夫共治天下，君主平庸一点并不要紧，但是明代宰相废除以后，所有权力集中于一人手中，那些在深宫中长大、不经人间风雨的平庸后代，哪里能把握得住？

做独裁的君主其实是很辛苦的。天未亮时，五更时分，便要上朝，接受文武百官觐见。公文如山如海，终日批阅，如同没有尽头的苦役。明朝中后期的很多位皇帝，对朝政既无兴趣，也吃不起苦。幸好皇帝有自己的秘书班子，有内阁帮他拟旨。皇帝连公文也懒得看的，也不要紧，有身边的太监代他画圈。久而久之，皇帝的权力旁落，王朝大政都落到内阁首辅和大太监手中。

到明朝末年，之所以阉党如此嚣张，就是因为熹宗根本不是当皇帝的料，他最喜欢的，你猜是什么？与法国大革命中的断头君主路易十六的癖好相似，他喜欢干木匠活儿！于是他将朝政大权交给目不识丁的宦官魏忠贤，阉党以皇帝之名控制东厂和锦衣卫，对正直的士大夫和政敌大加整肃。你假如看过电影《绣春刀》，对此一定深有感受。到了崇祯皇帝接位，除去魏忠贤，亲自理政，试图力挽狂澜于既倒，但为时已晚，最后同皇后一起在紫禁城后面的景山上吊自杀。

朱元璋立下规矩，将权力集中于一人之手，试图千秋万代，让天下江山都姓朱。最后还是克服不了最高权力更替的危机，阻挡不了皇族基因退化的自然规律。

著名的新儒家代表人物牟宗三曾很感慨地说，自尧舜之后，中国政治在最高权力的更替上，总是发生周期性的动荡。传统政治的权力更替，只有三个途径：世袭、禅让和革命，其中任何一个都不像民主制度那样稳定有序，都充满了种种非制度化的不确定性，弥漫着阴谋、暴力和血腥。天命无常，制度无序，在太平盛世期望圣君贤相的道德人格，乱世的时候，又纵容天下豪杰以革命的名义打天下、争天下。于是几千年的中国历史，陷入一治一乱、治乱交替的无尽循环之中，令人扼腕！

只有治道，没有政道

古代中国的政治制度是一种以人治和道德为核心的礼治型制度，它的所有良好目标和设置，最终所依靠的不是刚性的制度，而是君主与宰相、内朝与外朝之间的伦理互动。人事变了，一切都会改变。钱穆先生虽然对中国历史充满温情和敬意，但连他也认为，如果说古代中国政治有好的一面，也只是人事好，并没有立下好的制度。

根本的问题出在哪里呢？牟宗三先生有一个"政道"与"治道"的理论。所谓"政道"，是一个国家政治制度的宪制架构，而"治道"呢，则是具体的治理天下的体制。牟宗三提出一个石破天惊的结论，说中国传统政治只有治道，而没有政道！

如何理解呢？儒家的确有一套非常美妙的王道政治，一套形而上的乌托邦理想，但是它无法形而下，产生一套相应的宪制架构。即所谓的政道，这玩意儿西方有，中国没有。一讲到古代中国的政治，只有具体的治道，也就是所谓的圣君贤相，由好人或能人出来做官，以及如何德法兼备，礼刑并重，治理天下与百姓。但在国家根本制度的设置上，始终没有办法。

虽然古代中国有"天下为公""选贤与能"的传统，但不要以为这就是民主，错了，这只是治权之民主，而不是政权的民主。治权的民主仅仅与如何治理有关。而政权的民主呢，则意味着统治者的更替必须按照一定的程序选举产生。

那么，是否古代的政治制度一无是处，没有一点好传统呢？下一讲，我来继续为你讲解中国的精英选拔制度。

进阶思考

牟宗三提出的"中国古代政治只有治道，没有政道"的观点，有没有道理？

延伸阅读

黄仁宇：《万历十五年》，中华书局，2006年。

第 37 讲

究竟是察举制好还是科举制好

中国历史上有三种精英选拔制度：汉代的察举制，魏晋南北朝的九品中正制，始于隋唐、成熟于宋代的科举制。

察举制是看德性取人，九品中正制是看出身取人，科举制是看卷面取人。

精英选拔制度存在着实质合理性与形式合理性的内在紧张和冲突。察举制实质合理却形式不合理，科举制形式合理却实质不合理。

上一讲我为你分析了古代中国政治的短板,大概你有点不服气,难道我们的制度传统中就没有留下一些好东西吗?

现在我来告诉你:有!事实上,之前已经提到好几个正能量的政治传统,比如道统与政统的双重权威、士大夫与君主共治天下、来自民间的清议等等。这一讲呢,我要重点为你聊一聊中国的精英选拔制度。

孙中山先生提出过一个"五权宪法"建国方案,除了立法院、行政院、司法院三权分立之外,还补充了中国的两个好传统:监察院和考试院。监察制度来自古代设立的谏官和御史制度,谏官专门向皇帝提意见,御史针对文武百官。而考试院呢,就是受到古代精英选拔制度的启发了。

中国的精英选拔制度,有三个大的历史阶段。第一个是汉代的察举制,第二个是魏晋南北朝的九品中正制,第三个是始于隋唐、成熟于北宋、延续到晚清的科举制。

简单地说,察举制是看德性取人,九品中正制是看出身取人,科举制是看卷面取人。

现在的问题来了:这三种精英选拔制度,哪一个更好?你想想,如今大学的入学考试也有两种形式,一种是美国式的全面衡量考生的综合考查制,另一种是中国式的分数面前人人平等的应试制。前一种类似传统的察举,后一种类似传统的科举,那么,哪一种考试制度更为合理?让我们回到历史,一起来思考一下。

汉代的察举制

世界上很多国家在古代不是军人政治，就是贵族政治，当官的要么是有显赫军功的武将，要么是出身于世袭贵族的名门之后。唯独中国在两千多年前就确立了一套理性化的文官政治，这是中国文化的一大骄傲。欧洲是要到近代才有的文官制度呢。

汉武帝之后，士大夫与君主共治天下，那么，帮助君主治理天下的士大夫官僚哪里来？通过察举制。

所谓"察举"，就是地方官将民间口碑好、有道德、有才干的精英推荐给朝廷。察举的名目还不少，什么贤良啦、孝廉啦、茂才啦，反正朝廷需要什么样的人才，就立一个科目，要求下面将相应的人才推荐上来，到当时的国立大学"太学"学习儒家经典，成为五经博士。然后下放到地方历练几年，其中优秀的，再次推荐上来担任朝廷命官。

现在问题来了：为什么汉代选拔人才搞的是察举制度，而不是后来的科举制度？

要回答这个问题，就要回到我在之前谈到的封建与郡县的关系。你记得吗，我提到顾炎武有一个很精彩的观点："寓封建之意于郡县之中。"其实呢，汉朝就是将封建寄生于郡县的典范。为啥？你想想，汉朝继承了秦朝的郡县制，但刘邦打下江山之后，又大封同姓王和异姓王，虽然后来地方诸侯被文景两代帝王铲平，但地方官仍然相当有权力，只是不能世袭而已，而且还有民间选举产生的地方精英，称为"乡县三老"。

我以前说过，大一统帝国最头痛的问题是中央与地方的关系，汉代的央地关系是历代解决得最好的,中央有权力,地方也有活力。

既然汉朝的政治重心在地方,那么选拔人才的方式自然不会像我下面就要讲的科举制那样由上而下,而一定是由下而上,让地方官来推荐人才。

但问题又来了,地方官凭什么标准推荐人才?任人唯亲行不行?不行。地方官是伯乐,但千里马的标准不是他说了算,而是由民间的舆论说了算。当年想象不出民主制度,当然无法票选,只能由乡间德高望重之辈来评点推荐,所以察举制又叫"乡举里选",基层的乡官权力很大,他们可以将民间评价最高的优秀人才推荐上去。

你可能要问,既然察举制度这么好,为什么到了东汉末年,就搞不下去,变成九品中正制了呢?你想想,选拔精英既然不是由上面说了算,而是由民间舆论说了算,那么,民间被谁把持?当然不会是平头百姓,而是那些地方精英。这样,等到王家、谢家这些世家大族崛起,他们就垄断了精英的选拔权。于是到了魏晋南北朝,官场成为豪族的天下,谁能往上流动,不是看德性和能力,而是家庭出身,于是形成"上品无寒门、下品无豪族"的阶层固态化格局。

唐宋之后的科举制

在魏晋南北朝,那些世家大族气焰之嚣张啊,君主不过是他们的共主而已,即使到了隋文帝、唐太宗统一天下,官场里出没的仍然是那些富家子弟。

皇帝要树立自己的权威,没有自己人是不行的。于是,在九品中正制之外,要搞一个新的人才选拔制度,这就是科举制,不是看出身，而是看谁的诗文写得好，谁就能平步青云。

不过，唐朝的贵族还是很强大，精英阶层分为两派，一个是门第高贵的士族，另一个是平民出身的庶族。唐代政治里有牛党、李党之争，牛党代表平民，李党都是贵族，两派斗得不亦乐乎。

士族掌握文化的话语权，看不起平民出身的科举人才：哼，你们这帮文人，只会吟诗作文，哪里懂得治国安邦！白居易诗词写得好，名气很大，唐代科举后来也考诗词，他中了进士之后，通过另一位大诗人刘禹锡将诗词呈送给宰相李德裕。李德裕的家族世代为官，父亲也是宰相，很蔑视这些科举出身的文人，白居易的诗词李宰相都不屑看上一眼！

科举制的成熟，要到宋代以后。为啥？原因很简单，乃是贵族门阀彻底解体，皇帝打败了最大的敌人即贵族，终于可以集中大权，按照自己的标准选拔精英。唐代原先有两个跑道通向官场，一个是门第，另一个是科举。如今门第的通道关闭，只剩下科举一途。

这样，大批布衣出身的底层精英通过考试进入官场。他们与过去那些有显赫家世的贵族精英不同，不敢在王权面前过于嚣张。平民士大夫往好处说是淳朴，往坏处说则是乖巧，这种底气不足的官僚精英，君主最喜欢用。为什么？听话，脑子拎得清，只要有利益给他，他都乖乖地服从。

为了防止有人营私舞弊，宋代以后的科举考试变得严格规范，考卷面前人人平等，形式化的应试标准建立起来。后来索性形成一套僵硬死板的考试模式，在内容上考的是朱熹作注的四书，在形式上是讲究破题、起讲、入手、束股之类的八股文。

形式合理的应试标准，未必实质也是合理的，它可以防止滥竽充数的庸才浑水摸鱼，但真正有想法、有个性的人才，也很容易被阻挡在门外。

实质合理性与形式合理性

好了，现在让我们回到一开始提出的问题，究竟是全面考察综合素质的察举制好呢，还是以一张考卷定终身的科举制好？

简单地说，同样是精英选拔制度，察举制是一种实质合理性的机制，而科举制呢，则是一种形式合理性的机制。世界上的麻烦在于好事不能两全，实质合理的未必就是形式合理，而形式合理的往往难以实质合理。

为什么这样说？

先看察举制。察举制从道德素养、知识水平和治理能力三个方面综合考量人才，还特别重视乡间舆论对他的评价，这当然很好。问题出在察举制缺乏一个客观化的标准，是真人才还是假冒货，完全取决于地方官的主观意志：是否真的有伯乐的眼光？是否能够秉公无私？察举制对主持选拔的官员道德要求很高，一旦官场风气腐败，察举制是缺乏一套制度的硬约束来防止徇私舞弊的。

由此，你也不难理解，为什么到了东汉末年，察举制会慢慢蜕变为九品中正制了。假如你没有强硬的后台，或者家族势力不显赫，你上不去啊，入不了地方官的法眼啊！

科举制的好处呢，就是有一套相对刚性的评价体制，试卷上考生的名字都是糊住的，甚至还要雇人重抄一遍，让考官看不出笔迹。这样，不管你有没有背景，只要题答得好，就有改变命运、平步青云的机会。

果然，到了明清时期，科举场上的成功者有将近一半都是布衣出身，三代以上没有功名的。科举制度，解决了一个政治稳定的大问题，就是社会流动。不管底层社会对现实有多少不满，对官家有多少仇恨，只要平民精英还有机会往上流动，哪怕千军万马过独木桥，他们也不会造反，只想着一条路——年年岁岁考科举，金榜题名登龙门啊！

不过，科举的形式合理性，却是以牺牲实质的合理性为代价的。那些拼命读书的考生们，感兴趣的不是知识和道德，而是书中自有千钟粟、黄金屋和颜如玉。所以，不少大儒都痛心疾首，感叹科举败坏风气，功名场上出不了人才。要培养出既有博雅知识、又有高尚德性的纯正儒生，必须另辟蹊径办书院。有意思的是，就在科举制成熟的宋明两朝，也是书院最发达的时代。

讲到这里，你大概已经发现，形式合理性与实质合理性是冲突的，究竟察举制好，还是科举制好，这是一个永恒的悖论。这也是今天中国高考制度改革的难题所在：优先要解决的，究竟是政治稳定所需要的社会流动问题呢，还是按照教育自身的规律，选拔具有综合素质的真正人才？

进阶思考

形式合理与实质合理在很多时候都是冲突的。以如今的一些现实问题为例，试想一下，如何制定一套合理的选拔标准？

延伸阅读

钱穆：《中国历代政治得失》，生活·读书·新知三联书店，2001年。

戊部

中国文化的社会结构

皇权不下乡。那么，中国社会底层究竟如何运作？谁拥有毛细血管的微观权力？社会的人际关系，又按照什么样的规则运行？

拥有毛细血管微观权力的，是家族、士绅、商人和江湖这四大社会。了解了中国社会的这四大支柱，就洞晓了中国底层的所有秘密。

费孝通先生说，中国社会是一个以自我为中心的差序格局。以自我为中心，一层层拓展开去，每一层遵循的规则是不一样的。在家族的血缘关系之中，是"亲亲"；在同乡的地缘关系之中，是士绅权威为主导的"贤贤"；在异乡的陌生人关系中，是江湖社会的"义气"。

第 38 讲

中国社会讲人情还是讲信用

中国与西方不同,没有固态化的世袭阶级,只有流动的、开放的社会阶层;没有绝对的阶级区隔,但有文化的流品不同。古代中国社会是一个"流动的等级社会"。

中国既不是个人为本位,也不是以家族为本位,而是以伦理为本位。传统的五伦关系,都是特殊的伦理,缺乏普遍的伦理。

陌生人社会讲信用,熟人社会讲人情。中国社会面临着从人情到信用、从关系到契约的历史转型。

一个国家的基本框架中,政治是上层结构,而底层结构呢,就是社会。讲完了中国的政治,从这一讲开始,我就要为你讲解中国的社会结构了。

中国究竟是一个什么样的社会?个人主义的,还是集体主义的?中国的社会当中,有些什么样的权势集团?他们与国家的关系究竟如何?中国人按照什么样的规则互相来往,形成血缘、地缘和信缘共同体?

不识庐山真面目,只缘身在此山中。好了,现在就让我们一起来探究中国社会的庐山真面目吧!

阶级斗争?还是职业分途?

我们的古代中国,究竟是一个什么样的社会?20世纪中国的大儒梁漱溟,曾经有过八个字的概括:职业分途、伦理本位。

先讲职业分途。

过去讲中国历史,总是说阶级斗争是历史发展的动力,推动古代社会进步的,是农民阶级与地主阶级的阶级斗争。那么,什么是阶级呢?

按照马克思的经典定义,阶级是一个政治经济学的概念,指的是在所有制关系中,因为占有生产资料的不同而形成的社会经济集团。梁漱溟在抗战爆发的第二年来到延安,在窑洞里两次与毛泽东通宵长谈,争论中国究竟有没有阶级。

梁漱溟说，中国哪里有什么阶级！中国与欧洲不一样，土地是可以自由买卖的，科举是对所有人开放的。不像欧洲的贵族与平民都是世袭的身份，中国人的社会身份是自由流动的，没有永远的地主贵族，也没有永远的农民工人。士农工商这四大社会阶层，不是固化的阶级，只是职业的不同！

在这里，我们姑且不来讨论士农工商究竟是阶级还是职业，只是要清楚一点的是，古代中国的确没有欧洲、印度、日本那样世袭的阶级或者种姓，社会的上下之间、贫富之间和贵贱之间，没有绝对的阶级，只有相对的阶层。阶层是开放的、流动的。

大史学家钱穆也有一个很值得注意的看法，他说，中国没有阶级，只有流品。"阶级"是一个政治经济学概念，而"流品"是一个文化概念。他的意思是说，虽然从经济与政治的角度来说，中国没有固态化的世袭阶级，但是各个社会阶层都有自己独特的文化品位，这就叫"流品"。中国是按照文化品位来实现社会分层的！

你想想，文人士大夫身穿长衫、举止文雅，整天之乎者也，与赤脚在田里干农活的农民在文化气质上自然格格不入。鲁迅说《红楼梦》里的焦大绝不会爱上林妹妹，中国人的男婚女嫁很讲究门当户对，最重要的不是看对方与自己是否同一个阶级，而是能否气味相投，有共同的文化流品。你可能也有体会，在日常生活当中，有时候你讨厌一个人，未必他与你的利益有什么冲突，只是他的谈吐、他的做派你看不惯！

文化流品当然有高下之分，这就形成了中国社会的阶层区隔。由此你也可以明白，在中国是不是一个贵族，未必决定于你有多少钱，那叫暴发户，不是贵族。所谓贵族，最重要的是有贵族的精神气质，主要看气质！

中国的各个社会阶层不是世袭的，而是流动的，同时又仍然按照流品的高下，分为不同的等级，因此就形成了我所说的"流动的等级社会"。它与世袭的阶级社会相比，有一大缺点。

世袭的阶级社会，虽然平民与贵族之间有一道不可逾越的界限，倒也带来一个好处，每个阶级有自己的名分，有各自的责任义务，只要将自己名分之内的事做好了，哪怕是平民，同样可以得到贵族的尊重。你看英国连续剧《唐顿庄园》中的管家、仆人，个个有自尊，伯爵大人对他们也客客气气。

但在中国这个"流动的等级社会"里，人人都有机会往上爬，因此让人不安分，变着法儿要改变命运，成为人上人。于是，造成这样一个局面：普遍地对上没有尊严，对下缺乏尊重。你要赢取更多尊严，就要拼命往上流动，科举又提供了上下流动的制度性条件。

这种"流动的等级社会"，会造成某种变态的人格，对上的献媚屈辱要靠对下的轻蔑傲慢来补偿。对上越是自卑，对下越是自大，反过来也是如此。

伦理本位与人情关系

接下来我们来讨论伦理本位。

过去有一个说法，说欧洲是以个人为本位的社会，传统中国是以集体为本位的社会，中国社会的现代化，就是要从集体本位转型到个人本位。这个说法，其实是不靠谱的。

为什么？英国有一位大思想家迈克尔·欧克肖特，提出一个重要的观点,说即使对于欧洲,个人本位与集体本位也都是近代的现象。新教改革之后,个人主义出现了,但集体主义是对个人主义的一种反弹,最典型的形态是希特勒时代的德国和斯大林时代的苏联,那才叫以集体为本位的极权社会。

中世纪的欧洲是以上帝为本位,那么传统中国以什么为本位呢?梁漱溟说得非常好,既不是以个人,也不是以集体,而是以伦理为本位。

在中国文化系统当中,人是一种关系的存在,每个人都要对别人尽道德义务,这就是伦理。中国与日本虽然都是东方社会,但中国人与日本人对伦理的理解是不一样的。中国的伦理是特殊主义的,日本的伦理是普遍主义的。

这怎么理解呢?以家族伦理为例子吧,日本人讲到家族伦理的时候,是对家族的整体即家族的每个成员尽道德义务,这是普遍主义的伦理。但中国的家族伦理却是特殊主义的,你对家族内部的各个成员,根据你与他关系的亲疏,有着不同的道德义务。你看,儒家的五伦,即君臣、父子、兄弟、夫妇和朋友这五种伦理关系,都是个别对个别,不像日本那样有一个对家族整体的普遍伦理。由此形成一个以自我为中心的"差序格局"。关于这一点,我在后面聊到中国家族制度的时候,再为你详细分析。

人情泛滥,信用匮乏

伦理本位,实际上就是关系本位。是个人最重要,还是集体更重要?对不起,在中国文化里,关系最重要。身为一个中国人,在这个文化系统里耳濡目染,自然而然会明白对待不同的人,应该以什么方式相处。与不同的人的相处方式,都是特殊主义的,这是习惯了普遍主义伦理的西洋人和东洋人——比如他(她)成了中国人的女婿或者媳妇——永远闹不清楚的。

中国文化,也可以说是关系文化。你猜猜看,关系当中最核心的原则是什么?信用?信用是陌生人社会的联系纽带,而中国是一个熟人社会,熟人社会靠的不是信用,而是人情。人情是关系文化的中轴,是人与人之间交往的润滑剂。

假如你问国人一个问题:发生麻烦事儿的时候,你第一个想到的,是找关系,还是找律师?绝大部分国人的第一反应必定是:肯定找关系啦!找律师,是契约社会的正常反应,可以通过法治的保障,维护自己的权益,寻求公正的解决。而找关系呢,是人情社会的第一反应,首先想到的是通过熟人的关系网络,找到一个有权势的陌生人,将他发展为自己的熟人,然后通过他以及他的熟人将麻烦事儿搞定。

于是,从古代开始,中国就是一个"无讼的文化",发生了与官家法律有关的诉讼,总是不好的事儿,最好是通过熟人关系私下了结,哪怕私了的成本要比打一场官司高得多。

为什么宁愿高成本的私了,也不愿低成本的公了?且不说公了能否了断,最重要的,是每一次私了都不会伤和气、结冤家,反过来还可能扩大自己的熟人圈子,将自己的关系网络铺得更大更远。于是,"世事洞明皆学问,人情练达即文章",拉关系,对中国人来说,便成了一门人生的必修课。

人情与信用,都是一种稀缺的社会资本。当代世界上最红的政治学大家福山，曾经写过一本书《信任》，指出在中国文化当中，最稀缺的社会资本，不是人情，而是陌生人之间的信用。中国为什么会是一个人情泛滥、信用匮乏的社会？下一讲，我将继续为你分析这个问题。

进阶思考

　　古代的社会是熟人社会，人情原则还吃得开；但在现代社会，特别在一、二线城市，你每天遇到的人大部分是陌生人，陌生人之间是继续讲人情，还是重契约、讲信用？

延伸阅读

　　梁漱溟：《中国文化要义》，上海人民出版社，2011年。

第 39 讲

中国人际关系的秘密在哪里

中国的底层社会有三大权势集团：家族、士绅和江湖社会，它们与国家密切互动，维持了底层社会的基本秩序。

中国的人际交往关系，是一个以自我为中心的差序格局，由近而远，亲疏有别。

在差序格局之中，"公"与"私"都是相对的，在某一个位置上，对外都是"私"，对内都是"公"。

中国的人际交往重视表层的脸面，与西方的罪感文化不同，中国是一种耻感文化。

在上一讲，你已经知道，中国是一个以人情为枢纽的熟人社会，不同的人际关系，有不同的伦理义务。那么，这个人际关系的基本格局如何来理解呢？

这就要为你聊聊你可能没有听说过的一个重要概念——差序格局。

自我为中心的差序格局

我在之前讲解封建制度的时候，曾经分析了中国为何是一个家国共同体。孟子说"国之本在家"，后面还有一句"家之本在身"。这个"身"，指的是身体所代表的自我。有一个比较流行的说法，说中国是一个家族主义的社会，那么，为什么竟然不是以家族为本位，而是家之本在自我呢？

中国著名的社会学大师费孝通先生，对此作出了极其精彩的回答。他在《乡土中国》这本小册子中，提出了一个经典的观点：以家族为基础的中国社会，其人际交往关系是一个以自我为中心的"差序格局"。

所谓"差序"，就是有等级差别的伦理关系。你想象一下，一块小石子，扔到平静的湖面上会怎么样？一圈圈涟漪荡漾开去，开始很明显，一圈圈变淡，最后消失，重归平静。差序格局也是这样一个同心圆——以自我为中心，里圈是你的家人，其次是家族的远亲，外圈是乡亲熟人，最后是陌生人。

差序格局，也像一个蜘蛛网，中心就是自我。这意味着，每个人都有自己的关系网络，越与自己亲近的，人情味儿越浓，彼此之间的伦理义务也越强。儒家强调人伦关系，这个"伦"，就是以自我为中心的差序，孔子的伦理就是有亲疏、有差别的道德义务。知道了这个差序格局，你会进一步明白为什么儒家与墨子的兼爱不同，会强调爱有差等了吧。

要注意的是，差序格局中的"自我"，不能等同于近代的"个人"。"个人"是独立的，面对的是整个集体，在某个集体当中，每个个体的权利义务都是同等的，比如每一个公民都有平等的人权。但差序格局中的"自我"就不同了，每一个"自我"都是独特的，都有独一份的差序格局，你的关系网络不是我的关系网络。我在上一讲讲到，中国家族内部的伦理义务都是相对的、特殊的，而不像日本的家族伦理都是普遍主义的，道理就在这里。

公与私的相对性与暧昧性

现在回过头来看中国的家族，你也可以将每一个家族看成是各不相同的自我，往外推演，形成一个个独特的差序格局，有中心，也有边缘。在乡村，哪个家族的势力大，前来趋炎附势的人就多，一旦家族衰落，就树倒猢狲散，墙倒众人推。

中国的两个成语"世态炎凉""人情冷暖"，说的都是这个意思。鲁迅的祖父在朝廷当大官，周家在绍兴城是数一数二的大户人家，前来攀附的远亲近邻多得不胜应付。等到祖父犯了科场舞弊案，下了大牢，那些亲戚街坊的脸就变了，所以鲁迅从小就有心理创伤，感受到人心中的黑暗面，他说："我向来是不惮以最坏的恶意来推测中国人的。"你看，在差序格局之下，世态炎凉、人情冷暖对心灵的伤害多么惨痛！

独特的差序格局，也使得"公"与"私"的界限在中国人这里变得非常模糊，难分彼此。为什么呢？先讲一个故事吧。日本东京大学著名的中国思想研究专家沟口雄三教授，第一次到中国来，看到北京、上海的胡同弄堂口，都挂着一块牌子：公用电话。他还以为这些电话只能是政府官员用的，但看到许多普通市民在那里排队打电话，他就傻眼了。

原来在日本和西方，所谓"公"，一定是与政府有关，属于公共财政的才叫"公"。与政府无关的，通通属于"私"。我第一次去香港，看到"Private Road"的牌子，也吓了一跳，以为是某大户人家的私家路，不敢走，在美国私闯民宅都有可能挨枪子啊！后来才知道，"Private Road"指的是非公共财政修的路，是公司或者小区负责修缮的道路，旁人也是可以走的。

你发现没有，"公"与"私"在日本和西方的界限是非常明确的，所谓"贪腐"很明确，就是将原来属于全体国民的公共财富放到私人的口袋，不管这个"私"是个人的口袋还是公司的账目。但在中国，过去有些单位有小金库，你说这个小金库是"公"还是"私"？

费孝通先生发现，原来"公"与"私"在中国是相对的，要看你站在哪个位置来看，在同心圆的差序格局之中，往里圈看，都属于"公"，往外圈看，就属于"私"了。比如传统中国每个家族都有族田和祠堂，对于家族内部每个小家庭来说，它们姓"公"，但对于村庄和乡县来说，族田和祠堂一定是"私"。

因为中国人"公"与"私"概念的暧昧性,所以在差序格局之下只有私德,而没有公德。"私德"是你对每个不同的人要尽的伦理责任,而"公德"呢,是某个团体或国家内部所有成员共同的、平等的道德义务。在传统中国,连公德这一概念都不存在!因此到了晚清,启蒙的先驱者梁启超写《新民说》,大声疾呼新国家要有新的国民,新的国民首先要有公德!

人际交往中的"三碗面"

明白了差序格局,我们现在来看看中国的人际关系是以什么方式维持的吧!

我在上一讲已经为你分析了,陌生人社会的枢纽是信用,熟人社会的轴心靠人情。有个说法叫"做人情",那么,中国人是如何"做人情"的呢?

民国时期,上海滩有个黑社会的大亨杜月笙,他有一句感慨:人生最难的,是要吃好"三碗面"——人面、场面和情面。这不愧为至理名言。中国人的人情,真的是靠这"三碗面"做出来的!

人面、场面和情面,都是表面功夫,但中国人的交往就在面子功夫上大做文章。最典型的就是饭局,重要的决策,都不是在谈判桌上,而是在饭桌上敲定的。谈判桌,交易的是赤裸裸的利益,而饭桌呢,交换得更多的是面子和人情。谈判桌是公对公,饭桌上,却是私对私,或者叫公事私办,以私化公。我在以前说过,中国的政治是私性政治,你发现没有,中国的生意也是私性生意!

人际交往中的"三碗面",核心在于两个字:脸面。脸面虽然可以连起来说,但"脸"与"面"还是有微妙区别的。你想想,"我还是要这个面子的"和"这次我可丢脸了"这两句话,有什么不同?

"面子",是个人在社会中地位的象征,你是什么样的人,你就要维持什么样的面子,包括人面、场面和情面。而"脸"呢,是一个人的内在人格和尊严,做了你的身份应该做的事儿,这叫"长脸";反过来呢,做了你的身份不该做的事儿,这就"丢脸"。"面子"是外在的,需要社会赋予你,由别人来承认,而"脸"呢,则是内在的,是你的道德自律。脸是道德性的自我评价,面子是社会性的外在评价,中国人的"脸面文化",就是内在的自律和外在的承认这二者的统一。

在国际关系之中,中国人比西方人更在乎表层的面子,而不在乎实际的利益。你看,古代的朝贡体系,万邦来朝,只要番邦的来使磕头,俯首称臣:皇上万岁万岁万万岁!皇帝那个高兴啊,立马赏赐万金,以双倍的礼物还赠给朝贡小国。这不是商业文化的逻辑,而是脸面文化的逻辑。

朝廷是如此,百姓也是这样。阿Q被自己看不起的小D打了,阿Q转眼一想,就当作老子被儿子欺负了罢!立即感觉到面子有了,甚至很长脸了!快快乐乐地精神胜利了!

有一个观点,说西方文化是罪感文化,中国文化是耻感文化。这有一定的道理。西方人信奉上帝,一言一行都要向上帝负责,按照基督教的律法生活,一旦做错了什么,在上帝面前感觉罪孽深重。中国人没有上帝观念,也没有教会的律法,但有内心的良知,也有外在的礼节,做了违背良知与礼节的事儿,会感觉可耻。

但是,罪感文化与耻感文化最大的差别,在于西方人独自面对上帝，他的罪感不是来自社会的评价，而是自我的忏悔。但中国人的耻感更多与脸面有关，在众人面前丢了脸，失去了面子，这才是最大的耻辱。你看，一个是超越的宗教，另一个是世俗的人伦，形成了东西方迥然不同的文化传统。

明白了人际交往的差序格局，那么，中国社会又是以什么样的方式组织起来的呢？从下一讲开始，我就要为你详细分析中国社会的四大支柱：家族、士绅、商人和江湖了。

进阶思考

为什么在差序格局之中，"公"与"私"之间的关系非常模糊？这给中国社会带来了什么样的影响？

延伸阅读

黄光国等：《面子：中国人的权力游戏》，中国人民大学出版社，2004年。

第 40 讲

传统大家庭里，究竟谁说了算

作为农耕民族，中国的大家族由经验最丰富、辈分最高的长老说了算。无论男性与女性，他（她）都是家族集体人格的象征。

家族势力的扩张，通过姻亲和拟血缘这两种方式得以实现。

乡缘意识，是流动在外的中国人的首要认同。地缘与业缘的高度重合，构成了排他性的复合网络共同体。

在前面两讲，我为你描述了中国社会的整体结构。中国的社会结构和思想的核心结构高度一致，符合儒家的伦理秩序。在这样的社会里，所有人都生活在血缘和地缘关系之中。在儒家的理解中，血缘是核心，家族就是社会的基本单位，长老是家族的核心。地缘是血缘的延伸，在地方社会，士绅阶层是社会的中坚力量。家族和地方社会，是中国社会的主流建制。但在中国古代，还有两个重要但不那么稳定的组成部分，一个是处在社会边缘地带的商人阶层，另一个是被主流社会排斥的江湖世界。

好了，接下来的几讲，我会一一为你讲解中国社会的这四个组成部分：家族社会、士绅社会、商人社会、江湖社会。

如果你看过小说或者影视剧《白鹿原》，应该能体会到家族在传统社会有多重要。在古代中国，皇权不下乡，行政权力只到县一级。在基层社会，维系人与人关系的纽带就两个：一个是家族，另一个是士绅阶层。在《白鹿原》里，白嘉轩是白家的家长，代表家族，维系的是血缘关系；朱先生是读书人，代表士绅，维系地缘关系。

这一讲我先来说一说家族。它是渗透到社会毛细血管的基本单位，决定了每个人最底层的身份认同和文化认同。

农耕社会里的家族长老

前不久，我到距离杭州 50 多公里的古村落龙门古镇考察，全村 90% 的村民都姓孙，是三国时代孙权的后裔，至今已经有 65 代。

这个四面环山的幽静村落，至今保存着孙氏大家族两座宗祠，40多座分支小家族的厅堂。我看了颇为感慨：龙门古镇不就是中国家族的一块活化石吗？

费孝通先生在《乡土中国》中说，中国的"家"与西方的"家"是不同的。洋人说要带"全家"来拜访你，"全家"通常指的是太太和孩子，西方的家庭是一个界限分明的团体。但在传统中国，都是大家庭，"一家子"可能还包括爷爷奶奶、叔叔婶婶、侄子侄女，所谓"自家人"的大小可伸可缩，你可不能冒失地邀请他"全家"来吃饭！

其次，中西家庭的主轴也不一样。西方以夫妇关系为主轴，但中国呢，以父子关系为主轴。一个大家族，特别在农村里，世世代代住在一起，形成了一个紧密的血缘共同体，有共同的祖宗和历史记忆，还有公共祠堂、家族的私塾和公田。好多大家族住在同一个大宅院里，在经济上是不分家的，过着家族共产主义生活！据说，唐宋时期江州有一个"义门陈氏"大家族，号称"天下第一家族"，每顿开饭，一人不到，全族等候，连陈家的狗也要等所有的狗到齐之后才开始用餐！

现在有一个问题，这么大一个家族，究竟谁说了算？据说，现代的小家庭是谁脾气大谁说了算。但在传统的大家庭里，可不是谁都能发脾气的，晚辈要对长辈尽孝道，女子要讲三从四德。唯有一个人可以随便发脾气，那就是家族辈分最高的长老。

中国是农耕社会，农耕生产和日常生活当中，最要紧的不是技术创新，而是什么？是祖祖辈辈口口相传留下来的老经验。创新是青年人的专利，经验呢，自然属于老年人。于是长老在一个农耕社会当中就很重要，成为家族内部最有威望和权势的人物。巴金小说

《家》里的高老太爷，就是这样一个说一不二的长老。在中国，一个是权力，另一个是辈分，都是最令人敬畏的。

你不要以为长老必定是男性。有些女权主义者批评传统中国是男权社会，但我经常问她们一个问题：《红楼梦》里的贾府，最德高望重的人物是谁？当然是贾母。为什么不是她的儿子贾政呢？为什么贾母一发怒，儿子只能跪下磕头呢？因为贾母辈分最高，只有她才是家族集体的人格化象征，不管这个人格象征的肉身是男性还是女性。

所以，中国传统社会里女性的地位究竟是高还是低，不能笼统地来看，要看具体的女性在大家族里处于什么样的位置。中国的家族是以父子关系为中轴，所以一般而言男权较女权为高，但一旦老太爷死了，老太太便成了中性的家族人格象征。

家族势力的扩张：姻亲和拟血缘

我在上一讲已经提到，中国的人际关系是以自我为中心的差序格局，家族的中心势力越大，前来攀附的七大姑八大姨这些远亲就越多。家族势力的扩张，还有另外两种方式。

第一种方式，是家族之间通过儿女的婚姻与其他家族建立姻亲关系。传统社会的婚姻不许自由恋爱，概由父母包办，那是因为男婚女嫁与当事人的爱情无关，其实质乃是一种家族关系网络的外围布局，所以特别讲究门当户对，对方必须是一户"好人家"。所谓"好人家"，未必一定要富裕，但门风、家风必须淳正，有文化流品。

既然婚姻只是家族的事业，与个人的意志无关，那么，如何满足青年男女的情欲呢？传统中国的小妾制度，就是不完满婚姻的一种补偿，有实力的男子可以通过合法的纳妾来满足个人的情欲。妻子是为家族娶的，小妾则是自己的。等到"五四"以后可以自由恋爱了，原来合法的小妾制度自然也就被认为不合理，被废除了。

家族势力扩张的第二种方式，是与其他家族建立拟血缘关系。"拟血缘"，就是通过拜干爹干妈、男人之间结为把兄弟、女子之间结为义姐妹这些形式，将两个原来不相干的家族，编织成拟血缘的网络共同体。

你看，又是拟血缘，又是姻亲，再加上原本的家族关系，中国人就生活在错综复杂的血缘关系网络之中。它像一张庞大的蜘蛛网，每个人就像围困在其中的蜘蛛，虽然有安全感，得到家族的庇护，但同时也失去了个人的自由。

到了近代，觉醒的青年人的第一个愿望就是要冲破这个网罗，从大家族里出走，到城市里寻找个人的空间，自由恋爱，呼吸自由的空气。于是，中国式的大家族开始解体了。但是，在今天南方的沿海乡村，特别是福建、广东，这样的家族血缘共同体依然存在，就像龙门古镇一样，成为中国文化的活化石。

乡缘意识与乡党政治

古代中国"家国天下"中的"家"，不仅指"家"，也指的是"乡"。"乡"是"家"的扩大，"乡缘"是中国人关系网络的第二张大网。

在家乡的中国人，首要认同是血缘。但流动在外的中国人，最重要的认同是自己的家乡。西方人在乎出生地，中国人讲究籍贯，即使你的祖辈已经离开了家乡好几代，你也不再会说家乡话，但你的籍贯还是你的老家，算是那里的人。周恩来出生在江苏淮安，但他回到老家浙江绍兴，欣然写下：我是绍兴人！

古代中国的文人，在书法落款、文章署名的时候，通常会注明自己的籍贯。为什么？老家是你的文化之根，是你的血脉源流地。文化认同第一个要回答的问题，就是："你从哪里来？"只有明白了从哪里来，你才会知道："我是谁？将到哪里去？"

中华帝国地域辽阔，各地差异很大，形成了风格迥异的区域文化和乡土文化。作为习惯于定居的农耕民族，中国人的乡土意识很强，轻易不背井离乡。古代的士大夫、商人和工匠们到了异地他乡，第一件大事就是找老乡，加入乡缘网络共同体。

到哪里找呢？会馆。明清以后，随着经济的繁荣，社会流动性增加，在稍大一点的城市里，都有各地来的人各自建立的同乡会馆。北京城最早出现的会馆，是明朝永乐年间的芜湖会馆。到了会馆，就等于不在家乡、胜似家乡。会馆的老乡会帮助你安排好一切，从衣食住行到生老病死。

乡缘关系，同时也可能是一种业缘关系。所谓"业缘"，就是同行业的工匠。传统中国的某一个行业，因为手艺是稀缺资源，密不传人，除了传给家人之外，就是传给同乡。久而久之，一个行业通常都会被某个地方的人垄断，同行即是同乡，业缘与乡缘高度重合，形成了排他性的复合网络共同体。

古代中国官场当中还有一种乡党政治，同一个地方出生的官员结为宗派，拜朝廷中某个大官为乡党领袖，相互提携，输送利益，同时吟诗唱和，联络感情。在这样的官场里，乡党的内聚力要远远超过纯粹的利益同盟。比如，在隋唐时期，有山东士族集团与关陇军事集团两大统治集团斗法。除了阶层出身差别之外，这两大统治集团的地域分布也是不同的，一个在黄河下游地区，另一个在黄河中游地区，不同的乡缘意识构成了官场上阵营分明的对立。

不过，在古代，乡缘共同体有"大同乡意识"与"小同乡意识"之分。在上层政治场域中，多是大同乡意识，官员以某个省、某个区域形成乡党，但在底层社会里，主要是方圆百里的小同乡。举个例子吧，如今台湾所谓的本省人，大多数是闽南人，但是最早的闽南人在清代渡过台湾海峡来到宝岛的时候，可没有什么闽南人意识，他们分为泉州帮和漳州帮，两个地方的人经常械斗抢地盘，搞得官府非常头痛。因此，所谓的乡缘共同体也不是一成不变的，其中有非常复杂的历史演化和内部分层结构。

有一个说法，说中国社会是一盘散沙，用马克思的话说，是彼此没有联系的一袋马铃薯。这个说法可以说对，也可以说不对。说对，是指在政治层面，中国的老百姓既没有自己的政治团体，也没有自己的政治代理人，只能期待高高在上的王权代表自己的利益。说不对，是指在社会层面，底层民众特别注重血缘、地缘和拟血缘，形成了丰富多彩、彼此渗透的文化亚群体。

进阶思考

许多年轻人离开家族和家乡，到城市里寻找个人的空间。但是，来到大都市以后，真的能摆脱血缘和地缘的网络吗？

延伸阅读

费孝通：《乡土中国》，上海人民出版社，2006年。

第 41 讲

精神自由？还是向上流动？

中国的士大夫阶层，有一个从西周的封建大夫士到西汉的士大夫的演化过程。他们担负的文人与官僚双重职能，由合而分，最后又从分到合。

中国的士大夫介于贵族与平民之间，具有二者的双重精神气质。贵族重自由，平民重平等。西周、魏晋、隋唐的士大夫很有贵族风骨，而宋代以后的士大夫有更多的平民气质。

在皇权、贵族与士大夫的三角关系当中，士大夫不是依附于贵族，就是依傍于皇权。到了宋朝，贵族被铲平，士大夫阶层只能被迫成为皇权的寄生虫，他们最关心的不再是个人的精神自由，而是能否往上流动。

讲完了家族社会，今天要开始讲中国社会的第二根支柱：士绅社会。

我在之前多次提到士大夫，孔子认为士大夫的职责是"士志于道"。其实，士大夫与士绅是同一群人，当他们作为官僚辅助君主治理天下的时候，被称为士大夫；当他们作为地方精英管理家乡公共事务的时候，被称为士绅。

你发现没有，原来这个阶层还有双重的职能！

在中国的四大社会阶层士农工商之中，农工商是平民，士大夫是唯一的特权阶层。这些身穿长衫的读书人，不用纳税，免去了国家徭役，平民百姓"莫谈国是"，但士大夫是有资格议论朝廷、指点江山的。

那么，士大夫阶层是如何诞生的？在历史上又是如何演变的？士大夫为后世的中国知识分子留下什么样的精神传统？这是这一讲我要为你讲述的重点内容。

从大夫士到士大夫

士大夫阶层是如何炼成的？这个阶层从萌芽到定型，差不多经历了八百年左右的时间。从西周的"大夫士"，经过春秋战国的分化，最后到西汉的"士大夫"，有一个从合到分、再从分到合的历史演化。

先讲西周的"大夫士"。我在之前介绍封建制的时候，曾经告诉过你，西周的宗法分封制，从天子到诸侯再到卿大夫，层层分封。

天子与诸侯表面很风光、很尊贵，一个拥有天下，一个掌控国家，实际上政治的重心不在上面，而在下面，是卿大夫这些贵族在治理天下。而贵族统治自己封地的臣民，需要专业人士，于是大夫与士结合，成为最底层的贵族，他们是封建时代政治的实际治理者。日本中世纪的封建政治以武士为中心，西周的封建政治同样也是以大夫士为中心。

这个大夫士阶层，具有治理社会的专业技能，能文能武，既懂得诗书礼乐，又善于骑马射箭，将文人与官僚的职责集于一身，不仅在功能上好使，而且封建时代的大夫士还拥有三种难得的精神品质：忠诚、尽职和荣誉。首先是绝对忠诚于自己的主人，绝对没有僭越之心，忠诚为大夫士的第一美德。其次，大夫士是一个世袭的职业，这些为上层贵族服务的武士们，对自己的职责兢兢业业，没有丝毫的马虎。最后，就像欧洲中世纪的骑士一样，荣誉是大夫士的最高美德，打仗不以功利的胜负为第一原则，最重要的是合乎礼仪，阵势一定要摆得漂亮。士可杀不可辱，死也要死得壮烈，合乎贵族的美学。

不过，到了春秋战国时代，随着封建制的解体，大夫士这个阶层流落到社会上，成为"自由流动资源"，文人与官僚的职能出现了分化，儒家成了职业的文人，而法家呢，成了职业的官僚。

秦始皇重用法家，以为用职业官僚的那套法术势就可以摆平天下，但最终二世而亡。西汉统治者看明白了，仅仅用官僚不行啊，还得有文化，得有一套合法性理论。于是，从汉武帝开始，一个新的社会阶层终于定型了，既有满腹经纶、又有治理经验，重新集文人与官僚于一身，这就是帝国时代的士大夫。

你看，从大夫士到士大夫，文人与官僚的职能，从合到分，再从分到合，士大夫阶层就是这样炼成的。

不过，要注意的是，帝国时代的士大夫与封建时代的大夫士在精神气质上有非常大的不同！大夫士拥有封建武士忠诚、守职和荣誉三大美德，与欧洲的骑士、日本的武士非常接近，但帝国时代的士大夫呢？就比较复杂了，他们具有贵族和平民的双重性格。

贵族追求自由，平民重视平等

为什么这样说呢？士大夫阶层介乎于贵族与平民之间，往上流动，就是达官显贵，往下沉没，就是一介草民了。在封建时代，各个阶级之间是世袭、固态化的，贵族与平民的双重特征还不明显。到了帝国时代，社会各个阶层之间可以自由流动，贵族与平民之间没有严格的界限，这样，士大夫的双重精神气质就此形成了。

贵族与平民在精神气质上最大的区别在哪里？我告诉你吧，贵族追求自由，平民重视平等。

自由与平等，是两种珍贵的人类价值，既是普世的文明，也列入了中国的社会主义核心价值观。但是，你知道吗？这两种价值是有紧张关系的。英国自由主义大思想家以赛亚·伯林有一个重要的观点，他说，人类各种美好的价值，不可能完美地全部实现，那是一种乌托邦的幻想。在现实生活当中，自由多一点，平等就不得不有所牺牲，倒过来也是一样。虽然不能说绝对冲突，有你没他，但是，人类最大的困境，就是在不同美好价值之间作出何为优先的选择。

贵族的选择是自由优先于平等，平民的选择是平等优先于自由，而士大夫的精神气质，兼有贵族和平民两种传统。

西周的大夫士是典型的贵族范儿，当然是自由优先，他们有点像欧洲中世纪的贵族。好莱坞有一部奥斯卡获奖影片《勇敢的心》，讲的是苏格兰贵族反抗英国专制君主的故事，临上断头台之前，这个贵族高呼的就是："Freedom！"

在中国历史当中，六朝和隋唐的士大夫继承了西周大夫士的精神传统，也有这样的追求自由的风采。我曾经为你讲过魏晋名士的风流潇洒，嵇康在临死之前从容弹一曲《广陵散》，那是在残暴的黑暗统治之下，士大夫展现的内在精神自由，你夺走了我肉体的生命，但无法扼杀我的灵魂在宇宙中自由翱翔！

唐代的士大夫延续了魏晋名士的精神气质，在皇权面前有傲骨。杜甫如此描述李白的豪迈："天子呼来不上船，自称臣是酒中仙。"

魏晋隋唐的士大夫为何在皇权面前敢如此牛气？是因为有贵族的支撑。皇权、贵族和士大夫，这是政治中的另一个三角。士大夫阶层，按照其身份和职业来说，其实是蛮可怜的。毛泽东曾经评价知识分子："皮之不存，毛将焉附？"知识分子是一根到处漂浮、自由流动的毫毛，总是要依附在某一张皮上，不是贵族，就是皇权。

当六朝隋唐世家大族比较强大的时候，士大夫背后有贵族在撑腰，所以他在皇帝面前能够直起腰来，敢于说"不"。等到北宋以后，世家大族都被灭了，皇权一统天下，士大夫的精神气儿也就蔫儿了。

读书人的脊梁骨是如何断掉的

其实在唐代的时候,我在之前讲过,做官有门第和科举两种途径,因此唐代士大夫已经表现出贵族和平民的双重精神气质。李白与杜甫都是唐代大诗人,李白身上有贵族的自由精神,而杜甫呢,更多是平民的平等理想。你看,《茅屋为秋风所破歌》中,杜甫的最大愿望是"安得广厦千万间,大庇天下寒士俱欢颜"!

士大夫的贵族精神被秋风彻底横扫,要到宋代科举制度完善之后。凭借门第上位没门了,大批布衣出身的底层读书人通过科举进入上流社会,为士大夫阶层带来草根的气息。他们来自乡土社会,与平民阶层息息相通,有强烈的民粹主义关怀。

孔孟的儒家思想本来就有两重性,一重是以民为本的民粹思想,另一种是劳心者治人、劳力者治于人的精英意识。宋代以后的中国士大夫,尽管依然保留着浓郁的精英意识,但很牵挂平民百姓的命运,守护农民的淳朴本色。晚清的大儒曾国藩,出身于乡村底层,即使做到封疆大吏、一代名臣,在给子女的家书中,也要再三谆谆教导后代:咱们是耕读世家,务必不要忘记以农为本,安贫乐道。

平民出身的读书人,最关心的一件事儿是什么?不是个人的精神自由,而是社会向上流动的渠道是否畅通,是否有平等的发展空间和机会!在皇权、贵族和士大夫的三角关系当中,世家大族垮掉了,不再能为读书人的硬气作背书。士大夫作为无所凭借的自由流动资源,不得不依附于皇权,所有的身家性命和升沉荣辱,通通来自朝廷,只能看皇上的脸色行事。虽然少数有坚定精神信念的儒家士大夫相信"士志于道",以一己之悲壮抗争,与皇权玩命儿,比如明代的海瑞、李贽，但大多数士大夫不过是一帮子关心个人功名利禄的俗儒。到了清代君主专制达到顶峰，大兴文字狱的时候，读书人在精神上更是不堪，个个被抽去了脊梁骨。你想想，吴敬梓小说《儒林外史》当中那些读书人，尤其是编入中学语文课本的"范进中举"，那是怎样一群精神上的小侏儒、可怜虫啊！

不过，精神上可怜归可怜，士大夫阶层在底层社会毕竟还是中流砥柱、顶梁柱，为什么呢？且听我下一讲为你继续道来。

进阶思考

为什么中国的士大夫具有贵族性和平民性的双重气质？

延伸阅读

许纪霖:《安身立命:大时代中的知识人》,上海人民出版社,2019年。

第 42 讲

士绅对社会自治来说有多重要

中国的士绅阶层，是国家与社会之间的联系纽带与中枢。

士绅阶层在社会上没有权力，但有威望。他的威望一方面来自教育，是知书达礼的读书人，另一方面来自服务乡村，是社会自治的主持人。

士绅具有亦官亦民的双重社会身份，在民面前代表官，在官面前代表民。他们与官府密切互动，形成了有中国特色的、以士绅为主体的管理性公共领域。

上一讲我为你讲述了士大夫阶层诞生和演化的历史，还有其双重精神气质。这一讲，说说士大夫还有另外一个称呼，叫士绅。

士大夫诞生得很早，在西周就是贵族阶级中最低的一级，但士绅要成为一个阶层，那是要到科举制度成熟的宋代以后了。考科举就是跻身士绅阶层的入场券。如果只是中了秀才，就是下层士绅；中了举人或者进士，就是中上层士绅。宋代以后，科举选拔的人才越来越多，但是官位没有增加。僧多粥少，于是越来越多的读书人不得不留在乡村成为士绅。

还有另外一种情况，是做了官以后告老还乡，在地方上成为德高望重的上层士绅。个别的，也有在官场上看透了仕途的险恶，主动选择回到家乡的。比如晚清的张謇，他考中状元以后本来有机会平步青云，在仕途上大大发展。但是，他长期在上层做幕僚，看透权力场的险恶，于是就弃官不做，回到家乡南通兴办实业和教育，成了江南士绅群体的领袖。

我在之前讲过，家族社会主要凭借的是血缘关系。那么士绅社会凭借的是什么呢？血缘扩大之后就是地缘。它是差序格局里更大的一圈。

一个地方有好几个家族，辈分高的族长可以在家族内部说了算，那么在地方上究竟由谁说了算呢？告诉你吧，乡里的公共事务主要是由地方精英士绅来主持的。

在中国古代，社会要有序运转，主要靠两个传统：一个是多少年自然形成的社会礼俗，主要由家族族长代表；另一个是跟主流的儒家意识形态接轨的纲常名教，代表者就是《白鹿原》里朱先生这样的基层士绅。社会礼俗和纲常名教联合，白嘉轩与朱先生携手，形成了中国乡村的秩序网络。

士绅的身份有点特别，非官非民，亦官亦民。在官面前，他代表民，在民面前，他又代表官，就像三明治中间的那层肉——两片面包是官府和百姓，正是中间这层肉把两片面包连接起来。

好了，下面我就要详细为你分析一下士绅社会。

联系国家与社会的中枢与纽带

中国古代的士绅是一个非常特殊且重要的阶层，中国历史的许多密码都在这里。士绅阶层是联系国家与社会的中枢与纽带。

为什么这样说呢？有两个原因。

首先，从思想层面来说，士绅阶层共同信奉的儒家学说，既是帝国统治的官方意识形态，是科举考试指定的唯一经典，同时也是老百姓普遍遵循的日常生活的伦理价值和风俗习惯。你记得吗，这就是我在课程的导论部分提到的"大传统"与"小传统"。整天"之乎者也"的士绅们也被叫作儒生，他们是儒学的人格化象征，或者说是儒学的现实肉身，拥有与天子同等的双重权威——解释天命，代表民意。

其次，从社会与政治来说，当他们进入政治的时候，作为士大夫阶层与皇帝共治天下，当他们回到地方的时候，又作为士绅阶层主持民间自治。你想一想，本来皇权不下乡，行政权力与底层社会是脱节的，正是士绅阶层弥补了这一空白，将国家与社会联结起来。

那么，什么样的人可以成为士绅呢？士绅的身份标志，最重要的是要有功名，也就是国家通过科举考试赋予你的功名身份：秀才、举人、进士。秀才是下层士绅，主要在乡间活动，举人与进士就是中上层士绅，有机会成为士大夫，入仕做官。所以，范进作为一个穷秀才，周边邻居、当屠夫的丈人还是看不起他；一旦中榜举人，县长大人、退休老干部都坐着大轿来拜访他，与他称兄道弟，还要把自己的房子送给他住。

挤入士绅队伍之后就是特权阶层，有资格穿长衫，免去国家的徭役和税赋，县官也不能随便抓他，会对他客客气气、以礼相待。你可能看过陈忠实的小说《白鹿原》，其中有一位举人朱先生，弃官不做，就在老家担任白鹿书院的山长，不要说白嘉轩对他敬佩得五体投地，连县长大人都要亲自来拜访。

士绅的威望从哪里来

朱先生在家乡如此受人尊敬，不要以为他有国家授予他的功名，错了，最重要的不是功名，而是他有道德威望。

我在之前的课程中曾经为你区别了"权力"与"权威"两种概念，这是两种不同的稀缺资源。像朱先生这样的士绅阶层，可说是有权威而没有权力。在地方的行政系统当中，士绅不担任任何职务，甚至连行政权力的延伸保长、甲长这类芝麻绿豆官都不屑为之，但他在民间依然有威望，以自己的威望获得主持乡村公共事务的权势。

士绅的威望究竟来自何处呢？

首先来自教育。汉字比较难学，不要说书，连文字都有某种神圣性，一张纸上写了字，就不能随手扔掉，要放在专门的焚纸炉——叫作"惜字炉"中恭恭敬敬地焚化。所以，能够断文识字的就是村庄里的圣人，读书人在古代中国竟然是一个神圣的称呼。

士绅首先是读书人，中了秀才，还没有继续发达的机会，可以在乡里开设私塾，不仅是为了糊口，赚几文学费，最要紧的是在乡间建立自己的关系网络。在传统社会当中，老师的地位非常之高，不是因为有钱有权，而是有威望。天地君亲师，要在节日里磕头膜拜的，除了天地、皇帝、老祖宗之外，还有自己的老师。

士绅们通过办私塾、办书院，建立了以自己为中心的师生网络，这叫"师统"，一日为师，终身为父。老师与门生的关系，被称为"学缘"，学缘关系就像我之前给你讲过的血缘、地缘关系一样，在中国社会当中都是非常重要的。

梁漱溟在民国的时候辞去北大教授，到山东邹平搞乡村建设运动。为了打入与自己毫无瓜葛的当地关系网络，首先就是办乡农学校，与农民们建立师生关系，否则，一个外来人，你做什么好事都无处着手！

在传统中国，士绅作为乡民们的老师，既是"经师"，又是"人师"。"经师"，不过是教小孩子诵读儒家经典，而"人师"呢，则是言传身教，成为百里之地的道德楷模。

孔子说"士志于道"，士绅实践儒家的理想，有往上与往下两条道路。一条是目光往上的"得君行道"，皇上开明，便入朝辅助君王治理天下。另一条道路是眼光往下的"觉民行道"，紫禁城龙座上坐的是昏君甚至暴君，对不起，那就退隐乡野作为"人师"去教化民众。

明清出现了绝对的君主专制，朝廷政治黑暗，许多士绅宁愿不出山，就隐居在乡村，以一己之身作为道德表率，引领社会风气，打造符合儒家理想的礼俗社会。不仅要自己身正，而且家风也要纯正，按照礼教严格管教家人与子女。你看，当一个德高望重的士绅是不容易的！

亦官亦民的双重身份

除了教育，士绅的威望还来自服务乡村。

基层社会有许多公共事务，然而，古代中国的政府权力不像今天，一竿子插到底，政府财政能力也非常有限。那么，谁来担当？主要靠社会自治、自理、自救。社会的自我管理，要有出头人，这就是当地的士绅。

士绅免了徭役，也不从事农作劳动，但他整天还是忙得很，要为家乡父老做好事，不是偶尔为之，而是要做一辈子的好事，他的威望与人品，是一点一点积攒下来的。

士绅的服务乡村，主要有三项重要事务：公共事业、社区安全和调解纠纷。

先讲公共事业。传统的乡村，基本是自耕农的天下。虽然大家族可以解决一些个体家庭无法承担的事情，但涉及地方的公共事务，就要由有威望的士绅出面来协调解决。比如兴修水利，全村消防，还有抚养孤寡老幼的慈善公益，以及灾荒年间的开仓济贫。这些都是今天所说的公共产品，假如没有人出来组织协调，大家只想着搭便车，那一定办不成。这个时候，士绅的作用就是不可替代的了。

第二是社区安全。在兵荒马乱的时代，土匪盗贼猖狂，乡村社会就要组织自我保护的武装，这叫民团。民团的人员、装备、训练和管理，都需要士绅出面来组织。都说美国独立战争是民兵的胜利，但你要知道，中国也有民兵。晚清太平军横扫南方，所到之处，打土豪，分田地。曾国藩在朝廷的授命下，回到老家湖南，训练民团，最后以民兵的力量打败长毛。不要以为这支湘军是为清廷打仗，他们只是保卫家乡，他们是私家军，不是御林军，他们绝对忠诚的只是曾国藩个人。

第三是调解纠纷。我之前讲过，传统中国重人情，是一个"无讼的社会"。只有发生了人命案子，才不得已跑到县府去击鼓鸣冤。一般的乡民纠纷，就地自己解决了。谁来扮演老娘舅的角色，来调解纠纷？士绅。唯有知书达礼的士绅，双方才信得过。

美国的罗威廉教授提出一个重要看法，他说到了明清，中国出现了以士绅为主体的"管理性公共领域"，不仅是乡村，而且像汉口这样的城市，也是由士绅自我管理的。他们与国家密切互动，形成了明清社会的基层秩序。

士绅阶层之所以成为国家与社会之间的纽带与中枢，是在于他奇妙的双重身份——亦官亦民。在乡民面前，他代表官府，官府的许多事情，有时候包括征收税赋，都要委托士绅办理。而在官府面前呢，他又代表乡民，争取地方利益，比如有了天灾人祸，就要在县老爷面前据理力争，为父老乡亲减免赋税。

官府与百姓在古代中国是两块脱节的面包，但通过士绅阶层这块夹肉，竟然奇妙地连为一体了。

不过，你不要以为国家跟士绅永远这样和谐默契。君主对自发性的士绅权力总是有一百个不放心，想方设法要在士绅社会之外推行一套保甲制，十户为一甲，十甲为一保，通过行政权力把皇权的控制推行到基层。

稍微正直一点的地方士绅，都不太愿意出任保长这类权力爪牙的职务。本来，你是可以与知县平起平坐的士绅，当了保长，不是自降身价，见知县大人不等于见了领导吗？再说，乡民的利益谁来代表呢？士绅假如不能为乡民说话，在村里就没有脸面了。

到了近代，这个极具中国特色的士绅社会慢慢解体了。最主要的原因当然是科举制度取消。给士绅发身份凭证的科举不存在了，这个阶层也就不存在了。

更重要的是，近代以后，城市兴起，乡村衰落，要学新知识，只有到省城和口岸大都会才有好学校。乡村的精英都往都市流动，乡里德高望重的士绅不见了。到了民国，国家行政权力大规模向基层渗透，乡村被腰间别着驳壳枪的保长甲长所把持，他们背靠国家权力，鱼肉乡民，欺压百姓。你看，《白鹿原》里的鹿子霖当了保长之后多么威风，又多么贪婪，权、财、色，一个也不愿放过。这帮不再代表乡土利益的土豪劣绅，被农民们恨之入骨。

为什么中国历史上的革命最容易在乡村发动？就是因为由士绅主导的稳定的社会秩序被破坏了。老百姓对土豪劣绅不满，强烈地渴望建立新秩序，所以，革命的烈火很容易在失去秩序的乡村里熊熊燃烧！

士绅社会讲完了，下一讲我们的眼光将从社会体制的中心转向边缘，看看士农工商四大阶层中的商人。

进阶思考

如今有一个观点,认为中国需要"新乡绅"。你怎么看呢?

延伸阅读

费孝通:《中国绅士》,中国社会科学出版社,2006年。

第 43 讲

儒家替谁背了重农抑商的黑锅

中国人有发达的商业文化,是全世界最会赚钱的几大民族之一。

中国的商业文化,从商周先秦起步,经过汉唐两宋的重农抑商,到明清时代发展到顶峰,逐渐融入主流。

儒家并不仇视商业,真正将商人与市场视为政权敌人的,是法家。法家采取的经济政策是一种古代的国家资本主义。

维持中国社会的两支最主要的力量是家族和士绅，他们保证了社会秩序的基本稳定。不过，社会稳定之后，还是要有经济发展呀，经济要发展，商人和商业当然不可缺少。

今天，全世界每个角落几乎都有中国商人。但是，在很多人的印象中，古代的中国人信奉儒家伦理，重义轻利，历代统治者又采取重农抑商政策，好像商业不发达呀。

其实，这只是一种错觉。自古以来中国人是很有生意头脑的，可以说是全世界最会赚钱的几个民族之一。虽然古代中国的四大社会阶层士农工商里，商人的地位最低，一直处于边缘地位，被主流思想排斥，但这只是表面现象。中国有自己的商业文化，也有具有中国特色的商人。他们虽然在社会边缘，但依然是不可忽视的社会力量，而且到明清以后，商人更是同士绅合流，向社会中心渗透。

商业的敌人是法家

社会发展到一定程度，就会出现商业。中国在上古时代就已经有商业了。商朝的时候，已经有人专门从事交换，所以后来管这些做生意的人叫"商人"。在先秦，商人还是蛮受尊重的，商业也受到政府的重视。到了周代，建立了完整的宗法封建制度，在据说是周公亲自制定的《周礼》这部书中，就描述了非常复杂的官方市场体系，有专门的部门分管各类商业事务：价格核定、营业证明、度量衡等等。不过，在这个市场里，价格不是在交易中自然形成，而是政府规定的,你可以理解成古代的计划经济。

春秋时代,礼崩乐坏,周礼规定的官方市场体系也崩溃了。诸侯争霸,各国都想富国强兵,商业政策大都比较宽容。晋国有个使者出使郑国,看中一只珍贵的玉环,想要过来。宰相子产告诉这个使者,郑国政府和商人之间有规矩,商人不能背叛国君,政府对商人也不能巧取豪夺。你看,郑国对商人的政策是:只要你忠诚于我,我就不干涉你的生意。

那么,为什么到了秦汉以后,政府要采取重农抑商政策呢?你肯定听过一些解释,比如说,农业是古代社会的基础,商业会威胁自给自足的小农经济。不过,抑商的思想究竟来自哪里呢?过去,一直是儒家在背这个锅——因为儒家重义轻利,而商人总是想着赚钱,所以儒家治国的各朝统治者都要重农抑商。

其实,这可能是大冤案,儒家对商人也蛮尊重的。孔子的得意门生当中有一位叫子贡的,生意就做得很大,成了富商,但经常向孔子请教学问。有一次,子贡问老师:"贫穷而保持尊严,富足而不骄横,您看我的这个观点如何?"孔子说:"不错。但比这更好的,应该是'贫而乐,富而好礼'。"

"贫而乐",就是"安贫乐道"。孔子最得意的门生是颜回,居七十二贤人之首,他住在贫民窟里,粗茶淡饭,但依然快乐得很,乐什么?乐在道中,他因为明白了做人的道理并亲身实践而感到幸福。在儒家文化当中,贫穷并不是耻辱,只要有志气,有淳朴的道德,照样能够得到大家的尊重。

不过,儒家厌恶富人吗?绝对不是,贫富与道德无关,它只是不同人的命。生死有命,富贵在天,作为人,无论贫富,最重要的是有德。穷人只需安贫乐道，自得其乐就可以了；而富人呢，财富愈多，责任愈大，必须"富而好礼"，为建立礼的天下秩序有更多的担当。

既然儒家不排斥商人，那么抑制商业的思想究竟来自哪里呢？我告诉你吧，是法家。

在战国晚期，商人的势力越来越大，开始投资政治了。有一个大商人叫吕不韦，手下有家奴上万，养了食客三千。有一天，遇到作为人质押在赵国的秦国王子异人。他突然脑洞大开，奔回家与父亲商量："耕田能获利多少？"父亲回答："十倍。"又问："那么卖珠宝呢？"父答："百倍。"又问："投资一国之君呢？"父亲很吃惊："盈利不可计数啊！"于是吕不韦开始在王子身上下功夫，最后经过一番运作，把异人扶上秦国的王位，生下儿子秦始皇。传说这个秦始皇还是吕不韦的私生子呢。大商人在秦国翻手为云覆手为雨，等到儿子即位成为国君，他也当上秦国宰相。

商人干政太可怕了！处处为绝对君主利益着想的法家就将市场和商人视为头号的敌人。商鞅提出，要对市场课以重税，他的变法措施中的重要一条，乃是要有效抑制商人势力的坐大。

而法家的集大成者韩非呢，更是对商人非常敌视，说社会上有危害国家安全的五大蛀虫，其中一个就是商人。为什么这样说？因为法家的核心国策是"耕战"，"耕"是农业，"战"是军事。法家之国是农业为基础、军事为优先的国家，整天四处流窜、想着赚钱的商人，既不会耕，又不利于战，自然是国家的敌人。

你想，重用法家的秦始皇，最后不就把大商人吕不韦流放，还逼迫他饮下毒酒了吗？

汉唐两宋的重农抑商

秦始皇之后，在汉唐两宋，帝国的基本国策都是重农抑商，扶植自耕农，这是国家赋税的来源和政权基础。而商人呢，只许在商言商，不得问政。在隋唐年间，甚至有明确规定，商人不得参加科举考试，有钱的不得做官，要做官，对不起，就与商业切断关系！像特朗普这样的大商人，在中国是断断做不了君主的。

过去总以为重农抑商是儒家的思想，实际上更是法家的主张，儒家不歧视商人，而法家是真的仇视民间资本、提防商人阶层。儒家的国家经济政策与道家相似，是自然无为，轻徭薄赋，与民休息，对百姓厚道一点，让小农经济自发发展。

但法家就不一样了，它的商业政策可以说是八个字：国家主导，与民争利。在法家看来，为了保持政权的稳定，权力必须全部集中于国家。而财富是权力的重要源泉，最好通通留在国库，不能流到民间私人的口袋里，以免他们有非分之想，犯上作乱。

西汉有一位大臣桑弘羊，是汉武帝财政政策的核心制定者，他最有名的经济措施是盐铁专卖。在古代社会，百姓的生活再如何自给自足，总是离不开盐与铁这两个稀缺物资。为了防止大商人获得暴利，政府规定盐铁不得私营，一律由国家专卖。但许多儒者反对，说这是与民争利。于是举行一场著名的"盐铁会议"，就国家是否要垄断盐铁专卖进行辩论。桑弘羊只身一人，舌战群儒，最后朝廷只是开放了酒类让民间经营，盐铁依然由国家垄断专营。这可以说是一种古代的"国家资本主义"。

抑商政策，后来一直贯穿在中国的历史中。不过，它对古代社会的影响，最主要的倒不是抑制商业发展。虽然在我们印象里，中国古代商业不发达，但实际上，在唐、宋、明、清这些盛世，中国的商业在世界范围内看都是很发达的。

抑商政策最主要的影响体现在社会结构上，就是古代商人的地位一直很低。古代有四民序列，士农工商，商人在最末，处在社会的边缘地带。你再有钱，不要说和士大夫无法攀比，即使在农工商三大平民阶层当中也只能屈居末位，因为政府不信任你，社会主流价值观也鄙视商人。

在这样的结构里，商人自然会想尽办法提高自己的社会地位。用什么办法呢？当然是用钱来交换政治地位和社会地位。交换政治地位的方法，就是买官，在古代叫捐纳制度；交换社会地位的方法，就是装，附庸风雅，把自己包装成文人。

你可以想象一下，如果说家族和士绅组成的稳定社会结构是一个圆圈，商人就是这个圆圈外面的一股流动的力量，不断向内圈挤压，自然也会改变内圈的形态。商人一直在努力，想方设法跻身到社会更核心的圈子里。

明清的士商合流

到了明清两代，以江南为中心，全国形成六大区域市场。游走在这些市场中的商人们，社会地位逐渐上升，甚至出现了一种"新四民"的排名：士商农工，商人的排名从第四跃升到第二。商人越来越接近士人，士和商这两个阶层开始合流。

他们的合流同时带来了两种趋势：一个是士大夫经商。到了明代，很多士大夫也开始经商，以前他们积累财富的方式通常是买地，成为地主。明代以后，也开始用钱来投资或者做生意了。

不要说士大夫，连皇帝也热衷于生意经。明朝有一个正德皇帝，他命人将紫禁城里的六个仓库改造成六个店铺，自己假扮成商人，一个个与他们谈生意，讨价还价，乐此不疲。

与士大夫经商同时出现的另一个趋势，是商人的儒化。我之前提到，中国的四大社会阶层之间是流动的，没有世袭的阶级，只有文化流品的高下。商人再有钱，也不能挤入上流社会，要打开贵族俱乐部的大门，必须具备士大夫的文化品位，这是上流社会的最重要的准入证。

于是，商人们纷纷东施效颦，像读书人那样去把玩诗书琴画。还仗着自己不差钱，高薪请来工匠，在苏州、扬州大兴土木，建造园林。完工以后，邀请士大夫来自己的私家园林，春天弹琴赏花，秋天吃蟹吟诗，借此攀附上流社会，显示自己不是只认铜钱的俗人，也是有文化的！

你可以认为他们在附庸风雅，但时间一久，还真的变风雅了。讲到这里，你大概明白了，为什么在中国文化里，商人阶层最高的境界，叫儒商。儒商不一定懂得儒家的义理，但一定要有文化品位。

明清两代的艺术品和奢侈品消费特别兴旺，就是这些富商推动的。他们购买艺术品和奢侈品的目的，跟中国的文人士大夫或者西方的贵族都不一样。贵族和文人是为了彰显品位，而商人是为了改变阶层，用经济资本去兑换文化资本。

你看，正是因为在社会结构中，商人没办法占据更核心的位置，只能处在边缘，所以他们不得不以改变自己的方式进入主流社会，因此形成了中国独特的商业文化。

士商合流的结果,不仅士大夫文化改造了商人,商人文化也改变了士大夫。明清两朝的士大夫,特别是在经济最富庶的江南,不再守得住清贫,而是出现一种类似商人的奢侈风气,起居饮食越来越精致、考究。乾隆年间有一个江南士大夫领袖袁枚,不仅诗文写得好,还是公认的美食家,他用诗一样的语言写了一部《随园食单》,记载了326种大江南北的菜肴名点,还有各种饮茶之道。

现在问题来了,明清的商业如此发达,假如没有西方的影响,中国会自发产生近代的资本主义吗?下一讲我就来与你继续讨论这个有趣的问题。

进阶思考

为什么商人的地位在中国历史中有一个由低向高的演变过程?

延伸阅读

钱穆:《中国经济史》,北京联合出版公司,2013年。

第 44 讲

假如没有西方的影响,中国会产生资本主义吗

商业与资本主义是两个不同的概念。商业古已有之,资本主义作为一种组织化的制度,是近代才出现的现象,其特征是成本核算制和非人格化的管理制。

欧洲的资本主义经历了商业资本主义和市场资本主义两个阶段。但在中国,虽然到了明代商业非常繁荣,但并没有出现资本主义的萌芽。

在历代王朝中,明代是一个最典型的农民国家,它的经济政策有三条:对外海禁、以农立国、商业专卖。在此背景下,商人始终是权力的依附者。

上一讲我为你讲解了古代中国的商人阶层，留下一个悬而未解的问题：到了明代，中国的商业已经相当发达，GDP世界第一，过去有一个说法，说明代已经产生了资本主义的萌芽，即使没有后来的西方现代化的影响，中国也会自发地、缓慢地发展出资本主义。

你认为这个说法靠谱吗？好了，这一讲我们就一起来讨论这个问题。

商业与资本主义

现在，你遇到两个概念：商业与资本主义。你想一想：商业等同于资本主义吗？资本主义是不是商业发展到高级阶段的必然产物？

法国有一个大历史学家费尔南·布劳岱尔，他以研究地中海地区的历史而闻名天下。你或许知道，在中世纪，地中海沿岸托海上丝绸之路的福，商业在欧洲是最发达的。特别是威尼斯，更是繁荣得不得了，莎士比亚还写过《威尼斯商人》，将犹太商人夏洛克刻画得栩栩如生。奇怪的是，威尼斯商业如此发达，最早的资本主义制度竟然不是出现在意大利，而是伊比利亚半岛与荷兰、英国，这究竟是为什么呢？

布劳岱尔就讲，商业不等于资本主义，商业古已有之，有买卖就有商业，但资本主义是一种近代的现象。商人与资本家虽然都以赚钱为目的，但资本家用一种非常理性的方式赚钱，并且发展出一套现代的管理制度。这套制度，用著名的中国历史学家黄仁宇先生的形象说法，叫作"数目字管理"。

当然，资本主义也不是与商业一点关系也没有，确切地说，它从商业精神发展而来，又比商业更加制度化、系统化。所以，资本主义的产生，在欧洲经历了两个阶段——垄断的商业资本主义和自由的市场资本主义。

在地理大发现之后的16世纪，最厉害的是伊比利亚半岛的葡萄牙、西班牙，他们代表了资本主义的最初阶段。一大拨野心勃勃的商人，从国王那里获得特许权和专卖权，漂洋过海从美洲那里搞来白银，到亚洲来交易瓷器、丝绸和茶叶，回到欧洲再贩卖，那是上百倍的暴利啊！这是经济学中的重商主义阶段。

但真正的资本主义典范，今天我们所熟悉的市场经济，是要到17世纪之后。最早发现资本主义秘密的，是德国大思想家马克斯·韦伯。他说，现代的资本主义制度有两个核心，一个是核算投入产出的会计制度，另一个是非人格化的人员管理制度，这在之前的商业文明之中是没有的。你想一想，今天的公司组织乃至于许多单位的管理，都是按照这两条资本主义的核心原则来确立的！

这套被黄仁宇先生通俗地形容为"数目字管理"的制度，最早在17世纪荷兰的银行业出现，然后在18、19世纪的英国企业得以完善，再加上亚当·斯密所说的由"看不见的手"自发调节的自由市场经济，使得资本主义升级为典型的2.0版，即自由的市场资本主义，虽然后来它有很多的变种，但一直延续到今天。

郑和下西洋只是为了宣扬国威

明白了资本主义在欧洲的创业史，现在就可以回过头研究中国了。

欧洲的商业资本主义，最早是从哥伦布、麦哲伦远航探险以寻找商机开始的，但是咱们中国的郑和下西洋，可要比哥伦布早了一个世纪，船队的规模与气势也要比他们壮观得多，为什么郑和并没有给中国带来同样的资本主义曙光呢？

派郑和下西洋的，是朱元璋的儿子永乐帝。他将首都从南京迁到北京，一心要继承元帝国称霸欧陆的大业。郑和七次出洋，看起来似乎是为了做生意，其实醉翁之意不在酒，乃是为了到海外宣扬大明王朝的国威，命各个国家和部落到京城来朝贡，让皇帝感觉万邦来朝的威严与快感。

哥伦布探险，打开了商业资本主义通道，而郑和下西洋，只是为了建立朝贡体系，从经济学角度来说，大明王朝做的是亏本生意，给藩属国的赏赐要远远多于他们的进贡，但皇帝不在乎，他要的只是面子，是自己统治的合法性。

等到永乐帝死了，他的继承者们就没有这么大的野心了，觉得这种远航劳民伤财，还是停了吧。明朝是汉朝之后又一个借助农民起义而成功建立的王朝，具有典型的农耕文明特点。由游牧民族建立的元朝是开放的、国际性的，是横跨欧亚的世界大帝国；但永乐帝之后的明朝，农民国家的基因便尽显本色，用黄仁宇先生的话说，叫"内向性"和"非竞争性"。

大明王朝的经济政策，简单归纳一下，可以说有三条：对外海禁、以农立国、商业专卖。

先说对外海禁。元朝为了建立海上丝绸之路，民众可以随意下海，各国商船来去自由。现代的资本主义是以海洋文明为基础的，但明朝的皇帝出生于农家，非常恐惧大海。当葡萄牙的商船来到南海，想垄断南中国海的海上贸易时，王朝为了御敌于国门之外，一声令下："片板不许入海！"

明朝两百多年，一直在为是否要实施严厉的海禁争论不休。海禁不是彻底的闭关锁国，只是为了维持一种贸易，那就是官家主导的朝贡贸易，其余的民间贸易，即使有，也要在朝廷的严格管控之内。当西欧的商船驰骋世界的时候，中国的商业资本主义就这样被扼杀在萌芽之中了！

以农立国与商业专卖

之所以要有海禁，最根本的原因乃是：明朝作为中原王朝的政权，牢牢遵循世代的古训——以农立国。

无论商业如何发达，中原王朝的社会基础永远在乡村，而不是城市。它的经济政策重心不在振兴商业，而是便利农业。为什么？因为以农民为主体的国家有一个普遍的观念：不患寡只患不均。商业的繁荣会造成贫富两极分化，动摇王朝的政权根基，只有广大的、均等的自耕农阶层的存在，才是政府财政的稳定基础。所以，历朝历代都没有近代欧洲王权的那种重商主义传统，连这个意识都没有！

打下大明江山倚仗的是农民，保住大明江山也要依靠农民，而且是那些老实巴交、守住一亩三分地、老婆孩子热炕头的自耕农。为了有效地圈住这些社会基础，明代在乡村实行"里甲制"，十户人家为一"甲"，一百一十户人家组成一"里"，设立里长和甲长，便于自上而下地收税、摊派徭役，管理无死角。至于那些四处流窜的商人，与流民一样，自然在盯防范围之内。

不过，商业的发展有其自身逻辑，中国地域如此辽阔，即使垄断了对外贸易，国内也会形成自足的商业市场。到了明朝嘉靖皇帝之后，商业越发繁荣，社会风气也逐渐发生变化，士商开始合流，许多官员开始经商，商人也开始进入上流社会。

不过，最厉害的商人还是官商，或者说有朝廷、大官作为靠山的商人。这与第三项政策——商业专卖有关。比如民众生活最不可缺少的稀缺资源——盐，就是政府专卖的。南方最出名的徽商，许多就是获得政府特许权的大盐商；在北方最出名的则是晋商，三大山西家族到了清代，在朝廷的特许下，垄断了国家的金融业务，其他票庄不得染指。

那么，明清时期的中国，有没有可能像葡萄牙、西班牙那样，发展出商业资本主义呢？绝无可能。朝廷要利用商人，但又时刻提防着他们——我让你闷声发大财，但你必须听话，不能有二心，形成有组织的势力。明代有南京、扬州、苏州、杭州这些运河沿岸的商业大城市，但与欧洲的那些孕育了资产阶级的自治城市不同，它们只是行政中心和漕运中心，是政府权力控制最严格的地方。商人们虽有自己的行会，但绝对不容许跨地区，且要受到政府委派的"行头"的监管。

在英国，中世纪的手工作坊通过技术进步，最终产生了工业资本主义。或许你会问，中国古代的手工业这么发达，在世界首屈一指，为什么没有发展成工业革命呢？原因很简单，中国的手工业是农业自给自足经济的延伸，是分散的、单干的，只是靠商业的销售网络联系在一起。在这一背景下，市场需求比技术进步更重要，把控了市场的商人比从事生产的手工业者更有话语权。流通主宰生产之后，商人就永远没有兴趣成为推动技术创新的资本家了。

讲到这里，你一定已经明白了，在以农民为社会主流、绝对君主专制的国家里，商业纵然再繁荣，也没有办法自发地转型为现代的资本主义。如果你一定要说明代出现了资本主义萌芽，它也只是永远长不大、发育不了的商业巨婴。就像小龙虾再怎么长个，也是变不成大龙虾的。唯一的希望，只能是外来因素的刺激，将中国卷入全球的现代化浪潮。

进阶思考

为什么农民为基础的国家，很难发展出现代资本主义？

延伸阅读

许倬云：《中西文明的对照》，浙江人民出版社，2013年。

第 45 讲

江湖社会的法则是怎样的

在士农工商的四民社会之外，还有一群游离于社会秩序制度之外的边缘人：游民、游士、游侠。他们组成了一个反体制的江湖社会。

游民是过剩的劳动者，游士是过剩的读书人，游侠是武艺高强又有侠义精神的独行者。

江湖社会的秘密团体，通常由豪强或流氓当老大，但都离不开出谋划策的游士。威胁王朝统治的最大敌人，不是知识分子，而是刘邦、项羽之类不读书的游民。

你小时候或许读过《水浒传》吧？过去有句话说，女不看《红楼》，男不看《水浒》，因为《水浒传》描写的是一个另类社会——江湖社会，这是社会的反叛者。你不要小看这个江湖社会，这是影响中国社会的第四根支柱。前几讲我为你讲解的家族、士绅和商人，这些都是社会体制中人，但这个江湖社会则游离在体制之外，是社会秩序的颠覆性力量。

好，今天开始的这两讲，我要与你聊聊这个充满神秘色彩的江湖社会。

游民、游士与游侠

我之前提到，中国社会是四民社会，士农工商，都是正当的职业，被社会认为是规矩人。不过，在这四民之外，还有一群人，被称为游民、游士、游侠。他们共同的特点，都是"游"，游离于社会秩序之外。

先讲游民与游士。游民是过剩的劳动者，而游士呢，是过剩的读书人。之所以"过剩"，乃是土地资源和体制渠道过于有限，容纳不了他们，使得他们成为多余的人，成为脱序的农民和士人，所谓"脱序"，就是被正常的社会经济秩序抛离出来，只能游荡在边缘的江湖社会活动。

这里我要强调一下，"游民"与一般说的"流民"是有一些不同的。因为中国人口众多，而土地资源有限，再加上土地可以自由买卖,每到王朝末年,土地兼并严重,集中到少数大地主手上,于是一批失去土地的农民只能背井离乡,四处流动,寻找打工的机会,这就叫"流民"。流民依然是规矩的良民,只是没有固定的职业而已。

"游民"就不一样了,他们没有土地和资产,从事的是不正当的行当,被称为"流氓无产者"。毛泽东当年写《中国社会各阶级的分析》时,专门分析过他们,说他们是一群生活最不安定者,有五种人:大兵、土匪、盗贼、乞丐和娼妓。

鲁迅小说中的阿Q就是典型的游民,没有家庭,没有房子,只能睡在土谷祠里,与小D打架,偶尔调戏一下小尼姑。革命来了,便以为翻身出头的机会到了,结果稀里糊涂被杀头,临死之前还浑浑噩噩,只想着如何将圆圈画圆。

与游民匹配的,还有同样被体制抛离的落魄文人,这就是"游士"。宋代以后的科举制度生产了很多有功名的士绅,但官职有限,底层的秀才还是做不了官,有些不愿当私塾老师的,也成为游手好闲的人物。

"五四"时期有一个著名的思想家杜亚泉,最早注意到游民与游士这个问题,他分析说,中国的知识分子在贵族与游民之间,向来具有双重特征:发达了,有可能成为人上人,挤入士大夫阶层;落魄了,一无所有的读书人就与游民为伍。

我之前在讲中国哲学的时候,曾经分析过中国知识分子的灵魂有儒家和道家的两面,进则兼善天下,退则独善其身。不过民国的大诗人闻一多先生很有见地补充说,中国的读书人还有第三重灵魂:匪气!

匪气就是江湖气。不要以为知识分子都是斯文人,长期在底层社会跌打滚爬的人，会沾染许多江湖的习气，这在落魄的游士身上最为明显。杜亚泉先生分析说，游士身上有两种极端的性格：一个是贵族习气，夸大傲慢，说话武断，自以为是，看不起别人，压制不同意见；一个是游民习气，轻佻浮躁，态度激进，破坏性强，建设性弱，最喜欢与人互怼，充满了反社会的仇恨心理，这也叫作"戾气"。你发现没有，这不是当今网络上不少知识分子活脱脱的画像么？

在江湖社会，有一种人大家非常喜欢，叫作"游侠"。金庸小说有许多人痴迷，迷的就是他笔下的那些具有侠义风采的郭靖、令狐冲。风靡好莱坞的李安电影《卧虎藏龙》中的李慕白，也是风度迷人的一代大侠。

游侠与游士有什么区别呢？史学大家吕思勉先生说："好文者为游士，尚武者为游侠。"游士者，只是一批动动嘴皮子的文人而已，而游侠则身怀绝技，武艺高强。这还不够，最要紧的，是有一种侠客精神，将侠义视为行走江湖的最高美德，路见不平，拔刀相助，或者反抗暴政，舍身就义。

侠客精神最古老、最完美的人格形象，就是刺杀暴君秦始皇的荆轲了。"风萧萧兮易水寒，壮士一去兮不复还"。你想，这是何等的侠义，何等的悲壮！

豪强、流氓与秀才

传说中的游侠都是独行侠，天马行空，独往独来，有一种老虎的气质。不过，对于社会秩序构成最大威胁的，却是呼啸成群的游民。他们与老虎不同，一定要像狼群一样，形成紧密的秘密团体。

江湖社会中的好汉们，其组织的内部结构究竟是如何的呢？我们且以《水浒传》中的梁山泊兄弟们，做一个案例解剖。

在梁山忠义厅结盟的一百零八将，都可以说是流民，因为各种原因被逼上梁山，成为江湖土匪。其中最重要的，是坐头三把交椅的宋江、卢俊义和吴用。从身份上说，宋江是流氓，卢俊义是豪强，吴用是秀才。

你想过没有，为什么梁山泊的老大是流氓小官吏宋江，而不是豪强大地主卢俊义？中国历史上能够当皇帝的，不外两种人，一种是豪强，比如东汉的刘秀、唐朝的李世民，还有一种是流氓，比如西汉的刘邦、明朝的朱元璋。

本来，卢俊义与宋江都有资格做老大，但为什么偏偏输给宋江，或者说要让给宋江？民国有一位史学家萨孟武，他写了一本很有趣的小册子《水浒与中国社会》，对此有精彩的分析。他说，流氓当皇帝，要有地主的德性，就是礼贤下士；而豪强当皇帝，则要有流氓的德性，就是豁达豪爽，这样才能被众人认定是真命天子，得到拥戴。

豪强卢俊义既礼贤下士，也豁达豪爽，但比起宋江来，他的流氓性还不够，不够心狠手辣。当老大的，要有曹操的那股劲儿，宁可我负人，不可人负我。别人都是我的工具、奴才，唯有我独大，说一不二。

宋江是小吏出身。我之前讲过，古代的官僚队伍当中，官与吏是两拨人，有不同的社会身份和文化性格。官，通常是通过察举或者科举选拔上来的儒家士大夫，知书达礼，有自己的理想，即使坏，也坏得有分寸，至少要虚伪一把。但吏就不一样了。

吏是一种有专门技能的职业，不需要接受系统的教育，也不需要什么教养与文化。小吏通常是从底层社会上来，身上染有各种江湖习气，双重人格非常明显，对上讨好献媚，对下耀武扬威。因为薪水微薄，常常是黑白两道通吃，从中谋取不义之财。

你想，真的较起劲来，比起狠来，豪强哪里是流氓的对手！宋江与刘邦一样，都是小吏出身，最后凭自己在底层社会积累的流氓经验和高超手腕当了老大。政治场上，比拼的是意志力，谁的政治意志最强，就有可能是笑到最后的赢家。

不过，仅凭游民阶层中的流氓，是成不了大气候的。狼狈为奸，狼群要干大事，一定离不开聪明狡猾的狈。这就是游士。游士是落魄文人，与流氓、豪强不同，不敢当老大，最适合做出谋划策的军师。穷秀才吴用就是宋江身边缺少不了的智囊人物。

为什么中国的读书人不配当人君，只能做人臣？还是以《水浒传》为例子分析。在晁盖、宋江上山之前，梁山的寨主是落第秀才王伦。读书人的毛病是自以为是，心胸狭窄，既没有豪强的礼贤下士，又没有流氓的豁达豪爽，气象与格局都不大。你看，王伦妒贤嫉能，唯恐被人抢了自己的风头，一心要排斥武艺高强的林冲。但读书人又缺乏流氓那般狠劲，王伦不敢杀林冲，最后反而是被林冲所杀。

林冲杀王伦，乃是受了另外一位游士吴用计谋的刺激。你看，读书人在江湖社会的角色就是如此，当幕后摇羽毛扇子的第三把手。老大飞扬跋扈，老二最为老大忌讳，处境也最为危险，若妥妥地当老三呢，老大、老二都想争取，又超脱，又安全。于是，吴用的位子坐得很稳，任凭风浪起，稳坐钓鱼台。

从梁山的上层权力结构中,你可以发现中国传统政治的另一个秘密,那就是江湖规则。江湖距离庙堂并不遥远,庙堂中有江湖,江湖也是另外一个庙堂。

中国历代的统治者最忌讳读书人,以为有思想、敢说话的知识分子是对自己最大的威胁。其实不然,"坑灰未冷山东乱,刘项原来不读书。"将书给烧了,儒生给埋了,依然有豪强与流氓。你看项羽是楚国贵族,刘邦是底层的小吏,正是这两个不读书的枭雄豪杰,将不可一世的大秦王朝给掀翻了。

好,下一讲我将继续为你讲解江湖社会的法则——独特的流民文化。在这里,你将懂得另一个中国。

进阶思考

为什么在正式的社会体制之外,始终存在着一个平行而隐蔽的江湖社会?

延伸阅读

萨孟武:《水浒传与中国社会》,北京出版社,2013年。

第 46 讲

江湖是体制外的主流社会倒影吗

江湖社会的形成,通常经历两个阶段:第一阶段,结拜兄弟;第二阶段,组织秘密会社。

江湖社会有自己的江湖文化,哥们儿义气是江湖人士的最高美德。

中国的秘密会社有三根支柱:宗教、组织和帮规。

江湖与朝廷是同构的,对立的双方遵循的是相同的政治与文化逻辑。

周作人曾说，自己身上有两个鬼，一个是绅士鬼，另一个是流氓鬼。这里说的"鬼"，指的是灵魂，他应和了闻一多的说法，中国知识分子身上有三种灵魂：儒家、道家和土匪。

流氓气、土匪气、江湖气，都是同一个东西。这是一种独特的社会文化。上一讲我已经为你介绍了中国的游民、游士与游侠，以及江湖社会的组织结构。好了，这一讲将继续这个话题，聊一聊江湖文化，以及江湖社会与朝廷的关系。

游民的江湖社会

什么叫"江湖"？确切地说，有两个江湖，一个是士大夫的江湖，另一个是游民与游士的江湖。

士大夫忧国忧民，"居庙堂之高则忧其民，处江湖之远则忧其君"，士大夫心中的庙堂是朝廷，而他所说的江湖是士绅精英领导的民间社会。但是，游民与游士的江湖就不一样了——这是他们的活动空间，江湖在正式的社会体制之外，不管是朝廷的政治权力，还是家族与士绅的社会权力，都奈何这个江湖不得，它自有其独特的规矩与法则。

有句话说：江湖险恶。的确，土匪、流氓、娼妓、乞丐、盗贼，都是社会边缘人物，他们的活动空间，你不要以为像金庸笔下的江湖社会那样，充满了诗意。不，江湖险恶，那是一个血雨腥风、刀光剑影的社会，其风险与残酷比起官场有过之而无不及。不然的话，为什么会有那么多的英雄好汉、孤单侠客想退出江湖、金盆洗手呢。

不过,江湖社会并非像丛林世界那样,全然是弱肉强食的世界,不,江湖社会有江湖社会的规矩,也就是说,有自己的江湖文化。那么,什么是江湖文化呢?江湖文化就是游民文化。最早提出游民与游士问题的杜亚泉先生,对中国的游民文化有很精彩的概括,他认为有三个主要的特色:

第一,豪放豁达,浪迹江湖。不像规矩的老百姓那样在家乡定居,喜欢到处游荡,好打抱不平。

第二,不受拘束,不治生计。这批流氓无产者没有家庭,赤条条来去无牵挂,也没有正当职业,更不守孔子与家族定下的各种礼法规矩。

第三,仇视富豪、仇视官吏。游民是反体制人物,他们心目中最大的敌人,一是为富不仁的贵族,二是欺压百姓的贪官污吏。到处杀富济贫,为民除害,因此也赢得了不少美名。

江湖社会的最高美德

江湖社会的形成,通常要经历两个阶段:第一阶段,结拜兄弟;第二阶段,组织秘密会社。

结拜兄弟是游民们最原始的结合。这些边缘人物来自五湖四海,本来没有任何血缘和地缘关系,突然在江湖上萍水相逢,一起喝了几大碗酒以后,发现气味相投,决定结拜为兄弟,制造一个拟血缘关系。刘备、关羽和张飞的"桃园三结义",就是真实的历史典范。

请注意"桃园三结义"中的这个"义"字,盗亦有道,江湖社会也有自己的最高美德,这就是"义"。儒家的"义",是符合"仁"的伦理原则;但结拜兄弟们心中的"义",是有福同享,有苦同当,不求同年同月同日生,但求同年同月同日死。你看,江湖社会的"义"与儒家无关,却与墨家的"四海之内皆兄弟"非常接近。

江湖社会的哥们儿义气,可归结为两个要点:第一是仗义疏财,第二是义薄云天。结拜兄弟不是亲兄弟,却胜似亲兄弟,在财产关系上不分彼此,大块吃肉,大碗喝酒,今日有酒同醉,明天有难同当。假如吃一顿饭还亲兄弟明算账,那就太不仗义。如今在北方人那里,这种哥们儿义气还保存得相当完整,但在南方人这里,特别是沿海大都市,已经非常稀罕了。

江湖社会的最高境界,是义薄云天。哥们儿义气,不问是非,无关善恶,是江湖社会的第一原则。中国各地都有关公庙,一个历史人物,连同他骑过的白马,凭什么享受菩萨神仙的同等待遇,接受百姓的顶礼膜拜?对了,因为关公在民间社会就是义薄云天的形象,是最讲交情的义人。曹操曾经是关羽的恩主,关羽念其旧恩,在华容道上放走曹操,本来这是以私害公的死罪,却在民间传为美谈。

不过,中国人生活在君臣、父子、夫妻、兄弟和朋友的五伦关系当中,若将结拜兄弟的江湖义气视为最高原则,自然会产生不近人情的残酷一面。前些年,在江苏南通一处墓穴中发掘出明代的唱本,里面讲到当年桃园三结义的时候,为了彻底断绝儿女情长,将兄弟情谊视为唯一的牵挂,关羽和张飞约好,各自到对方家里将全家老少杀光。张飞来到关家,发现关羽妻子已经怀孕,心一软就手下留情,后来就生下小英雄关索。关索长大以后,找到关羽要认父亲,但关羽不认这个儿子。关索大怒,决定投奔曹操,与父亲为敌。这个故事虽然是虚构的,但关索的故事在民间流传很广,从中可以发现,游民们的江湖文化跟正统的儒家伦理完全相反,既违背人伦,又不讲孝道,为了江湖义气可以斩断一切世俗人情,残酷极了。

宗教、组织与帮规

江湖社会的第二阶段是形成帮会,也叫秘密会社。

中国历朝历代都有秘密会社的存在,明清以后特别活跃,比如天地会、哥老会、青洪帮、一贯道等等,这些会道门组织,也是俗称的黑社会,在一般人眼里,有很强的神秘感和恐怖感。

中国的帮会团体究竟有什么特色呢?有这么三根支柱,即宗教、组织和帮规,支撑起秘密会社的存在。

先讲宗教。许多帮会都有自己的秘密宗教。这些宗教通常从高级宗教里剥离下来,被某个教主改造成一个粗鄙化、凝聚能力和动员能力很强的邪教。比如让嘉庆皇帝很头痛的白莲教,其教义就是来自佛教的净土宗,既是一种秘密宗教,又是一个颠覆性很强的秘密会社。

其次是组织。秘密会社有非常严密的组织结构,有点像现代的传销组织:帮主下面设立若干个山堂,每个山堂又有龙头,层层分封。帮会都有自己的黑话,不管你到哪里,只要对上黑话暗语,就算找到组织了!

最后是帮规。帮会是反体制的,既不受国家法律约束,也超脱于社会礼俗,作为一个无法无天的独立王国,却有它自己的家法和帮规。《水浒传》中的一百单八将，就是聚集在水泊梁山的忠义堂。何谓"忠义"？"忠"是对帮主绝对忠诚，绝对服从，绝无二心；"义"是对帮派内的兄弟要讲义气、同生死、共命运。一旦违背帮规，就要按家法动私刑，严厉惩罚，绝不姑息。

你看，这套帮会规矩、江湖文化，看起来似乎是与体制对着干的，其实呢，它的很多元素早已深刻地渗透到体制内部，成为中国政治的一部分。民国初年，北京有一个名记者黄远生，是聪明绝顶、异常敏锐的观察家，他就讲，中国数千年的政治，就是游民政治而已。江湖文化本来就是中国文化不可剥离的一部分。

你或许会问，为什么？你想一想吧，中国社会是上下高度流动的，不少上层精英来自社会底层，他们身上有许多江湖习气，甚至连刘邦、朱元璋这些皇帝也都是草根出身，带有秘密会社的帮主色彩！

江湖人士是很有一点野心的：皇帝轮流做，明年到我家。中国的底层社会潜伏着无数个土皇帝，他们在自己的地盘里，像皇帝那样煞有介事，而且时刻窥探着机会，去实现改朝换代的梦想。一旦自己当上皇帝，那是变本加厉地残暴。难怪鲁迅要说，奴隶一旦成了主人，就是新的、更可怕的奴隶主。中国历史上的造反不可谓不少，但最后的结果都不过是"城头变幻大王旗"而已。

江湖社会的造反者，打着替天行道、杀富济贫的旗号，其实都是只反贪官，不反皇帝。造反成功，自己成为新皇帝；造反不成，只要朝廷一招安，立马归顺，摇身一变为官军，替皇上去剿灭其他的造反者了。你看，宋江后来不是被招安，成为武德大夫，替朝廷去围剿方腊农民起义了吗？

我研究中国历史与文化这么多年，终于明白了一个道理：不要看江湖反朝廷，其实朝廷与江湖是同构的，江湖就是朝廷，朝廷是另一个江湖。对立的双方，遵循的是同一个政治逻辑与文化逻辑。

进阶思考

江湖就是朝廷，朝廷是另一个江湖，它们的共同点是什么？

延伸阅读

王学泰：《游民文化与中国社会》，同心出版社，2007年。

己部

中国文化的总体结构

家国天下，是中国人认识自己与认识世界的核心意识。那么，何为中国？何为天下？何为中华民族？为什么了解了中国文化中"东"与"西"、"南"与"北"的关系，就洞晓了中国文化的大格局？

第 47 讲

什么是"时间中国":一个文明共同体

古代中国并不是一个民族国家。直到清末,梁启超受欧洲人的启发,才提出"中华民族"这个概念。

在中国人的观念里,"天下"既是一个价值体,是值得追求的普世文明秩序,又是一个权力体,是以中原为中心的、等级化的天下秩序,也就是大一统的秩序。

王朝只是中国的肉身,文明才是中国的灵魂。"时间中国"是贯穿历代王朝的文明共同体。

前面几个单元我为你讲解了中国文化的主体结构、互补结构、信仰结构、政治结构和社会结构，现在，我们要转向学习中国文化的总体结构了。

这个总体结构要回答的一个问题，就是：何为中国？

我相信，你学习中国文化，肯定不是为了发思古之幽情，而只是为了古希腊神庙镌刻的那行字：认识你自己。

到了异国他乡，别人会问你：你从哪里来？你是哪里人？你一定会回答：我是中国人！不错，每个中国人内心都有对中国的认同。

那么，到底什么是中国呢？

你可能觉得，这根本不能算一个问题嘛！是的，今天的人对现代中国的理解是很清晰的，是一个有明确人口、疆域和主权的民族国家。

不过，你知道吗？这样一个民族国家在古代中国并不存在！

何为中国，为什么成了一个问题？这一单元，我就要与你聊聊这个话题。先来告诉你结论吧，历史上的中国并不是根据版图或者民族来定义的，而是根据文明来定义的。中国是一个文明国家，也就是前面几个单元与你详细讨论过的，那些特定的思想结构和制度结构构成的文明共同体！

古代中国不是民族国家

许多人未必意识到，我们现在心目中的"国家"概念是从西方来的，而且是17世纪欧洲著名的"三十年战争"之后才有的东西。欧洲各国打了30年的仗，最后打累了，签订《威斯特伐利亚和约》，帝国的世界秩序从此转向民族国家的世界秩序。

这个体系给欧洲带来一个巨大的变化，确定了一个重要原则：一个民族一个国家。也就是说，国家按照民族的原则建立，每个民族都有独立建国的权利。所以，和中国面积差不多大的欧洲，今天却有45个国家。这就是民族国家的源头。

假如你用民族国家的概念来理解古代中国，那就晕了。为什么？因为古代中国不是一个民族国家。

你可能会说，不是有中华民族吗？但你知道吗，"中华民族"这个概念，是直到晚清才由梁启超提出来的，他提出这个概念，正是受到欧洲人的启发。既然是"一个民族一个国家"，那么，中国是一个国家，当然也应该有统一的民族，那就是中华民族。

在这之前，中国有汉族、蒙古族、满族、藏族、回族……但没有中华民族。古代中国就像"三十年战争"之前的欧洲一样，是一个帝国。帝国和民族国家不一样，内部包含着多个民族、多个宗教。

那么，在古代中国，这些不同的民族、宗教和文化，是怎么整合到一起的呢？古人用一个概念解决了这个问题。这个概念就是"天下"。

什么是"天下"呢

张艺谋曾经拍过一个电影《英雄》，讲的是荆轲刺秦王的故事。那年我坐在电影院，看到陈道明演的秦始皇嘴里蹦出"天下"两个字的时候，就忍不住笑了。秦始皇信奉的是法家，而"天下"呢，是儒家的理想。迷信法家的秦始皇只知道富国强兵、实现霸业，哪里会有"天下"这个观念！

美国著名学者约瑟夫·列文森在他的书里说，"天下"在中国人观念当中，既是一个价值体，又是一个权力体。我觉得很有道理。

先来看作为价值体的"天下"。明末清初大儒顾炎武说，"亡国"和"亡天下"不一样——亡国，是改朝换代；亡天下，意味着文明不存在，大家都不讲仁义道德，变成了弱肉强食的世界。这就告诉我们，可以没有王朝，但万万不能没有道德伦理秩序。顾炎武还说过一句脍炙人口的名言："天下兴亡，匹夫有责。"他说的"天下"，就是作为价值体的"天下"，是值得追求的普世文明秩序。

这是中华文明一开始就定下的基调。儒家也好，道家、墨家也好，先秦的孔子、老庄和墨子都不是从国家或民族的角度思考问题。他们都是从普遍的人性出发，提出中国文明乃至天下普世文明的大问题，这有点像基督教。基督教的前身犹太教只是犹太人的宗教，但耶稣把基督教升华成一种超越犹太民族的普世的人类宗教。同样，中华文明从一开始就是人类主义的，它的基因不是民族主义的，而是世界主义的。

现在问题来了，一套抽象的价值体"天下"，如何在现实中实现呢？

这就需要把理想的"天下"秩序，落实到一个制度的肉身，这就是作为权力体的"天下"。所谓权力体的"天下"，就是以中原为中心的、等级化的"天下"秩序，也就是我在政治结构里讲过的大一统的秩序。中国的大一统架构，就是要建立一套适用于"天下"的普遍文明制度。

作为权力体的"天下",是古代中国人对以自我为中心的世界空间的想象。价值体的"天下",跟时间上的中国有关,而权力体的"天下"呢,与空间上的中国有关,下一讲我将详细为你讲解。

文明才是中国的灵魂

现在问题来了,"天下"是否等同于今天我们说的"中国"呢?

"中国"这个词最早在西周就出现了,周成王将国都迁到洛阳,后来宝鸡出土的一口青铜器大鼎何尊的铭文中,记载了这件事儿,叫作"宅兹中国","中国"最初指的就是洛阳为中心的中原,我们非常熟悉的黄河中下游,中华文明的发源地。

中华文明上下五千年,在公认的四大文明古国当中,是唯一没有中断过的文明。为什么中国文明如此幸运?你只要打开中国地图,看看地形,就会明白了。你看中国,东南是大海,西南是喜马拉雅山,西北是沙漠,阻挡了外敌的入侵。

不像古埃及、古巴比伦和古印度王国,虽然文明很发达,但就是缺少中国拥有的天然屏障。一旦周边出现了更强的帝国,马上就亡国灭种,文明也随之中断了。真是天佑中华啊,中华文明在东、南、西三个方向都有天然的屏障,唯一的天敌,就是北方草原的游牧民族。关于华夏汉民族与游牧民族的关系,以后再详细讨论。

在后来的历史中,其实没有一个王朝是用"中国"来自我命名的。古人会说"我是大唐、大明、大清的人",但不会说"我是中国人"。但是,当我们回头去看,二十四史所呈现的王朝更替,背后有一条若隐若现的主线，这就是"时间中国"。

五胡乱华也好，蒙古人入侵也好，满族人统治中国也好，最终入侵者征服了中国人的身体，但在灵魂上却被中华文明所征服。王朝可以更迭，民族可以变化，但是文明意义上的"中国"始终顽强地传承下来。

前后相继的历代王朝，构成了一个统一的连续体，这就是"中国"。王朝只是中国的肉身，文明才是中国的灵魂。"时间中国"是什么？就是一以贯之的文明共同体啊！这就是"中国"这个概念的核心。

中国的核心现在清楚了，那么，它的边界又在哪里呢？

我前面说过，古代中国不是一个民族国家，而是一个文明国家。民族国家有清晰的边界，但文明国家呢？按照复旦大学的葛兆光教授的说法，叫作"中心清晰，边缘模糊"。

假如你翻一翻谭其骧先生主编的《中国历史地图集》，就会发现各个朝代的版图，甚至同一个朝代的不同时期的版图，随着中原势力的盛衰，都是动态的、变化的。

古代中国的边界之所以模糊，是因为我们以中华文明照耀到的地方来定义中国的边界。古代中国人相信，普天之下只有一种文明，就是中华文明。我们可以把文明想象成阳光，凡是沐浴在中华文明阳光之下的地方叫作"化内之地"，暂时无法波及的地方就是"化外之地"了。

也就是说，"天下"之外，还另有世界。比如，汉代人知道，在遥远的西方，那里有一个大秦国，就是古罗马帝国；唐代人听说在西方有强大的大食国，那是阿拉伯帝国。但它们都属于"化外之地",不是"天下"的一部分。

那么,怎么区分"化内之地"和"化外之地"呢?"天下"跟"社会"结构类似,也是一个差序格局。"社会"的差序格局以自我为中心,一层层往外拓展;而"天下"的差序格局呢,是以"中原文明"为中心,一圈圈往外扩张。"化内之地"的边缘在哪里,就要看中原文明的阳光有多强,能照多远了。

总而言之,古人并没有疆域明确的"中国"这个概念,只有"王朝"和"天下"。"天下"就是以中原为中心的普世文明,是一种理想的普遍秩序。而"中国"呢?从时间角度来说,就是贯穿于历朝历代背后的一条文明的线。

进阶思考

为什么古代中国"中心清晰,边缘模糊"呢?

延伸阅读

葛兆光:《宅兹中国:重建有关"中国"的历史论述》,中华书局,2011年。

第 48 讲

什么是"空间中国":一个多元复合体

"空间中国"是动态的、随着时代的变化而不断变化的,是多种文化、多个政权并存的空间复合体,它们共同组成了多元一体的中国。

一个政权是否合法,是否正统,不是看它属于哪个民族,而是看它能不能代表中华文明。

上一讲我讲了，古代中国是一个贯穿了各朝各代的文明共同体，这是从时间的脉络来看的。不过，假如我们换一个角度，从空间来观察的话，会发现一个很重要的现象：在大部分的历史时期，在现有的中国版图上，经常同时存在好几个政权，比如南宋的时候，就有宋朝和金朝等几个政权对峙。

假如你去过杭州岳王庙的话，一进大殿，看到的是"精忠报国"四个大字，据说岳飞的母亲把这四个字纹在他的身体上。岳飞要报效的"国"当然是大宋王朝；他要抵抗的"国"是异族的金朝，那么，金朝到底算不算"中国"呢？

一旦涉及空间，"何为中国？"的确是一个复杂的问题。

谁代表中华文明，谁就是正统

许多人可能都以为，秦始皇之后，中国大部分时间都是统一的国家。其实不是这样，根据复旦大学葛剑雄教授的研究发现，中国分裂的时间与统一的时间差不多各占一半。具体来说，元朝以后，统一的时间比较多，而在这之前，分裂的时间更长。

在同一个时期并峙的不同政权，今天我们会把他们看作一个整体，比如说历史上的三国时期。我们会觉得分裂是统一之前的临时状态，曹操、刘备、孙权，他们毕生的雄心，不都是一统中原吗？即便是异族政权，其实他们也是"空间中国"的一部分。

史学界有一个不成文的约定，凡是在现有中国版图之中，历史上曾经有过的政权，都属于中国历史的一部分，比如草原来的匈奴、契丹，从东北入关的鲜卑、金朝，西面的西夏、吐蕃等等。

"空间中国"是多种文化、多个政权并存的空间复合体，它们共同组成了多元一体的中国。

从空间角度看中国的话，从秦汉到明清的中国，可以分为三种类型。

第一种类型，是"一个政权，多种文化"。历史上的大元帝国和大清帝国覆盖了今天的中国版图，实现了比汉族政权统治范围更大的大一统。在帝国的版图内部，民族和文化是多元的，但王权只有一个。

第二种类型，是"多个政权，多种文化"。即使中原有一个大一统的王朝，比如汉、唐、明，但是在现有帝国版图之内，依然存在着与中原王朝同时并存的异族政权。汉朝的时候，汉武帝再厉害，北方草原上还有匈奴政权呢。

不要看大唐很强盛，这个大一统王朝存在期间，北方先后有突厥、回鹘政权，西南还有同样很强大的吐蕃和南诏国。这些异族政权，有自己的文化和宗教，也有和汉族政权完全不同的治理模式，但这并不影响它们成为中国历史的一部分。

第三种类型，是"一个文化，多个政权"。最典型的就是三国时期，魏、蜀、吴都属于中原文化，又是三个不同的政权。

两宋期间其实也是这个类型。跟北宋对立的大辽，还有和南宋抗衡的金朝，他们占据了北方，认同中原文化，也都自称"中国"。

既然"空间中国"是多种文化、多个政权同时存在的复合体,那么,当同时期并峙的政权都自称"中国"的时候,究竟谁能来代表中国呢?那就是"正统王朝"。

什么叫"正统王朝"?"时间中国"是贯穿历代王朝的文明共同体,可以把这个文明共同体视为中国的灵魂,但它毕竟还需要肉身啊。这个肉身,就是正统王朝。

从军事角度来说,是谁占据了中原,谁就是正统。"中原",最初指的是黄河中下游地区。后来"中原"的含义变了,可以泛指汉族所居住的核心地区,包括长江中下游区域。这两个地区,人口最多,经济上最富裕,文化也最发达。

有句成语叫作"逐鹿中原",凡是想统一中国、成为无可争议的正统王朝的,都首先要打下中原、统治中原。不过,这个"中原",不仅是地理意义上的,而且是文化意义上的。在文化意义上,"中原"代表了中华文明。

你看,魏晋南北朝时期,五胡乱华之后,北方的政权虽然都是胡人当政,但在文化上有自卑感——要自称代表"中国",那得改宗信仰中国文明呀!第一个全盘汉化的是北魏的孝文帝。

北魏统治者本是从东北来的鲜卑族,孝文帝宣布迁都到中原的中心洛阳,所有鲜卑人只许穿汉服、讲汉语、改为汉人的姓氏,连鲜卑的籍贯都通通改成洛阳籍!这个被称为"孝文帝改革",汉化之彻底,恐怕20世纪推行激进欧化的土耳其革命领袖凯末尔都会自叹不如!孝文帝全盘汉化所要证明的,无非就是:我也是中国政权,而且是中国的正统!

可以这样说,一个政权合法不合法,正统不正统,看的不是它属于哪个民族，而是看它能不能代表中华文明。

回到开始提的那个问题，虽然按照今天的观点，金朝也是一个中国政权，编入了二十四史，但是对于岳飞来说，金朝却是中华文明的敌人。他精忠报国，表面上是效忠大宋王朝，实际所忠诚的，是宋朝所代表的文明秩序。岳飞和宋朝的臣民都认定，只有大宋才代表中华文明，是正统。而入侵我乡土的金人，是不文明的野蛮人。抗金卫宋，就是守护中国，守护中华文明。

夷夏之辨，不在血统，在于文明

为什么那些异族政权也有资格争夺正统呢？

这就要说到古代中国与"天下主义"平行的另外一个观念"夷夏之辨"了。

当年身处中原的中国人，自称华夏，他们举目四望，自信心爆棚，满心鄙视东夷、南蛮、西戎、北狄。

何为华夏？何为蛮夷？放在今天的民族主义思路，那就是一个血统的差别。不过，你知道吗，古代中国人不是以血统论夷夏之辨，而是凭什么呢？竟然是——文明！

《春秋左传》有一句名言："非我族类，其心必异。"民族主义是近代的事儿，古代中国人没有民族国家这个观念，但是有一种"族类"意识。但你注意到没有，区别"我者"与"他者"族类不同的，竟然不是与血统有关的身（体），而是以文明为标准的心（灵）！

华夏是什么？是知书达理的文明人。蛮夷又是什么？是没有接受过文明教化的野蛮人。文野的差别，就在心灵，不在于血统啊。

这就意味着，只要蛮夷臣服于高级的中华文明，也按照儒家的伦理秩序生活相处，不管你原来的血统如何，你就已经是华夏汉民族一员，不再是"他者"，而是"我们"了！

海外的中国史研究资深学者许倬云教授讲得很明白，在中国文化之中，没有绝对的他者，只有相对的我者。华夏—汉民族其实是很开放的，最重视文明的教养，"我者"与"他者"之间，没有一条不可逾越的绝对界限，华夏与蛮夷都是相对的，"夷入夏则夏，夏入夷则夷"，文明决定了你的民族身份。

汉族是世界上人口最多的民族，假如从血统来算，哪里来的这么多纯种汉人！复旦大学的基因研究专家与历史学家们合作，做了一个抽样调查，发现在今天的南方汉人血统里，按照父系来算，10个当中9个有胡人血统，按照母系来算，10个当中6个有蛮夷的基因。这还是南方，假如在北方，可想而知，这个比例还会更高。

汉族在血统上实在说不清楚，它就是一个文化民族，以文化自我定义。即便你是南方的蛮夷、北方的胡人，只要你认同中原文化，按照儒家的伦理生活，相信君君臣臣父父子子，慢慢地，不仅你自己觉得是汉人，而且汉人也承认你是文明的自己人。

史学大师钱穆先生说过，中华帝国与罗马帝国不同，罗马帝国是扩张性的，罗马军团以暴力的方式将罗马法律带到欧洲各地；中华帝国呢，却是融合性的，不是暴力征服四方，而是把来到中原的胡人给同化了，让他们变得斯文，成了文明人。

讲到这里，你大概已经发现，中国文化中的"夷夏之辨"，其实是服从"天下主义"的。在近代之前，中国人的民族观念、种族意识一直不那么强烈，为什么？因为相信代表了天下最高级的文明，自己是天下的中心，有足够的自信在文化上融化入侵的蛮夷。蛮夷可以在身体上征服汉人，但汉人能够在文化上征服蛮夷的心灵，让你变成一颗"中国心"！

只有到了鸦片战争之后，遭遇比中国文明还要高级、还更有实力的西洋文明，中国人的文化自信才彻底被打破，落后挨打第一次激发了中国的民族主义意识，一直到今天。

或许你会在想，既然我们现在处于一个民族主义的时代，中国传统的"天下主义"还值得一提吗？我想告诉你的，正是因为如今世界各国的民族主义意识过于高涨，反而需要有"天下主义"来平衡它。

中国的"天下主义"有一个缺点，是一个以自我为中心的等级秩序。假如我们去中心化、去等级化，同时保留"天下主义"的普世文明性质，不是从狭隘的民族国家利益，而是从全人类的利益来重建世界的秩序，那么，这个世界将会和谐很多。这就是我这几年讨论得比较多的"新天下主义"。

讲到这里，你一定明白了，"中国"是什么？中国是一个动态的、随着时代的变化而不断变化的历史概念。从时间上看，中国就是一个贯穿始终的文明共同体；从空间上看，中国又是一个多种文化、多个政权的复合体。在多个政权对峙的时候，谁能成为正统，并不是看血统，而是看谁能够继承和代表中原文明。

进阶思考

中国的文化传统看一个政权是否正统,不是看它是哪个民族,而是看它能否代表高级的文明。这一"天下主义"的传统,对于今天有什么借鉴意义呢?

延伸阅读

许倬云:《我者与他者:中国历史上的内外分际》,生活·读书·新知三联书店,2015年。

第 49 讲

东与西：谁最后完成了中国的大一统

胡焕庸教授提出的黑河—腾冲线，是东部农耕区与西部游牧区之间最重要的分界线。历代农耕民族的中原政权，其稳定的疆域一般不超过这条农牧业分界线。

清朝政权学习了汉族的智慧，儒、法、道兼用来治理天下；除此之外，还在多民族的帝国内部创造了双元的政教制度，真正将东部的农耕区和西部的游牧区纳入治内，建立了一统中国的大业。

前面两讲我为你讲解了"何为中国"的问题，你已经明白古代中国具有"时间中国"和"空间中国"的双重性。空间形态上的中国，面积与欧洲差不多大，东西南北的差异，实在不亚于英国人与东欧人、北欧人与意大利人之间的区别。好了，接下来这两讲，我就要和你聊一聊中国文化的地域性问题了。在我看来，只有了解中国的"东与西"和"南与北"的关系，才能真正懂得"何为中国"，也就是中国在历史上是如何形成多元一体的超大文明国家的。

先来谈谈"东与西"吧！讲到"东与西"，要从一条非常重要的分界线说起。这就是黑河—腾冲线。看看中国的地图，从黑龙江的黑河到云南的腾冲，划一条对角线的话，你发现了什么？对了，东部中国与西部中国就是以此为界的。这条线，是20世纪30年代由著名地理学家胡焕庸先生提出来的，所以也叫"胡焕庸线"。

这条线，与年降雨量400毫米的分界线基本重合，这意味着什么？胡焕庸线的东部适合农耕，西部只适合放牧，于是，东部中国居住的主要是汉族，而西部中国则是少数民族。在黑河—腾冲线以东，聚集了中国人口的94%，GDP也占94%；而在西边，聚集了中国人口的6%，GDP也只有6%。

你想，中国的国情和中国文化的秘密，不都在这条重要的分界线上吗？

农耕区与游牧区

我在之前提到过,中国是一个既以"天下"为中心又以"天下"为边界的文明国家。在空间形态上,有点儿像费孝通形容中国社会结构时所说的"差序格局"。这个"差序格局",同样以中原文明为中心,形成三个同心圆。

第一个同心圆,中原王朝直接治理的汉人地区。秦始皇改封建制为郡县制,这些地区的地方官都由中央直接派遣,是中华文明的内核区域。在黑河—腾冲线上,主要集中在哪里?对了,东部地区。

而黑河—腾冲线的西部,则是第二个同心圆,那是少数民族居住的区域:东北、蒙古、新疆、西藏和云南。中原王朝鞭长莫及,只能通过三个方式——羁縻、册封和土司制度进行间接的统治。只要你不造反,可以保留原来的宗教、风俗和治理模式,朝廷不派官过来,但你的头儿必须得到我的认可。

第三个同心圆,严格说起来,不属于中国疆域的一部分,只是附属于中原的周边朝贡国,比如越南、朝鲜、暹罗、琉球等。这是中华文明的外圈。当年郑和七下西洋,就是奉永乐帝的旨意,扩大这第三个同心圆,宣扬大明王朝的国威,让各国前来朝贡归附。

这三个同心圆所形成的"中国",是由秦汉以后的中原政权建立起来的。不过,按照今天的中国版图来看,以汉人为核心的中原王朝,从来没有完成过中国在地理上的大一统,也就是说,中原王朝向南发展的时候,是所向披靡,没有遭遇任何像样的抵抗,很快统一了南方。为啥？都是农耕民族嘛，中原文明显然高一个层次，南方的蛮夷纷纷归附于中原，摇身一变为汉人，穿起汉服，诵读儒家经典，遵守纲常伦理。

不过，汉族的中原政权一旦越过黑河—腾冲线往西扩张的时候，麻烦就来了。比如雄才大略的汉武帝可以打败匈奴，一世英才唐太宗也打得突厥溃不成军，但无论是大汉还是盛唐，都无法实现对西部中国游牧区长久有效的统治。为啥？从军事角度来说，在草原深处，既无法农耕，补给线又太长，没法驻扎大军啊。你击溃了匈奴、突厥，军队一撤，没过多少年，又被他们拿回去了。

假如你去看一看《中国历史地图集》，就会发现即使在所谓一统天下的盛唐，现在的西藏地区也不属于唐朝管辖，而是盘踞着一个强大的吐蕃国。而在东北地区，还有一个同样厉害的高句丽政权。半个世纪之后，好不容易将高句丽给灭了，被唐太宗击败的突厥却又卷土重来，建立了后突厥政权。你看，唐朝的版图除了河西走廊、天山脚下之外，基本只能在黑河—腾冲线以东的农耕区，无法深入到以西的草原、高原和沙漠深处！

关于这一点，复旦大学的葛剑雄教授讲得太对了，他说，中国历史上农耕民族的中原政权，其稳定的疆域一般不超过黑河—腾冲这条农牧业分界线，汉族这个农耕民族也不具备统一中国的能力。相反，让许多人看不起的所谓胡人，也就是游牧民族却能完成中国统一的大业。你知道吗，中国农耕区的统一的确是由汉族完成的，但农耕区和游牧区的完全统一，却不是由汉族，而是由游牧民族实现的！

另一种大一统

讲到这里，你可能会想，游牧民族统一中国不稀奇啊，有没有本领治理呢？难道农耕民族搞不定的长治久安，游牧民族能够做到吗？说来你还不信，这些马背上打天下的牧马人，下了马之后还真的能够治天下呢！

我暂且不以忽必烈的元朝为例子，因为它寿命不算长，满打满算也只有97年。我就来与你聊一聊清朝吧。从努尔哈赤建国，一直到辛亥革命灭亡，将近300年的历史，是秦始皇统一中国之后最长命的朝代之一，而且成功地将农耕区与游牧区整合在一个国家之中。那么，清朝治理的成功经验是什么呢？

按照过去我们学过的历史知识，你可能会想，答案很简单啊，不就是清朝政权学了汉族的智慧，就像你在政治结构模块讲的那样，儒、法、道兼用，治理天下嘛！假如这样回答的话，在治理策略层面来看也不算错。但是，接下来我要告诉你的是，清朝统治者除了学习能力超强之外，竟然还有自己的制度创新。这个制度创新，究竟是什么呢？

之前的中原汉族王朝实行的大一统，继承的都是秦始皇建立的"车同轨、书同文、行同伦"。但发迹于东北的大清却很聪明，创造了另外一种大一统，那就是在一个多民族的帝国内部，创造了一个双元的政教制度。

这套制度可以叫作"以汉制汉，以夷制夷"。在黑河-腾冲线以东的农耕区，清朝继承了历代的儒家礼乐制度，以华夏文明治理华夏；但在黑河-腾冲线以西的游牧区，却保留了原来的宗教和治理模式，形成了制度上的双轨制，你也可以把它理解为古代的"一国两制"。

当然，双重体制并非自清代才有，在中国历史当中，也可以说是源远流长。凡是北方政权在统治汉人和胡人的时候，都用过不同的分治模式，但这套双元的政教体制，直到清朝才最后得以定型，完全成熟了。

为啥？原来，从东北走到中原的满人，虽然人数不多，却是一个在政治上很有智慧的民族，他们处于黑河－腾冲线之间，平时的生活方式既农耕，又游牧，还捕鱼，砍伐森林。建立金朝的女真人不是他们的老祖宗吗？多少年来，满人积累了丰富的与农耕民族与游牧民族打交道的经验。一个在文明夹缝之中生长起来的民族，只要擅长学习，是最有希望获得创新和突破的。

清朝的治理模式，在宗教和制度上都是双元的。先看宗教。你在北京的时候，有否注意到：在雍和宫大街，一街之隔，东边是喇嘛教的雍和宫，西边是儒家的孔庙。对了，喇嘛教是满人、藏人和蒙古人共同的信仰，而儒教呢，当然是汉人的了。但喇嘛教和儒教呢，都是清朝的国教，每年清朝皇帝都是要去朝拜祭祀的。你看，这是国教的双重体制。

不仅如此，国家治理机构也是双重并立的。治理汉族事务，延续中原王朝的传统，分为吏部、户部、礼部、兵部、刑部和工部六个部门，但这个六部管得了河东，却管不了河西，蒙古人、藏人和回人的事情，有另外一个部门即理藩院来管理，治理模式自然也与六部不同。

一个多民族帝国面临的最大威胁，乃是内部的四分五裂、自我解体。那么，大清帝国的同一性建立在什么基础上呢？一言而蔽之：普世的王朝认同。无论是汉人士大夫、蒙古大公，还是西藏活佛、西南土司，虽然宗教、文化和典章制度千差万别，但他们都认同一个大清君主。

有趣的是，作为国家的唯一象征符号，清帝在不同的民族那里的称呼是不一样的，在汉人这里叫"皇帝"，在蒙古大公那里是"草原盟主大可汗"，而在藏人那里被称为"文殊活菩萨"。

举一个例子吧，雍正皇帝很喜欢画家为他画像，但如今故宫收藏的雍正形象，竟然有好几种：儒家文人、道教圣人、蒙古大公、文殊菩萨。这意味着什么？意思是大清君主有多重的文化身份，是不同民族、宗教和文化的普世君主。套用今天的话，叫作"一个王权，各自表述"！

最后总结一下。黑河—腾冲线把中国分为农耕区和游牧区。真正把两个区域彻底统一起来的，不是汉人为主的中原王朝，而是以游牧民族为代表的少数民族政权。但是，他们实现的大一统，跟秦朝开创的中原王朝的大一统不一样，是一种以王权认同为中心的双元政教体制。这就是我说的少数民族对中国历史最重要的贡献之一。

进阶思考

中国的东部与西部经济、文化差异很大，你觉得西部应该是开发为主还是保护为主？

延伸阅读

拉铁摩尔：《中国的亚洲内陆边疆》，江苏人民出版社，2008年。

第 50 讲

南与北：经济中心和政治中心为什么不同步

中国历史上最重要的问题，一是"东西"，二是"南北"。东西是胡汉文化的冲突，魏晋之后，东西关系转化为南北问题的一部分。

中国的北方是农耕—游牧文明复合体，南方是农耕—海洋文明的复合体。虽然隋唐之后中国的经济与文化重心在南方，但政治中心始终在北方。

上一讲，我为你讲述了中国文化中的"东与西"，这一讲呢，我就要与你聊聊中国历史中同样重要的问题——南北文化的问题。如果说"东与西"涉及中原与边疆、汉民族与少数民族之间的关系，那么，"南与北"则是中华文化内部的两大流派。

你是南方人还是北方人？我们在生活中，经常被问到这样的问题。是的，中国地域辽阔，讲到文化，南方与北方的差距实在太大，比欧洲两个不同的国家，比如法国与德国的文化差异可能还要大！我们经常在网络上看到北方人与南方人互怼，南北不同文化的男女组成的家庭，也经常为风俗习惯不同而闹摩擦。

那么，什么是南方，何处又是北方呢？对了，秦岭–淮河一带就是中国南北的分界线。它与上一讲我告诉你的黑河–腾冲线，是中国地理中最重要的两条分界线。记住了这两条线，就理解了中国文化的"东与西"和"南与北"，中国历史的核心秘密就在这里。

南北问题与东西问题是分不开的。在魏晋、两宋和晚明，西部的游牧民族三次大规模入侵东部农耕区，北方文化之中，既有汉化的胡文化，也有胡化的汉文化。而南方呢，更多保留了汉民族的中原文化传统。这样一来，东西之间的差异，也深刻地镶嵌到南北文化关系当中。

更确切地说，在丰富的中国文化当中，有三种基本元素——农耕文明、游牧文明与海洋文明。中国的北方文化，是农耕文明与游牧文明的复合体，而中国的南方，特别是明代以后，是农耕文明和海洋文明的复合体。

这三种文明的互动，正是洞察南北问题所有秘密的关键所在！

游牧—农耕文明的北方

我先与你聊一聊北方吧！

在中国历史当中，南北问题的真正出现，是要到西晋时期。八王之乱之后，大批北方的游牧部落乘中原大乱，大举南下，这就是历史上有名的"五胡乱华"。

于是，西晋王室在永嘉年间被迫南渡，在南京建立东晋政权，秦汉以来的大一统局面结束了，就此形成南北朝。南朝与北朝很难说谁是正统，他们都自称代表中国。从此以后呢，中国文化有了南北之分。

本来，中国文化的正宗在诞生了儒学的中原文化。"中原"指的是黄河中下流域，但南北朝以后，文化上的"中原"究竟在哪里，已经说不清了。

为什么？因为东晋之后，江南的人口、经济有了大发展，文化的中心逐渐从黄河流域转移到长江流域。南方文化承继中原的正统，又与南方的土著结合，形成了南方农耕民族勤奋、细腻、儒雅、潇洒的性格。

而中原文化的发源地北方呢，因为五胡入侵带来了游牧民族独特的彪悍、粗犷和元气淋漓，形成了与南方迥然不同的风格。

孔子不是希望大家都能做君子吗？君子的气质，用他老人家的话说，叫"文质彬彬"，"文"指的是文化熏陶出来的儒雅，"质"的意思是有生命的原质感。你可能已经想到了，农耕民族呢，比较文气，表现为"文"的一面；而游牧民族呢，更多保持了原始的质朴，表现为"质"的一面。

在魏晋南北朝之前，南方人本来是被中原人看不太起的，称为"南蛮子"，但毕竟是农耕民族，在西晋王室南移以后，经过中原文化的浸润，慢慢变得文雅起来，文胜于质，彬彬有礼。这不就是南方文化吗？

而北方呢，本来文与质是平衡的，但胡人带来的蛮气，慢慢让北方人变得质胜于文，元气淋漓。你知道吗，"五胡乱华"之后的1000多年历史，北方有一半时间处于胡人统治之下。而南方只有300多年。于是，胡汉之间的差异就逐渐蜕变为南北文化的不同了！

日本京都学派第二代掌门人宫崎市定教授做过一个比较，说汉族是"文明主义"，胡族是"朴素主义"。假如用此来形容南方人与北方人，你想想，是否也是同样的恰如其分？

在晋朝王室南迁之前，北方文化一直占优，大人物都出自北方。到南北朝的时候，南北打了个平手。而到了隋唐两宋之后，南派比较北派在文化上的优势越来越明显，北方再也招架不住了。

比如，明朝开国之初的第一次科举考试，会试的结果，竟然所有的进士都来自南方，没有一个北方人！朱元璋不高兴，或者怕北方人不高兴，命令重新阅卷，结果还是同样如此。朱元璋大怒，将考官连同状元都杀了。杀了也没有用，文化上南方强于北方，已经成为无法扭转的大趋势！

现在问题来了，既然文化与经济的优势都在南方，那么为什么历史上几次结束南北分裂的大一统政权，都是北方王朝呢？特别是元朝和清朝，北方来的游牧民族还建立了将黑河－腾冲线两边的东西中国完全统一的大帝国呢？

关于这个问题，要放在全球史的背景中加以分析。从公元7世纪到17世纪，整整10个世纪，欧亚大陆的霸主并不是农耕民族，而是游牧民族。你看，驰骋在欧亚辽阔的草原和平原上的，不是阿拉伯帝国的马队，就是蒙古帝国的骑兵。在冷兵器时代，谁拥有了优质的骏马和彪悍的骑兵，谁就左右了战场。

中国历史上的南北政权，所交锋的不仅是军事实力，而且也是精神气质。

来自草原的蛮族元气一旦来到黄河流域，与中原的儒家文明结合，这个文与质的结合，就不是流亡到南方的中原王室与贵族所能对抗的！南方之强，在于精致的文化与开放的经济，而北方之强呢，是来自草原的组织力与行动力。

帝国的争霸战，本来比的就是两个东西：文明与实力。中原的农耕民族有文明，边疆的草原民族有实力。"五胡乱华"之后的北方，草原的原始蛮气与中原的政教传统融合，既有文明，也有实力。你想想，南北朝之后的中国，帝国的大气象都来自北方政权，从唐宋到元朝、清朝，唯一的南方大一统政权明朝，就显得格局和气度小多了！

注入了海洋文明的南方

不过，你也不要小看了南方。南方的活力，不在于农耕文明的纯粹，而是海洋文明的诞生。

海洋文明何时在南方诞生的呢？是在明代。在南中国海出现了一个由民间自由贸易为主体的南海世界共同体,这一海洋贸易网络,以白银为媒介,将东亚与欧洲通过海路连接在一起。

从此,在中国的南方,出现了一个海洋中国。

海洋中国的出现,与全球的海洋文明时代的来临有关。16世纪初,海洋民族葡萄牙人、西班牙人和荷兰人来到了东海、南海,叩响了中国的大门。

中原的每一次历史性变化,都与外来文明的冲击有关。总是先有开放,然后才有变革。是开放冲击了古老的中国,刺激朝廷不得不变革。

16世纪之前,对中原农耕文明构成挑战的,是北方草原的游牧民族;16世纪之后,对中国形成冲击的,逐渐变成海上来的西洋民族了。

你如果到过广东、福建和浙江的沿海地区,就会发现那里的文化与黄河边、长江边的中国,有很大的不同。那些在海边长大、靠海吃饭的渔民们,不像中原那样恐惧海洋,也不像自耕农那般保守、封闭。在他们身上,中原小农经济的文化积淀不深,反而具有海洋民族的那种敢于冒险、向外开拓、精明算计的商业精神。

潮汕人、客家人、闽南人、温州人还漂洋过海,移民海外,在整个南洋地区,后来还延伸到北美,建立了一个全球性的华人商业贸易网络。

不过,中国南方的商人与西欧的商人毕竟生活在两个不同的社会结构当中:西欧的海洋民族以契约和权利为核心,发展出资本主义的市场秩序;但中国南方的海洋民族,是在千百年的中原大一统王权-官僚秩序下生长,血脉里残留着对权力天生的依附性。

他们的文化性格是什么？我概括为十个字：商业上大胆，政治上软弱。在朝廷的权力面前，不是像西欧海洋民族那样积极捍卫自己的权利，而是热衷于寻租，获得独家的专卖权，以当红顶商人为荣。你看，杭州的胡雪岩不就是一个例子吗？

说到这里，只能长叹一声，尽管明代以后南方的海洋文明开始崛起，但南方的商人们只是一群缺乏政治意识的经济动物啊。商业再繁荣、腰包里再有钱，也不敢转化为对王权的政治要求。强大的南方经济，依然斗不过北方的政治权力。南方的农耕—海洋文明，在北方的农耕—游牧文明面前，始终是经济上的巨人、政治上的侏儒。

最后总结一下。在丰富的中国文化当中，有三种基本元素：农耕文明、游牧文明与海洋文明。中国的北方文化，是农耕与游牧文明的复合体；而中国的南方，特别是明代以后，是农耕和海洋文明的复合体。这三种文明的互动，形成了独特的南、北方文化。

进阶思考

有一种看法认为，近代以后，中国的南北之争不是地域差异，而是新与旧的冲突。你同意这个看法吗？为什么？

延伸阅读

施展：《枢纽：3000年的中国》，广西师范大学出版社，2018年。

结论

中国文化的未来在哪里

中西文化一旦遭遇,就是互相改造,内化为对方。

中西文化将是互为体用,它们的融合就像调制鸡尾酒的过程。

大学者王元化先生是对我的人生有重要影响的老师。他生前曾经说过，师生之间最重要的不是知识的传授，而是心灵的契合。我也当了30多年的老师，越来越感觉到这句话的分量。我想，能够陪伴我走到终点的你，肯定同样有家国天下的深切情怀。

前不久，我重读陈鼓应先生编写的《春蚕吐丝：殷海光最后的话语》。你可能听说过"殷海光"这个名字，他是台湾地区著名的知识分子，早年是西南联大的学生，跟随金岳霖教授学逻辑和哲学。他自称是"五四之子"，相信只有西方文化才能救中国，并为此奋斗了一生，历经各种坎坷。但到了生命的晚年，他意识到，再如何西化，自己依然是一个中国人。他很感叹地说，我恰好生长在中国的大动乱年代，中国的文化传统被连根拔起，外来的文化又让人眼花缭乱，无所适从。他感到自己一直在东西文明冲突的漩涡中挣扎与彷徨，他想用生命去探索，中国文化的未来究竟在哪里？

我读了这段话，内心好像被电闪雷击一样，有非常强的共鸣之感。我成长的时代在20世纪80年代，可以说是"八十年代之子"。在80年代有过一场"新启蒙运动"，继承了"五四"的反传统的精神。所以，年轻的时候我也曾经相信，中国要实现现代化，只有告别中国传统，拥抱西方文明。

大约30年过去了，中国的自身发展与我自身的人生经历，也让我像殷海光先生一样，慢慢意识到中国的文明传统不是一件想脱就脱的外衣，传统内在于中华民族与我们每个人的生命之中。你不了解传统，就无法理解中国的现实，更不可能展望民族的未来。

无问西东

我想，你或许与我有同样的感受，但我们都非常明白，处于全球化大潮中的中国，已经不可能回到理想的过去，回到虚幻的传统。西方文明已经渗透到我们日常生活的每一个细胞之中。面对中西文明的冲突，究竟该何去何从呢？

著名历史学家雷海宗教授有一段话说得非常到位，他说，过去中国文明碰到的外敌，要么是有实力没文明的，比如蒙古人、满人，要么是有文明没实力的，比如佛教。他们都好对付。游牧民族征服了我们的身体，但我们可以同化他们，征服他们的灵魂。佛教呢，最后也化为了中国自己的宗教，成为中国文化的一部分。但是，近代以后碰到的西方，却是从来没有遭遇过的强敌，既有实力，又有文明，他们对中国文化形成的冲击，至今没有化解。

没有化解，最大的困境是在中西文明的冲突当中，中国人迷失了方向，找不到自我。有两种极端对立的看法至今非常流行，一种是认为中国要实现现代化，只有死心塌地学西方，别无选择；另外一种则相信西方就是邪恶，中国有自己的文化，有自己的路要走。

不要看这两拨人整天吵架，势不两立，从晚清到今天，斗了一个半世纪的嘴皮子。实际上，他们的心智结构是同一个模式：坚信中国文明和西方文明非黑即白，完全对立，有我没他，有他没我。

中国思想和西方思想都是古代的轴心文明。一讲到中西，过去我们的眼睛总是盯着它们的不同。但是，盯着不同去看，只是我们看待中西文化的一种态度，我们其实还可以用另外一种态度来看待中西文化的关系。

我敬仰的哈佛大学中国思想史研究权威学者史华慈教授，说过一句话："有的人爱中国，有的人恨中国，我尊敬中国。"

为什么尊敬中国？史华慈教授是从事中西文明比较研究的，他越是深入到文明内部，就越感觉到两种文明的共通之处。他说，中西文明都有共同的问题意识，都是对人类共同面临的困境的反应。他有一本书《古代中国的思想世界》，讲的是先秦时代的中国思想，在我看来，比许多中国学者的研究还要深刻！一个对中国传统有深入观察的人，既不会盲目崇拜中国，也不会妄自菲薄。我想，对中国文化已经有所了解的你，一定也是这样。

我们这个世界，早已经是一个全球村，不仅贸易全球化，而且是文化的全球化。你想想，经过一个半世纪的开放，今天的中国哪里还有纯粹的国学，或纯粹的洋化？我们今天说的话，早已不是古人的语言，从语法到词汇，我们的日常语言已经借鉴了太多的外来元素。

两种文明一旦遭遇，不是东风压倒西方，或者西风压倒东风，而是冷暖空气对冲，一阵瓢泼大雨之后，最后必定是互相改造，内化为对方。

无问古今

东汉末年到唐朝末年，儒家受到佛教的冲击，曾经沉寂了八百多年，到了北宋，通过融合佛教，成功地再建新儒家：宋明理学。宋明理学是佛教化之后的儒家，中国的佛教呢，是中国化之后的佛教。中国的文明不仅没有受到打击，反而更有生命力，成分更多，更丰富多彩了。

懂得了中国文明的过去，就可以想象她的未来了。中国文明的希望，不在坚守，而在改造；不在因袭，而在创造。

美国著名的中国思想史研究学者林毓生教授，有一个很精彩的观念，叫"传统的创造性转化"。那么，如何实现创造性转化呢？

或许你会想，很简单，取其精华、去其糟粕，不就可以了吗？但是，究竟何为精华，何为糟粕，有时候还真的难以简单辨别，只有放在一定的历史环境之中，看它与谁结合，才能说好与不好。

就以董仲舒提出的"三纲"为例吧，后来它和法家的君主专制主义结合在一起，君为臣纲、父为子纲、夫为妇纲，成为压制国人自由与个性的纲常名教，这是糟粕。但是，假如回到董仲舒的原意，他是从阴阳之学来阐述三纲关系，一阳一阴，谁也离不开谁，"三纲"的确切含义是：君仁臣忠，父慈子孝，夫爱妇敬。你看，这种对等的、互为条件的道德义务，你一定会接受吧！

北京大学的何怀宏教授写过一本《新纲常：探讨中国社会的道德根基》，把儒家的纲常思想放在今天的现代语境中重新阐述，比如把传统的君臣关系演化为现代的国家与国民关系，"君仁臣忠"就可以理解为"国家爱国民，国民才有忠诚国家的义务"。他做的工作，不就是"传统的创造性转化"吗？

思想这个东西很奇妙，可以化腐朽为神奇，变糟粕为精华。冯友兰先生提出过一个"抽象继承法"，传统的某个思想，假如"去语境化"，剥离那个时代的具体情境，将其精神内核抽象出来，放在当今这个时代重新解释，就有可能旧瓶装新酒、老树发新芽。

创造性地转化传统，一定有一个参照系，那就是西方文明。你已经知道，中国文明与西方文明都是轴心文明。轴心文明与一般的文化不同，其内部博大精深，结构丰富，有各种互相冲突的思想取向，有多元发展的空间与可能。当年儒学能够成功回应佛教的挑战，第二度复兴，最成功的经验是"以佛制佛"，将佛理内化为宋明理学的自身内容。这就启发了我们，中国文明要复兴，要尽可能地开放，将中西文明融为一体。

现在问题来了，如何融合中西文明呢？你可能在酒吧里喝过鸡尾酒。原酒就是这些，调出来的鸡尾酒好不好，就看调酒师的创意和调制水平。对了，未来的中国文化，究竟好不好，也是取决于对中西两种文化传统如何"调制"。

一个好的调酒师，心中不会有好酒与坏酒的偏见，一切取决于自己的创造性想象，搭配好了，就能化腐朽为神奇，就是一杯好的鸡尾酒；搭配错了，你就咽下一杯苦酒吧。

中国文化的未来，一定不是宿命的，一切取决于我们的调酒水平，一切取决于我们对传统的创造性转化。

讲到这里，已经到了说再见的时刻了。在握手告别之时，可能你会问我最后一个问题：我学了这门课，对中国思想与文化已经有了一点知识，接下去的我，究竟可以做什么呢？

中国知识分子继承了儒家士大夫的使命，就是"文化托命之人"。在今天的中国社会，谁有资格担当"文化托命"呢？不要以为只有知识分子才有资格，只要你经常思考的，不是眼皮底下一地鸡毛式的琐碎小事，也不是个人或小家狭隘的私利，而是有更宽广的家国天下情怀，有一定的文化与社会担当，恭喜你，你就是中国文化的托命之人。因为文化在你的心灵之中，你的生命之中！

进阶思考

在完整地听了我的课程之后,你对中国传统文化是否有一些和之前不一样的新的认识和感受?

延伸阅读

许纪霖:《家国天下:现代中国个人、国家与世界认同》,上海人民出版社,2017年。

附录 1

当中国文明遭遇西方文明

2019年9月5日,我很荣幸请到了中国政法大学的李筠老师,和我一起做了一次直播分享。

这次分享的主题是中国文明和西方文明,这样两种重要的文明体是怎么相遇的,它们相遇之后又会发生什么样的事情?

希望这次分享,不仅能够帮你理解这两种文明,也启发你去思考今天的中国和西方的关系。

逆向天下主义

许纪霖:我很荣幸,请到李筠老师和我来做一次对话。

为什么要请李筠老师呢?这是有道理的。在学界,我可以说是李筠的前辈,但是在"得到",他又是我的前辈。他开的课是《西方史纲50讲》,我讲的是《中国文化30讲》,中国文明和西方文明,这两个东西一旦遭遇了,以后会怎么样?这恰恰是我今天要讲的内容。

讲到西方文化如何进入中国的,一定要从唐代的景教说起,也就是今天说的基督教。景教恐怕是最早进入中国的一种西方文化。景教以后，基督教比较大规模地对中国文化产生影响，就要说到明朝的传教士了。

像利玛窦这样的传教士，他们来到中国以后，穿上中国的服装来传播天主教的东西，还带来了很多中国人从未见过的新发明，以及历法等各种各样新的知识。

也许你要问了，当时的中国人接不接受这些东西呢？你不要以为中国当时很封闭，不是，实际上，当时从皇帝到百姓，对西洋传过来的那些东西，很多都是很好奇，也很喜欢。所以说，西方文明物质层面的东西到了中国，可以说是畅行无阻，并没有发生太大的冲突。

什么时候，这两种文明发生了很大的冲撞呢？那是要到清朝乾隆年间，英国国王派他的特使马嘎尔尼访问中国，然后发生了一场礼仪之争。在中国皇帝看来，你是蛮夷，到中国来你得向我行礼，要三跪九拜。但是，英国的特使当然不干了，他们觉得，这是两个平等的国家之间的交往，凭什么我要向你磕头呢？

这场礼仪之争背后是英国和中国对国际关系理解的差异。这是中西文明的第一次大冲撞。

接下来的故事你一定知道了，到了1840年鸦片战争，西方开始全面进入中国，中国开始陷入落后挨打的格局。从那以后，中国被迫被卷入到全球化，被迫学习西方。

为什么中国要学西方？当时很多人都觉得，我们中国还是天下的中心啊，凭什么要学蛮夷的东西。最早学西方的那些士大夫就想出了一个理由，他们说，西学，中国古已有之，是从中国传过去的，你学西学就是学我们自己的东西,并不耻辱。你看,西学最早进入中国是以这样一种方式进来的。但是后来,中国还有一些人出国了,睁眼看世界,才发现西方不是我们所想象的那样,那是一个全新的文明。

其中最有名的就是驻英国公使郭嵩焘。他来到伦敦,发现这个西方文明,我们没法比,无论是火车、还是礼仪,中国都比不上。

到了1895年,中国被迫签订《马关条约》以后,中国人开始意识到我们的文明落后于西方。当时严复翻译了一本书,叫《社会通诠》。这本书讲人类整个社会的发展有三个阶段,最早是叫宗法社会,然后发展到军国社会。它背后的意思是,中国太落后了,还停留在第一阶段宗法社会,人家已经进化到军国社会了。从这里开始,"文明"这个概念引进到中国。

"文明"概念一进来以后,对当时人的思想产生了很大的颠覆。中国过去自认为居于天下中心,现在西洋文明来了,我们就被颠覆了。虽然大家还是承认这个天下,但是,这个天下不再以华夏中心,而变成了以西方为中心。所以,我把它称为"逆向的天下主义",以西洋为中心的天下主义。

自此以后,中国人就产生了一种自卑感,一种在文明上的自卑感,认为自己处处落后于西方。这个情结到现在还是没有解开。所以,古代中国人认为我们是文明的,周边都是野蛮人,都是蛮夷。但是到了近代以后,刚好发生一个逆转,我们似乎成了没有开化或者半开化的野蛮人,而西方文明是文明的、先进的。

古代中国人觉得自己的文明代表了全人类,所以孔子、老子、庄子,都是以一种代表全人类的口吻在说话,中国代表了普遍。但是,到了近代，过去代表普遍的中国文明，成了一种特殊的文化，所以，普遍和特殊这两个东西就在中国就产生了强烈的冲突。我们应该怎么来看这个问题呢？西方文明是怎么解决这个问题的呢？

文明是对野蛮的克服

李筠：中西文明的对撞，其实不光是我和纪霖老师，每个中国人其实都挺关心的。纪霖老师刚才简单谈了这个话题，大家也听出来了，他博览群书，历史的、哲学的、文化的、宗教的，涉猎非常广。实际上，我念大学的时候，他就是大名鼎鼎的学者了。所以，他经历了那么多年的教学和研究，凝结出"得到"的这个课程，确实是自己的心血结晶。今天，我们发生一次碰撞，来聊一聊中西之间的这些"恩怨情仇"。

刚才纪霖老师讲了，从普遍性和特殊性这个角度上来看，我们中国人在近代有一个心态上的反转。我们现在正在从这样一个反转当中走进更加正常、自信、开放的状态。我们在知识上，还有情感上需要梳理一下。

我在《西方史纲》里边跟大家提示过，所谓文明，就是对野蛮的克服。我们可能有很多对"文明"的学术定义，但最简单来说，其实文明就是对暴力的规制，对暴怒、冲动的有章法的规制。讲道理就是文明人，动粗就是野蛮人。而你会发现，无论文明在什么样的意义上取得了成就，似乎暴力、暴怒不那么容易被降服。我们有了很多新制度、新技术、新工艺，仍然会助长暴力的新形式。比如互联网，它可能让我们交流、沟通、了解更便利，但实际上人肉搜索、网络谩骂、网络暴力仍然大量存在，也就是说，暴力仍然会在新的条件下出现。所以，我更愿意把文明理解成一个不断地克服野蛮的进程，它并不是到哪一点就一劳永逸地实现了，而是很可能面对"魔高一尺、道高一丈"的局面，它们就这样不断地循环向前。

在这样一个理解当中，我们会发现，实际上中西文明都各自发展出庞大的对于暴力、暴怒进行驯服的办法。我们都有自己的道理可讲，这个人世间的事情究竟应该怎么办，是可以讲道理的，越讲越多，越讲越明。

如果说文明就是对暴力的驯服、克服，实际上每个大文明都在寻找这样一套东西。标志性的成就，是文字、金属和国家，掌握了这三样东西，人类就进入了文明的门槛。有了文字，人的智慧、人的经验就可以沉淀下来，不再像口耳相传那么容易流失；有了金属，人对自然界的开发效率就大大地提高，可以掌握更多的能量；有了国家，人通过复杂的组织就变得更有效率，可以集结起来干更大的事情了。光凭这三点，我们就会发现，文明在起始阶段，中西之间就是有很大的差别的。我们的文字不同，开采、冶炼金属的早晚和工艺也不太相同，国家的形态更不相同。所以，从长线来看，以三千年的尺度来看，中西文明实际上是各走各路。

其实，在古代，大部分文明都是各走各路的，都是相对独立、甚至隔绝的这样一个状态。可能在欧亚大陆的中间和西端，也就是两河流域，美索不达米亚文明、地中海南岸的埃及，然后希腊罗马，它们之间会有相对比较密切的联系。但是，无论如何，这样一个文明圈和中国文明之间的联系，是很微弱的，几乎是没有联系的。我们是各自发展了两三千年。

哪怕像刚才纪霖老师提到的，景教传入中国，或者利玛窦来传天主教，他还做了很多好玩的翻译工作来促进中西之间的沟通和理解，但这些活动基本上不是系统性的，而只是零星的片段。而我们中国人熟悉的中西文明碰撞，实际上就是从鸦片战争开始的，是以战争这样一种形式展开的。甚至可以明确地讲，只要是文明之间的碰撞，原则上首先都是以冲突的形式——甚至是战争——展开的，初期都是这样，这是常态。并不是只有中西文明之间遭遇的时候才这样，大部分文明之间遭遇的时候都是这样。

但是，这并不是事情的全部。从漫长的文明史来看，实际上战争是文明交往的一种方式，是文明之间开始接触的首要事件，但是它不是全部，而且也不是最重要的事情。从长线来看，文明之间最重要的联系，或者文明之间发生联系以后，往下发展的方式主要是融合。只要两个文明长期地、稳定地接触，它们就会相互融合。你学我的，我学你的，我看见你有什么好学你的，你看见我有什么好学我的，大家互相学习的过程当中，就逐渐融合到一起去了。

这种融合非常不容易，因为我们都长长的各自发展了两三千年。生存逻辑不太一样，你靠农业，我靠商业；宗教信仰也不太一样，你信耶稣，我信孔子；伦理道德不太一样，你讲爱，我讲仁；组织形式也不一样，政治的组织形式，你是城邦、封建、帝国，我就是王朝。方方面面的不一样会让我们接触的时候，彼此非常不适应。因为陌生就可能会发生误解，甚至因为误解，就坚定地认为对方是敌人，这样的状况是常有的。但是，只要接触的时间长了，你会发现，哪怕心存"我必须去学习敌人的长处"这样一个思路，实际上双方都会相互融合。

在文明融合的过程当中，我们会去找一些节点，而这些节点通常都是以著作的方式存在。对方文明里有什么样的经典，写得好的，无论是哲学的、宗教的，还是技术的、工程的，总之，他们这个文明里边的精华，我们就去学习。用我在《西方史纲》里边经常提到的一本书来举一个例子，就是波利比阿的《通史》。一个希腊人把罗马为什么如此成功的制度原因给总结出来了。经过这样的总结，一个文明的发展可能原来只是经验，只是懵懵懂懂，就被提升为人类意义上的普遍知识，就可以供其他文明去学习。

波利比阿的《通史》非常典型地代表了文明的经验总结，我们要分两面去看：一方面，它确实是接近了真理，揭示了规律，比如说政治里边怎么样搞成一个权力平衡的制度架构，权力会得到更好的安排，发挥出更大的效能。波利比阿的著作用罗马做了解说，我们也可以通过他的书去琢磨政治到底可以怎么搞会更好。

除了有真理的一面，还有另外一面，悲惨的一面，就是幸存者偏差。只有强大的文明活下来了，甚至被高级的理论家总结成了人类意义上的普遍成功经验。很多文明很不幸，可能文化还没有发展到理论总结的高级阶段，没有出现波利比阿这样的上佳的总结者，他们的文明就覆灭了，文化也湮灭了，没有留下来，我们也就无从知道。

但是，无论如何，我们可以从对方的文明结晶里看到，原来我们面对的是共同的问题，各自有不同的思路，可以看看对方的解决方案是不是巧妙。换句话说，在整个人类的意义上，人同此心、心同此理！我们是可以互相理解的，因为我们是人，人就是要共同生活在一起的群居的动物，就面临着我们如何能把自己这个共同体的生活过得更好等等这些基本问题。对于基本问题，每个文明都有自己一套成熟的答案，尤其是大文明，一定会演化出一套系统性的答案。所以，我们讲从生存逻辑到经济模式，再到宗教信仰、伦理道德、政治组织，它们会构成一套完整的东西。我们不要忘记了，这些东西虽然经历了千年的演化，它都是用来回答，而且是已经很有特色地回答了人类共同的问题。这是我们相互交流、相互借鉴、相互学习的基础，因为我们是同类。有这样的基础，融合就是自然而然的事情。

在漫长的融合过程中，冲突会导致互生敌意。你的东西就是不好，我的东西也绝不给你，这样的执拗的心理，在高强度冲突的情况下肯定是会有的。但是，作为人类历史上的大文明，中西都是延续了3000多年的大文明，一定都有自信去讲我们的文明具有人类意义上的普遍价值。

从中西文明的3000多年的发展来看，你会发现，其实在普遍性和独特性之间并不需要那么纠结。为什么呢？所有的普遍性，实际上都是在某种特殊性当中具体实现的，没有从抽象到抽象，都是通过一个一个"我做成的事情""我建立的制度""我采用的办法"解决了人类意义上的大问题。只要你解决得好，你总结得好，人家就会来学习。所以，空泛地谈论普遍性和特殊性到底谁重要，实际上是一个可能找不到答案的问题。

在比较中西文明过程当中，我特别要提醒大家，古今之变和中西之别是两回事情。有些东西我们打上了西方的标签，但是，它也就是这一两百年，甚至三五十年才有的东西，并不是西方古已有之的，它就是个现代的产物。而我们中国也不是自古就什么都有，什么都齐全。也就是说,不要去制造时间和空间相互交错和拉扯的混乱。所以学历史很重要,它能帮我们把认识的尺度拉长,古今这个维度就出现了,我们自然也就不会那么轻易地把所有事情都简单地划成中西两类。

什么样的问题是古今问题?古时候大家都没有的,不用多讲,我们通过现代化建设把它弄出来。什么是中国有,西方没有?或者反之?那我们互相参照,互相学习,互相理解,看看能不能互相沟通,即便互相不同意,通过沟通、了解之后,起码还可以做到求同存异,互相尊重。如果古今中西搅和在一块儿,就很容易把脑子搞乱了,生出很多无谓的烦恼。

有了了解、有了尊重,面对历史和现实,中国确实和西方在历史上发生过战争,现在仍然存在着某种紧张状态,相互较劲,如果中国要走得更好,我反复地强调,西方是中国无法回避的他者。西方作为中国的参照系,一直存在,而且会长期存在下去。那用什么样的姿态对待它比较好呢?我们首先要熟练地掌握人家的好东西,先把它学来。实际上,近代所谓"睁眼看世界第一人"的魏源,他提出了"师夷长技以制夷",就已经在强调学习了。而学习是一定要熟练的,或者至少要和老师一样熟练。只有熟练以后,他的优势才会变成了你的,然后,某种创造性的转化和生发才会出现。就是我在课里讲过的,所谓"得其神,而忘其形",得到他的精髓,得到他的要义,得到他解决问题的思路、方案、手法、技能,至于具体的招数是什么,已经不重要了,因为我们已经可以用它们来创造性地解决自己的大问题了。有了熟练,有了忘形,才能谈超越。

我正是在这样一个文明融合的意义上去理解中国和西方之间的

关系的。中国和西方各自发展了数千年，彼此遭遇的时候相互差别很大，但是，我们又必须以对方为参照系，一起往前走。

在这样一个漫长的文明进程当中，作为中国人，了解中国自身，尤其是了解传统中国到底是什么样子的。换句话说，我们从哪里来？相信纪霖老师的《中国文化30讲》会给你很好的提纲挈领的指点和提示。

近代中国的文明自觉

许纪霖：中国文明和西方文明，这两种文明，我们平时感受到很多是差异，但是，它还有另外一面，就是它们有一些共通的东西。共通在哪呢？

哈佛大学有一个研究中国思想的鼎鼎有名的大学者，叫本杰明·史华慈。他原来是研究欧洲文明的，后来他转而研究中国文明。为什么呢？他就想发现中西文明之间那个共通的东西，他意识到中国文明和西方文明在公元前500年左右都是轴心文明。这些古老的轴心文明，它们所面临的问题是共通的，就是全人类都要面对的那些问题。比如说怎么建立一个良好的社会政治秩序，还有是怎么建立一个让自己心灵能够安顿的心灵秩序，再比如你怎么样面对生和死的问题。这些问题，都是西方文明和中国文明都要回答的。无论中西，它们所面临的人类问题是共通的，但是，它们的回答方式不一样。所以，当我们在讲中西文明比较的时候，你要明白，正是因为它们有共通性，它们才可以比较，否则就无从比较。我们不仅要看到中西文明相互冲突的部分，也要看到它们共通的部分。

我前面已经讲到，晚清中国人心态发生变化了，觉得是西方文明到来，把中国文明降落到特殊的文化，这就产生了一种紧张感。这个紧张感到了"五四"的时候就表现得很充分了。"五四"的人怎么来思考这个问题的呢？我把它称为"文明的自觉"。

简单地说，"五四"时期的知识分子和中国古代的那些士大夫一样，中国古代的士大夫，他们心里有一个天下主义的意识，这个天下就是一套普适的文明。

"五四"的时候要学西方，要打倒传统，它背后的思维实际上还是一套"天下"的意识。新青年，这些启蒙者，他们是怎么选择中国道路的，他们认为未来中国该往什么地方发展呢？这一点很有趣，他们不是去思考中国的特殊的国情在哪里。他们那个时候最重视的，是一个人类文明究竟该往哪里去的问题，也就是说人类文明往什么方向发展，中国未来的前景就在哪里。所以，"五四"很有意思，他们都在谈文明，说未来的人类文明是什么，由此想从普遍的文明发展中来寻找中国自身的道路。

所以，我说"五四"时候的知识分子有一种文明的自觉，这用陈独秀的话说叫"第三次觉悟"。第一次是洋务运动，意识到我们物质层面不如西方，所以我们要搞洋务。第二次觉悟是戊戌变法，觉得我们制度落后了，我们要变革制度。但是，到了"五四"，陈独秀说这是我们最后一次觉悟，叫"伦理的觉悟"，这个伦理就是在文明意义上的一个觉悟。所以,这是"五四之子"的特点。

"五四"时期有一个大学者叫梁漱溟，他第一个比较了中西文明还有印度文明的区别。他的思路很特别，他说，中国和西方文明性质完全不一样，没法比。但是，他又说了，虽然在性质上没法比，但是，从人类的整体发展来看，西方文明是青年时代的文明，而中国文明是中年时代的文明，印度文明是老年时代的文明。人类的发展就是从西洋文明开始，然后步入中国文明，最后走向印度文明。

他说中国文明的问题在哪呢？就是还没经历过青年时代那种朝气蓬勃的阶段，直接就成熟了，太早熟了，所以要补西方文明这个课。而西方文明他们 too young, too simple，他们必须现在要学中国的文明的那种中庸、成熟。你看，他用这样一种类比，来说人类文明还是要走共通的路。

但是你要知道，"五四"的人有一个问题没解决。你可以认同人类有普遍的文明，但是，中国人毕竟还是中国人，和西方人不一样，中国人独特的文化认同在哪呢？这个独特的文化认同就是一种我们说的中国文化的特殊性。这也就是我的课程《中国文化30讲》主要给你讲的内容。我通过六个模块，来跟你分析中国文化的特殊性。这种特殊性建立在我们自身文化的特殊认同。

这个文化的认同问题在"五四"时候被忽略了。一直到了1930年代，就"九·一八事变"以后，亡国灭族的危机加深了，这个问题才突出出来。到了20世纪30年代以后，文化的特殊、文化的自觉这类问题才浮现出来。但是，它和我前面说的"五四"的文明的自觉就形成了冲突。要知道,古代中国人是没有这种冲突的。为什么呢？因为古代中国人认为，我们华夏汉民族的文化既是特殊的，同时也代表人类的普遍文明，这是一回事。所以，普遍和特殊不冲突。但是，到了近代就不一样了，普遍性就被西方拿过去了，我们成了一个特殊的文化。这种普遍和特殊的冲突一直到今天都没有解决。

让特殊性代表更大的普遍性

李筠：纪霖老师留了一个超级难题给我，中国文明到底是普遍的还是特殊的？西方呢？是不是谁更有普遍性谁就更优秀呢？更优秀很重要吗？这个难题从鸦片战争开始就已经萌发了。但我们自觉地认识和处理这个问题，在"五四"就有了明确的一整套说法。不过，直到现在，仍然是没有完全成熟的答案。

我们是不是要把"西方是什么"和"中国是什么"都拆解成一个一个要素，放在桌子上，到底你大还是我大，你大得多还是我大得多，把田忌赛马的游戏玩一玩？用哲学的、文化学的，还是心理学的，什么样的游戏能够把自己这个心结解开呢？我想，问题不能这么去想。我们要从长远的、活的、发展的、现实的中国人该如何自处来逐步解开这个问题。

首先，我们要承认，中西文明已经遭遇了。而且，我们从现代史的进程来看，公元1500年以后，随着航海、交通、通讯各方面技术的发展，看来所有文明都必将遭遇。这是跑不掉的，躲都躲不掉。你躲在旮旯里，也会被人揪出来揍的，没有人可以躲得了。既然躲不掉，怎么办？

刚才我们聊到，文明接触之初都是冲突，甚至是战争，但问题是接下来的融合怎么办。换句话说，我们在互相学习的这样一个过程当中，你的特殊性是不是也一步步被我接受和掌握了呢？比如说肯德基、麦当劳，现在的小朋友都爱吃。白领女性，很可能很享受英式的下午茶，喝点红茶，吃点小点心，觉得那是生活风尚，等等。这些生活浅表层面的东西已经融合得很厉害了。然后，我们学院派在学校里边也会研究康德的哲学、基督的宗教、莎翁的戏剧等等这些最烧脑的事情，也在相互融合、相互学习。这些都是正常进行的，每个人自发自觉的，有兴趣就可以去实现去完成的事情，让这个社会自发地去进行就好了。

最重要的事情是制度的学习和规范的学习。一个制度的建立，不是一个人喝不喝下午茶的事情，也不是一个小朋友爱不爱吃麦当劳的问题，而是很多人的行为就被这个制度牵引和改变了。通过制度的学习，通过制度的变更，一个文明发展的步伐可以走得更快。这样的例子实在太多了，俄国的彼得改革，日本的明治维新，都是这样。

中国是一个超大规模的国家。纪霖老师也讲，中国是一个文明体意义上的大共同体。也就是说，中国文明天然就是复合型的。大文明必然是复合型的，它一定是多姿多彩的要素汇入其中而形成、发展、壮大、繁荣的，而不可能是单一要素的堆积。

实际上，中国从历史上来看从来都不是单一的。比如从周朝开始算，商周之变，周取代商，是从很多部落由一个大部落统领，变成了很多不同的元素整合成西周的封建社会。大唐、大清，那都是很典型的复合型的结构。所以，中国文明的这样一个多元、包容、开放，自古有之。

中国确实经历了百年坎坷，但是，回溯到这个大文明体本应有的状态，就是多元的、包容的、复合的，很多异质因素汇入其中，它们原来可能是很讨厌的东西，比如韩愈为代表的唐朝儒家就很讨厌佛教，但是，它们也可以成为中国文明的一部分。现在恐怕没有人想要把佛教从中国文明里边赶走吧。正是对异质的多元因素的有效整合，文明就得到了升级。

所以我想，无论是生活时尚，还是哲学研究，还是制度创新各方面，中国应该一如既往是一个有包容力的文明，把更多异质因素融合到一起，把自己的文明不断升级，是这样一个有容乃大的文明体。通过这样一个自我扩容和自我复杂性的提升，就会形成人无我有、人有我优的局面，就可能变成世界独一份，这样一种特殊性其实就代表了更大的普遍性。通过扩张自己的兼容性来提升普遍性，通过提升普遍性来实现独特性，兼容并包使得复合型结构不断地上台阶、上档次，在这个意义上，中国文明的普遍性和特殊性这个问题就不会再让我们那么纠结了。

中国文化的未来

许纪霖：我这门课讲的是中国古代的文化，但是，我时刻惦记的是什么呢？是中国文化的未来。因为，古代中国文化所碰到的敌人是比较简单的，比较好对付的，只有两种：一种是只有实力，但是没有文明，比如说北方来的游牧民族，他们有实力，但是没有文明，虽然他们征服了中国，但是，在灵魂上又被中国文明征服了；还有一种敌人是有文明，但是没有实力，比如说印度传来的佛教。

但是到了近代以后，中国碰到一个强敌，这个强敌就是西方。西方一方面在实力上远远超过我们，船坚炮利；另外一方面在文明上好像也比我们高一个层次。既有实力，又有文明。所以，今天中国文明碰到这样一个挑战，这挑战虽然经历了一个半世纪，到今天还没有化解。

刚才李筠老师说，两种文明冲撞以后，遭遇以后，最后它的最好的方式就是相互融合。这个融合从我们中国文化来说是什么呢？也就是说要把西方文明好的东西融合为我们自己的文化、自己的文明。

怎么融合呢？我在我的课里边讲的是中国古代的文化，但是我在课程背后处处想到的都是如何融合、如何学习西方文明的问题，这就是中国文化的未来。

讲到中国文化的未来，一定是和我们怎么来面对西方文化是有关系的。在晚清的时候，梁启超和严复都发现，西方的崛起有两个秘密，第一个秘密叫富强，第二个秘密叫文明。富强指的是什么呢？他们就发现，西方文明崛起的一个最重要因素，在于他们有富强的动力，主要体现为三点：第一个是物质层面上的；第二个是制度层面的；第三个层面是观念，一种国民的竞争力。他们发现，这三个要素中国都没有，所以要学西方。但是梁启超和严复都发现，西方崛起还有一个更高层次的秘密，这就是文明。

现在问题来了，到底是学西方的富强呢，还是学西方的文明？关于这一点，晚清的严复和梁启超，他们和日本的一个明治维新的大思想家福泽谕吉想法是一样的。福泽谕吉当年也写过一本书，叫《文明论概略》，他也发现，日本也面临这个问题，面临西方的挑战，到底这两个先选哪个呢？福泽谕吉说：我们首先要富强，富强以后才能谈到文明，所以，富强先行，文明可以缓行一步。晚清的严复和梁启超竟然也得出相似的结论。所以过去很长的时间里，中国主要的精力是在富强这个层面上学习西方。经过100多年的积累，我们可以很自豪地说，中国今天已经初步达到了，实现了这个富强的目标。

富强的目标实现以后，接下来往哪个方向发展呢？如何从富强走向文明？所以从这个意义上来说，今天我们不仅仅要把眼光盯在富强上，而且要上一个层次，到文明这个层次。这就需要我们做两方面的工作，第一个方面，反观我们自身的文化传统，我们老祖宗留下的文明有些什么样的正能量，有什么好的资产，可以在现代的环境里继续发扬光大，这是我的《中国文化30讲》要讲的问题。第二个方面，我们怎么继续学习西方，把西方文明当中的好的东西也学过来，内化为或者融合为我们自己的东西。李筠老师的《西方史纲50讲》主要讲的就是这个内容。

所以，如果我们真的要思考中西文明如何融合，听一门课是不行的，这两门课是姐妹篇，只有把中国文化和西方文明都有深刻地理解了，你才能展望中国文化的未来究竟在那里。

我想，当中国文明遭遇西方文明，这个话题就意味着我们要具备这两种知识，这两种知识既是中国的和西方的，既有古代的和今天的。当古今中西你都是在了然于胸时，你才可以说，你对我们的民族的未来有一个真切的把握。

（本文转载自"得到"APP）

附录 2

在《奇葩说》、付费课程崛起的时代，知识分子更失落了吗

在知识传播领域，谁是今天影响最大的人？可能是他们。他们的身影遍布"得到""喜马拉雅"等付费音频平台，也穿梭在像《奇葩说》这样的综艺。但他们很少有人是传统意义上的知识分子了。

知识分子这个称呼身上，被赋予了影响他人、影响社会和时代的期待，过去叫"启蒙"。知识分子不同于艺人，也不等同于学者。

然而，一切悄然已变，传统知识分子的社会影响力正在持续下降。这不只是发生在中国，也不只是发生在今天。这是过去几十年的世界趋势。按照社会学家齐格蒙特·鲍曼的说法，他们从"立法者"退为"阐释者"。只不过如今媒体和综艺提供的知识形态让这一切加速，使其更醒目且更强烈地展现出来。"启蒙"一词仿佛也不再那么受欢迎。

那么，知识分子失落了吗？他们要为此感叹吗？进一步提问，启蒙是否仍然具有价值？世俗时代与超越精神如何共存？民主平权与精英话语孰轻孰重？

许纪霖或许是国内学界最适合谈这一系列话题的学者之一。他曾是上世纪八九十年代启蒙阵营中的代表人物，并长期致力于知识分子研究，而如今也上"得到"开设音频课程《中国文化30讲》，同时还会看《奇葩说》。实际上，许纪霖从论坛时代起就使用每一时期最新潮的互联网平台。

许纪霖写下过《中国知识分子十论》《启蒙的自我瓦解》《启

蒙如何起死回生》《当代中国的启蒙与反启蒙》《读书人站起来》等为启蒙鼓与呼的著作，不过，现在他表示慎言启蒙，不是取消启蒙，而是调整启蒙的方式。他本人也更愿意用"分享""互动"来代替居高临下的启蒙姿态。

从1987年在《读书》杂志发表第一篇研究知识分子的文章《从中国的〈忏悔录〉看知识分子的心态与人格》算起，许纪霖的知识分子研究之路，已经走了30多年。虽然，他后来将研究领域拓展至中国思想史和城市文化，但他最珍视也最有心得的仍然是中国知识分子研究。他对知识分子的精神关怀贯彻始终。

与时俱进的启蒙与理想主义

新京报：关于启蒙的当下性，一直有两种观点：一种认为通过上世纪80年代以来的启蒙浪潮，常识已经普及，民主、自由、理性、法治、权利等理念已经深入人心，再去重复没有太多意义，而且人们开始怀疑启蒙本身的作用与价值；而另一种观点认为，启蒙是需要与时俱进的，它永远不可能完成，启蒙不是没用，而是不够，西方也有许多学者在不断重申启蒙的意义，比如斯蒂芬·平克的《当下的启蒙》等等。你曾经是启蒙阵营中的代表人物，现在却很少再谈"启蒙"话题，能否谈谈你对启蒙的当下性的理解？

许纪霖：传统的启蒙者通常都是居高临下的，认为自己代表着黑暗中的一束光，是燃灯者，而被启蒙者就像是柏拉图所说的"洞穴人"，还在黑暗中摸索，看到的都是幻象，"唯有我掌握了真理"。而现在的年轻人更喜欢用"分享"这个词，"分享"是一种平等的姿态。所以我说，今天的启蒙者首先要放下居高临下的架子，因为你根本不了解你的启蒙对象。当你不了解的时候，你可能讲得满头大汗，甚至得意洋洋，但实际上是鸡同鸭讲，一切都很虚妄。你自以为和他们是同代人，但其实是错的，他们是被新的网络文化所塑造的，当对这些文化缺乏了解的时候，启蒙不过是自说自话。

所以，我现在慎言启蒙，我竭尽所能地去了解年轻人的想法，了解网络文化，比如会去看奇葩说、看抖音、看杨超越，看年轻人感兴趣的内容。放下身段去了解和认知，然后试图和他们对话，和他们分享我们这代人的故事，告诉他们曾经也有另一种活法，这种活法可能是他们所缺少的。如果能对他们有所启示，或许可以增加一个人生选项。

我不相信他们是铁板一块，人类一代代传承下来，除了有断层以外，毕竟还有继承。我了解断层在哪里，但是我要告诉他们，总有一些精神和智慧会被继承下来，我们要做的，恰恰是把那些值得被继承的精神和他们接轨。不是强硬地灌输给他们，而是想办法和他们的代际特征融合。

我在看《奇葩说》的时候，就很敬佩里面的辩手，觉得他们讲得比我们好，不信可以拿《奇葩说》和原来的大专辩论赛进行比较，后者的水准差远了。大专辩论赛的方式是红卫兵式的，自以为真理在握，自信满满地以上帝口吻力图压倒一切；但是《奇葩说》不一样，他们更强调个人的独特感受，不是要压倒对方，而是承认观点的多元性，而且姿态更轻松，身段更柔软，语言更俏皮。如果让我来做辩手，我可能都达不到这样的层次。

新京报："五四"时期和上世纪 80 年代都是浪漫的理想主义时

代，理想主义大概可以分为两种，一种是偏社会性的家国情怀，一种是偏个人性的对生命的追问和抗争。后者的典型是史铁生，你把他称之为"另一种理想主义"，他身负重疾，却不断追问生命的意义。然而，这两种理想主义在当下都成为一种奢侈，谈论理想主义会让你变得格格不入，但虚无感却是需要用理想主义来解救的，你觉得未来是否还会有一个理想主义的回潮？

许纪霖：我把史铁生称为"后理想主义者"，史铁生身上有一种和鲁迅相似的精神气质，他看穿了人生的虚无和荒谬，知道虚无和荒谬是永远不可能克服的，但是依然不屈不挠地抗争，直到战胜它们。黑暗永远在那里，但是人的使命是超越黑暗，反抗宿命，这是我比较欣赏的态度。

今天的很多年轻人，可能没有那么深刻的虚无和黑暗意识，但是知道自己卑微，也承认自己卑微，但愿意努力奋斗，从而获得某种能力。当然，也有很多年轻人采取一种随遇而安、无可无不可的态度，号称"佛系"。其实，这不是"佛系"，而是"庄（子）系"，真正的"佛系"是很悲壮地寻求解脱和开悟，具有内在的超越性。当然，"佛系"也可以作为一种人生选择，但在选择"佛系"之前，能不能先尝试一种更积极的人生？奋斗过之后，再认命行不行？在命运还没完全向你展开的时候，就已经屈从于命运，至少人生的体验会很单薄。

我并不相信会有一种传统的理想主义的回潮，除非出现某种极端的情势。在日常生活之中，理想主义应该以一种温和的、世俗的方式出现。

新京报："虚无""佛系""丧""焦虑""低欲望"是现在年轻

人之间的流行词，与你所说的"五四"时期富有激情活力的"青春精神"相距甚远，我们这个时代的理想主义该如何重塑？

许纪霖："理想主义"这个词听上去高大上，很多人可能会觉得虚妄。我试图把理想主义"降维"，让它能够适应今天的世俗社会。这几年，我在关于工匠精神的公共演讲中说，世俗时代的理想主义精神，也可以落实为某种对专业的痴情、追求完美的工匠精神。就像麦金泰尔说的，行动的动力不是来自对金钱、权力、名誉这些身外之物的追求，而是有"内在利益"，愿意为自己内心的钟爱而不计成本地投入，这难道不是一种世俗化的理想主义吗？日本这些年几乎每年都拿诺贝尔奖，他们的动力就来自这种工匠精神式的理想主义。

现在很多年轻人陷入一种空虚无聊的状态，没有任何激情和爱好，也没有任何事情愿意去投身，无论是爱情，还是工作，皆是如此，他们的人生没有着落点。人生最大的快乐，是找到愿意终生为之献身的事业，哪怕是电竞游戏，如果你真的喜欢，愿意不惜成本地去投入，那也是一种理想主义。我认识一个游戏公司的老总，他就觉得现在人才难觅，有很多人喜欢打游戏，但是真正愿意把游戏作为志业来投身的，很难找到。

知识分子唱主角的时代"一去不复返"

新京报：你曾经感慨，"知识分子唱主角的时代已经过去"。确实，从全球范围来看，知识分子的影响力都在下降，不论是在公众中的号召力，还是对政府决策的影响力，都在减弱。知识分子的黄金时代已经过去,他们的话语权为何会逐渐消失?

许纪霖:知识分子曾经是社会舞台的主角,但今天知识分子已经没人理睬,几乎被彻底边缘化了。这个变化差不多是从博客时代开始,博客时代出现了一批活跃于网络的职业写手,他们比传统知识分子写得更好、更犀利;到微博时代,最有影响力的意见领袖通常都不是知识分子,而是影视明星、企业家,各行各业的人都有,偏偏很少有知识分子,几乎没有一个知识分子的粉丝量超过一千万。

而今天新的知识形态比如付费音频出现,在"得到""喜马拉雅"等平台上最有流量的大佬,也都不是传统意义上的知识分子,其中一些甚至是被主流学界所不屑的人物,但是他们在那个空间里游刃有余,更能契合时代的需求,影响力也更大。

从这个意义上来说,知识分子是自己的掘墓人,他们创造了民主社会,但民主反过来消解了其话语权。知识分子的存在,取决于知识是被垄断的稀缺品。知识分子曾经垄断发言权,报纸、杂志都具有某种垄断性,而网络给了每个人平等的发言权,只要说得足够巧妙出彩,就能有流量。当然,也可以说知识分子所做的工作,不只是要影响当下,而是为人类智慧的传承做一些更长期性的工作,但就影响力而言,那最灿烂的一页已经翻过去了。

新京报:除了互联网带来的话语平权等外部因素,知识分子群体自身也出现了很多问题。十几年前,你在《读书人站起来》中就探讨过学术造假、师德败坏、犬儒盛行,而知识分子共同体内部的自我约束又尚未形成,知识分子从问题的解决者变成了问题本身。

许纪霖:知识阶层的腐败,不比其他阶层更严重。只是中国的传统观念当中，读过书的人，应该是天下的道德表率，假如知识分子都腐败了，这个社会就烂到底了！这个问题与社会的期待有关，不是真的说知识分子成为最腐败的一群人。相比较而言，知识分子是相对缺乏腐败的资格和资源的。问题在于，如何建立监督机制？这个机制不能仅仅靠自上而下的行政力量，而是要在知识分子群体当中形成自我监督、内在评价机制。制度之外，风气很重要。如今不是知识分子普遍腐烂了，而是风气不好，再加上学术评价机制过于急功近利，让正派的人吃亏，而投机取巧者反而能够大行其道，劣币淘汰良币。

这些年来，知识分子群体的问题并没有什么大的改变，有变化的是"新知识分子"的出现，他们不是传统意义上的知识分子，而是编辑、记者、自由撰稿人、网络写手等等，他们的影响力是十年前难以想象的，但现在最活跃的、流量最大的就是这批人。他们当中也有很优秀的，如今他们对社会的影响力，远远超过传统知识分子。但是，我也注意到传统知识分子还有一个优势，他们在体制之内，具有某种权威象征，所以能赢得一些主流群体，包括企业家、金融家、公务员等精英阶层与知识分子的互动比十年前更频繁。

总体而言，传统知识分子还在影响精英，但是，与草根市场和青年群体相对脱节。而在"得到""喜马拉雅"等平台出现的新知识分子，他们在影响新的年轻精英和职场人士，在这个领域，传统知识分子难以与之匹敌。知识分子"包打天下"的时代已经一去不复返。

新京报："一去不复返"，听起来有点悲壮。

许纪霖：没什么悲壮的，我觉得悲壮是有一种幻象，觉得自己还是一个全民的启蒙者,把启蒙对象想象成铁板一块,只是知识程度和愚昧程度有别。错,今天是一个分众的时代,知识分子要非常清晰自己的受众是谁,"粉丝"在哪里。不要野心太大,把自己当作基督,以为能代表整个人群,那其实就是一个幻象。现在好多启蒙者仍然有这种幻象,他们完全不了解今天的时代状况,我们不可能去影响所有人,即便有上百万的粉丝愿意听你说,但在整个人群里也只是一小群,如此而已。

新京报:但是,知识分子跟其他群体最大的不同,就在于他们天然地想要传播自己的思想,去影响他人和时代。

许纪霖:在知识形态上是这样,不过,大学已经提供了这样一个舞台,我现在在乎的是大学课堂。大学提供了知识传授的空间,我需要考虑的是如何与新一代"00后"的学生接轨,把真正好的东西传授给他们。我从来不在意是否占领三四线城市,或者是否影响草根。我也不幻想把城市精英阶层一网打尽,我只能影响那些有人文关怀的人,那些没有人文关怀的是我的盲区。

所以,我非常警惕,甚至颇为嘲笑那些竟然还沉浸在传统知识分子幻觉里的人,他们认为中国还需要一场文艺复兴,或者需要一场新启蒙,我觉得他们和整个时代是错位的。"人不可能两次踏进同一条河流",即使重新出现一个启蒙时代的春天,那个启蒙也不会是我们曾经经历过的启蒙,首先你得会玩网络,得了解年轻人的想法,否则根本没法和他们进行起码的对话。

新京报:你的这番话很接地气,也让我颇感意外,曾经的启蒙阵营代表人物,而今却表示慎言启蒙。

许纪霖:所谓慎言,我的真实意思不是要取消启蒙,而是要调整启蒙的方式、启蒙者的姿态。简单地说，就是放下身段。哈贝马斯一直强调，启蒙永远在路上，是一个进行时，它没有终结，哪天它终结了，它就死了。启蒙本身就是一种精神，这种精神就是我所说的"青春精神"。我对启蒙态度的转变与我的经历和性格有关，因为我在大学做老师，会不断地和学生交流，去了解他们关心什么。我是狐狸型的性格，我的好奇心甚至超过我的学生，网络我也玩得不比他们差，甚至比他们还领先，我总是试图了解和跟上这个时代。

2019年是"五四"百年，6月份北大举行大型研讨活动，前些天我又在北大开讲座，谈"'五四'百年的悖论：文化自觉，还是文明自觉"，但发现两次来的人都很少，可能年轻一代觉得这些题目太虚妄，不知道"五四"百年和自己有什么关系。

关心时代的大问题需要一种情怀，但现在有这种情怀的年轻人很少。过去，我在大学开讲座，基本上都可以爆满，但是现在要坐满也不太容易，因为学生们要追的不再是知识分子。不过，今天在企业界和职场人士当中，反而有越来越多的人对知识感兴趣，这些人的主体是"80后""90后"，他们在财富上已经自由，对文化、历史和现实都颇有关怀，他们毕竟在读书时代受到过启蒙的影响。我也明白，每个人都是有自己的一块领地，不要老想着大一统。

大约20年前，我在论述哈贝马斯启蒙思想的时候，最后豪情万丈地说："启蒙死了，启蒙万岁！"今天我还是想这样说。死亡的是传统的启蒙方式，但启蒙精神不死，因为依然有愚昧。如果要让更多的人特别是年轻人接受启蒙、理解启蒙，恐怕需要改变的是启蒙者自身，对启蒙的内容重新问题化，让启蒙的姿态更接地气，与时俱进。假如你无法改变启蒙的对象，那就改变你自己吧！

我们时代的精神症候与药方

新京报：你目前开设的"得到"音频课程《中国文化30讲》，也是回到古典去寻求思想资源，重新梳理中国文化的历史脉络，葛兆光、马勇、杨照等学者也在开类似的思想史或文明史课程。所谓古典的复兴：为何必要？以及如何可能？

许纪霖：刚才讲，启蒙是提供一套理性和科学的现代知识系统，但是，理性和科学不能解决人生观的问题。今天的中国社会，普遍有一种去政治化的倾向，年轻学生对启蒙问题不感兴趣，认为与自己的生活无关，认为启蒙是一个已经过时的老派话题，是上代人的事，但他们很关心心灵成长和安身立命的问题。

有一次，我请三位年轻老师展开一场关于安身立命问题的对话，一位是佛教徒，一位是儒家，一位是基督徒，现场竟然爆满，远远超过一般的学术性讲座。我发现相当一部分大学生的心理都很成问题，这些问题很难通过道德教育或心理医生来解决，那只能是镇痛，治标不治本。人的内心是有神性的，都要问一个"活着到底为什么"的问题，这些问题只能通过人生教育和生命教育来解决，到轴心文明中去发掘资源。

我开设的《中国文化30讲》，关心的也是古典文化对安身立命的价值和意义，中国文明中的儒家、道家、佛教都能给人某种信仰支撑，可惜的是现在大学老师教这些内容，都是把它们当作一门知识来教，而不是将其放在人生信仰层面来讲授。仅仅停留在知识层面，是解决不了问题的。我有一个学生成庆，原来做思想史研究，后来研究佛学，他在上海大学开设了"佛教与中国文化"的课程，能针对年轻人心灵中的一些终极性困惑来讲授,他的讲法就很能打动人,现在缺的是这样的课程。

新京报:《安身立命》中所写到的知识分子,很多人都陷入过信仰危机,作为"观念人"的知识分子,尤其需要某种精神资源作为支撑。

许纪霖:是的,比如书中写到的林同济就很典型。林同济有三重境界,早年相信进化论,相信世界就是由力所主宰;到抗战期间,他又成为一个肤浅的国家主义者;到晚年,经过各种政治运动的折磨,活下去都需要勇气和信仰,于是他皈依了道家。道家虽然不是宗教,但具有一定的宗教性功能,它告诉人们如何面对生和死,如何把有限的生命融合到无限的自然之中。

所以,林同济生前最后一次回到母校加州大学伯克利分校演讲,说中国文化的最高境界就是道家。他从一个狂热地投身于世俗事业的儒家子弟,变成了一个出世的道家信徒,可见,儒家和道家两种人文哲学,足以支撑起一个完整的人生。儒家教人入世,道家教人超脱,而中国的佛教,特别是禅宗,也是被庄子化、道家化的。有不少人问我的宗教信仰是什么,我说就是儒家加道家,它们比较完美地构成了中国知识分子心灵的两面。

新京报:你在大学任教已经有37年,长期与青年学生接触,你对现在年轻人的精神状态有何观察和评价?

许纪霖:20世纪90年代,我在提出"中国六代知识分子"的概念时,以为"60后""70后"是"后文革"一代,和我们这代人不一样,但现在发现直到1985年以后出生的,才形成了典型的"新人类",而"60后""70后"只是过渡的一代。1985年以前出生的,都或多或少地赶上了启蒙的尾巴，在他们身上还有一点我们这代人的影子，但他们同时又有很世俗的一面，夹在两代人之间，因而是过渡的一代。

现在"95后""00后"的"新人类"，正是我现在所要教的学生。他们到底是怎样一代人，心里在想什么，说实话，我现在还在不断认识和了解当中，我发现我们完全是两代人，有极大的心理和认知落差。"80后"我还能把握得住，虽然他们也已经很世俗化，但我们还能有一些共同话题和交流空间，但是"95后""00后"入场，要找到所谓共同点就很难，当然他们之中也有一些"稀有品种"，也有个别人有这种气质，但是不代表整体。他们都爱看抖音、快手、奇葩说，以及种种我都不了解的二次元，我们的兴奋点不一样。

新京报：你的课他们会喜欢听吗？

许纪霖：我不敢说。现在老师都面临一个困惑，就是怎么给"95后""00后"学生上课。他们当中当然也有优秀的学生，但他们关心更多的是知识点，在知识的背后，没有社会和人文的关怀。而我们这代人在追求知识的时候，背后是有强烈的社会关怀作为支撑的。对他们而言，知识就只是知识，更多的人连对知识的兴趣都没有。他们被新的网络环境所塑造，具有碎片化、即时性、后消费主义、后物质主义的特征。不过，也不能说这批人都是很物质的。贪图物质一般是匮乏时代的产物，曾经穷过，就会把物质当作生命，通过纵欲来获得人生的意义。

对这批"新人类"而言，至少对城市长大的孩子而言，从小不愁吃穿，没有匮乏的焦虑感，物质对他们来说也不那么重要，至少不是排在第一位的，他们就想活得更任性、更自由。就像很多公司老总抱怨的,"90后"员工一不高兴就走人。我不想贬低他们,我只是觉得我们之间存在代际隔阂,这恐怕也不是启蒙所能解决的。

知识分子研究需要情景投射力

新京报:你做过很多近代知识分子个案研究,也对20世纪知识分子的思想史做过代际考察。要研究一个人的精神成长演变是很困难的,首先必须掌握充分的材料,而涉及心灵的材料往往最具隐蔽性和欺骗性;其次,每个人都是一个复杂而矛盾的综合体,即便是身边最亲近的人,我们也不见得能完全读懂他们的内心,更何况一个未曾谋面、只是纸上得来的人物。做知识分子研究,要如何才能把握一个人的思想精髓,接近他们的真实心灵?

许纪霖:我选择的研究对象,大部分都是心灵比较复杂的人物,他们的观念和行动往往有矛盾冲突或前后差异。在他们身上,往往可以看到一个时代的缩影。研究这些人物通常都具有挑战性,要么挑战智力,要么挑战生活经验和心灵的敏感程度。那些心灵比较简单、思想前后一致的人物,对他们的研究本科生都能做好;而那些心灵和思想都很复杂的人物,则比较难处理,比如我的第一个研究对象黄远生(被称为"中国第一个现代意义上的记者")就很复杂,我比较喜欢研究这类人物。

这类人物留下更多的是文本,包括公开发表的文章、著述,以及一些能反映内心的隐秘资料,比如日记、信件、回忆录等等。历史研究需要实实在在的证据,但是,在证据与证据之间是有空隙的,证据链会有断裂的地方,在断裂之处,就需要通过合理的想象和感受去弥补，这恰恰是我使用的方法。

这种方法不是实证的，虽然历史学讲究"有几分证据说几分话"，但是，如果没有整体的想象力，即便有再多的证据，也无法分析出一个人完整的精神世界。因为每个人的内在精神世界，都会有很多隐秘的黑洞，这需要靠研究者用心去感受。用陈寅恪的话说，就是"同情之理解"。研究者要设身处地地去想象，似乎你就是他，如果处在当时的境况中，你会怎样去做。凭着自己对生活和生命的感受，以及对现实的感受，去接近他们的心灵。

我为什么特别喜欢做民国知识分子的研究？是因为我觉得我们这代知识人和民国知识分子的心灵是相通的，我们都处于古今中西的紧张冲突之中，外在的境遇有很多相似之处。同时，我们内在的语境，即心灵的脉络、思想的脉络、历史的脉络，又是一脉相承的。我们都是中国的知识分子，用傅斯年的话说："我们的思想新，信仰新……但在安身立命之处，我们仍旧是传统的中国人。"

如果让我去写一个老外，比如欧洲或印度的知识分子，恐怕有难度，因为我无法在他们的情境里去想象。但是，对于民国知识分子，我看到他们，就像看到自己一样，会有一种情景投射。当然，这不是文学创作，还需要尊重人物自身的逻辑。

新京报：你所书写的对象涉及领域非常广泛，既包括像曾国藩、张之洞、汪精卫、陈布雷这样具有文人底色的政治人物，也包括像胡适、傅斯年、王元化这样的知识分子领袖，还包括像朱自清、顾城、王小波、史铁生这样纯粹的作家。每个人的生活经验都是有限的，你如何去"感受"那些并不具备相同经历的人物？

许纪霖：这里我可以讲一个故事，美国加州大学伯克利分校历史系的叶文心教授，她的导师是赫赫有名的汉学家魏斐德。她当年做博士论文，导师希望她研究土匪，她就很犯难，她说自己家族里没出过土匪，家族成员要么是经商的，要么是像严复这样的文人。所以，后来她就改成写她熟悉的共产主义和知识分子的关系。

这个故事很能说明问题，在做人物研究的时候，不是什么样的人物都能做，特别是我刚才讲的情景投射的方式，必须找到和你的处境（包括现实处境和心灵处境）类似的人物。我是知识分子家庭出身，所以，我更能理解知识分子的感受。其实，我最早在大学留校任教的时候，是研究中国民主党派的，但是真正吸引我的不是他们作为党派人士的历史，而是作为知识分子的历史。后来我改行做知识分子研究，恰恰是因为对上了我的气质。

我们必须承认，哪怕是第一流的学者，也不是无所不能的。人不是上帝，怎么可能理解和自己生活完全不相干的人物呢？比如，如果让我写底层民众，我只能在观念上很同情底层，但我真的不太了解他们的生活；要我写商人恐怕也不行，因为我的家族里没有出过太成功的商人，但我的家族里出过文人。

我研究的这些知识分子，他们有的是纯粹的学者或作家，有的后来从政，比如汪精卫、陈布雷、蒋廷黻、叶公超，但是他们骨子里还是书生。比如要我写蒋介石，大概未必能写得比别人好。我写的大多是偏公共型的知识分子，在学术与政治之间两栖，一方面做学问，另一方面又非常关心政治。

以善行恶，是更大的恶

新京报：你以前写过诗吗？

许纪霖：没有，我不会写诗。我的想象力很有限，虽然曾经也是一个"文青"，很想做一个小说家，但说实话，不太成功。我更擅长的是散文，后来之所以还有不少人喜欢我的文章，大概和我早年打下的散文基础有关。

新京报：之所以问这个问题，是因为我在读到《顾城：在诗意与残忍之间》时，感到你能将诗人集浪漫与残忍于一身这件看似不可思议的事情解释得入情入理。顾城本是一个写下大量优美诗篇的童话诗人，最后却残忍地用利斧劈死爱妻并自杀，很多人在解释这种极端行为时都难以逻辑自洽，但你在顾城身上找到内在的逻辑一致性，并用诗人的"彼岸世界"来解释，你是如何进入诗人那浪漫的精神世界的？

许纪霖：在写顾城的时候，我是蛮冷静的，并不是用诗意的眼光看他。实际上，我和顾城是有点"隔阂"的，我无法想象他，因为我们完全是两种类型。我之所以能理解他，是因为看过太多红卫兵，他们充满了极端的理想主义。要知道，人世间最大的恶，不是以恶行恶，而是以善行恶，因为以善行恶是没有底线的，他们觉得自己代表了善，因而可以为所欲为。

顾城是一个极端的理想主义者，他非常自恋，有一个理想的彼岸世界，当那个理想世界幻灭以后，最后就走向它的反面。我写任何一个人，都不只是把他作为一个个体来写，而是作为某种类型，顾城也代表了某种类型，表面上富有诗意，甚至让人非常欣赏，但当他沉迷于自己的精神乌托邦的时候，什么事情都能干得出来。简单地说，就是他缺乏世俗的人生。

如果一个人比较世俗，懂得人情世故，他就能善解人意，能够宽待别人；而一个人一旦缺乏世俗气，不食人间烟火，终日沉浸在形而上的世界里，反而可能做出极端的事情，并且是以某种非常纯粹的名义。我们需要精神的乌托邦，以显示人类文明自我批判和超越精神的永恒价值，但我们又不得不小心翼翼地避免将这种精神乌托邦直接还原为现实。诗意与残忍，有时候仅仅只有一步之遥。

新京报：你写摩罗的《走向国家祭台之路：从摩罗的"转向"看当代中国的虚无主义》，也让我惊叹。从《耻辱者手记》到《中国站起来》，很多人都对摩罗的突然转向感到无比诧异，但你却从中找到一条虚无主义者寻求精神信仰之路，在变化中找到他的精神底色，我们该如何理解这种转向？

许纪霖：摩罗和我差不多是同时代人，我们都是从启蒙时代中过来的，在上世纪八九十年代，从被启蒙者变成启蒙者，但是后来他发生了变化，大家都很惊讶。我做人物研究，喜欢做的正是像摩罗这种多变的人物，去追寻他们多变中的不变。像梁启超的一生也是多变的，但在其多变的一生里，有些脉络是一直不变的，这不变的部分，有时候连他们自己都未必有清晰的认识，而这恰恰是研究者需要发掘的。

研究者最高的境界，不是复述研究对象自己已经意识到的部分，而是能够找出连他们自己都没有意识到的更深层的部分。

我对摩罗这类人并不陌生，他不是唯一发生这种剧烈转向的，但他又是极特殊的一个。他强烈地追求一种绝对信仰的东西，在启蒙时代是人道主义，但人道主义是一套世俗学说，而非终极性的信仰，慰藉不了他对信仰的根本性追求；第二阶段他去皈依基督教，但他骨子里并不是一个世界公民，他关心的还是中国问题，是一个有强烈家国情怀的中国知识分子，基督教对他来说是外在事物，没法和自身内在的资源相匹配；当基督教信仰也落空之后，他才有了后来的进一步转向。

他就是这么一步步从虚无主义走过来，不断寻求精神信仰，这恰恰说明今天中国的很多症状都和虚无主义有关。摩罗的例子很具有代表性，他让我们看到一部分民族主义者的心路历程，他只是其中一个愿意袒露自己心意的人罢了。

新京报：你跟刘擎教授合编过一本《世俗时代与超越精神》，自上世纪90年代以后，在商品经济和消费主义浪潮裹挟之下，我们迎来了世俗时代，其特征正是"那些终极的、最高贵的价值，从公共生活中消失"，超越精神的衰落成为世俗时代的主流趋势。世俗化既是现代社会的重要标志，也是启蒙所提倡的"理性"和"祛魅"的必然结果，那么，与世俗化相伴随的虚无主义是否也可以说是启蒙的一种后果？

许纪霖：从某种意义上，可以这样说。用马克斯·韦伯的话说，现代社会是一个祛魅的时代，传统社会总是有各种"神"在人们心里，无论这个"神"是叫"上帝"，还是叫"佛祖""安拉""天命"，总之，有一个唯一的"神"把社会整合起来，但是现代社会把这个"神"的魅力给祛除了。

不是说现代社会没有自己的"神"要拜，今天年轻一代疯狂地追星，也跟拜神差不多，但是现在大家各有各的"神"。所以说，祛魅的时代是一个多神的时代，这是现代社会的普遍特点。

启蒙是告诉人们要有勇气公开运用理性，并选择自己的信仰，但并不是每个人的理性都那么强，特别是在旧的价值观被毁弃，曾经决定人们生活的"神"死了之后，新的知识排山倒海地涌进来，就会出现虚无主义泛滥。

我最近在重新研究"五四"，发现"五四"其实是一个"从虚无走向主义"的时代，"主义"是一种新的信仰。但是，新的知识和主义不止一种，而是有很多种，因而让人眼花缭乱。知识分子在新旧之间徘徊，又缺乏理性的选择能力，于是产生痛苦，在这种情况下很容易感到虚无。

新京报：那么，要怎样才能走出虚无主义呢？

许纪霖：台湾的钱永祥先生写过一篇文章，后来成为一本书的书名，叫《纵欲与虚无之上》。他接过韦伯的话说，等到神死了以后，人会采取两种方式来应对，一种是纵欲，一种是虚无。

纵欲有两种形式，一种是花天酒地，贪图世俗享受，觉得人生就这样了，于是放纵身体的欲望；另一种是精神性的纵欲，即认定某种主义或理想，把它作为精神依归，相信它是绝对正确不容置疑的真理。虚无同样有两种形式，一种是以解脱的方式超越虚无，像李叔同一样出家，或者像梁漱溟的父亲梁济一样自杀，这都是源自"文化激变"所带来的精神困境；还有一种是鲁迅式的"绝望地反抗"，他的姿态很特别，有点像西西弗斯，明明意识到没有未来，启蒙也未必有益，他看穿了这一点，但还是一边怀疑，一边反抗。

可以看到，在纵欲与虚无之间，至少有四种不同的选择，这背后都和虚无有关，我个人更欣赏鲁迅的方式。从"五四"到今天，我们处于一个转型时代，过去信仰的大神不断破灭，破灭以后就剩下虚无。虚无的问题一部分是由启蒙带来的。"五四"后期，北大学生林德扬自杀，成为轰动一时的文化事件，当时，陈独秀说了一句很深刻的话，"新思潮也能杀人"。不要以为相信了新思潮就克服了虚无，因为即便相信了新思潮，也可能无力改变现实，理想和现实之间存在巨大的鸿沟，实现不了理想，最后还是不能挣脱虚无的枷锁。所以，虚无主义成为一个时代普遍的精神症候，只是各种人回应的方式不一样。

新京报：偶像坍塌以后，进入虚无和怀疑盛行的时代，启蒙似乎未能解决人的精神信仰问题。在怀疑的时代，人们究竟需要怎样的信仰？

许纪霖：所谓"信仰"有不同的层面，有一个比较浅的层面，我称之为伦理道德底线和政治底线，是非善恶的底线要清楚，决不能虚无，否则就会很可怕。但是很可惜，现在很多年轻人甚至在这一点上都是模糊的，就像钱理群教授批评的"精致的利己主义者"，其最核心的问题就是内心没有基本的价值观，只要能"成功"，干什么都行，这是最可怕的。从这个角度而言，我是一个坚定的反虚无主义者。

所谓"启蒙"所要做的，恐怕只是为大家提供一套道德和伦理底线，解决一个低层的问题，即什么事情是不能做的。而更高阶的困境，即人应该做什么？人活着的意义是什么？这些问题需要由一些高级的宗教或者文明来解决。启蒙只能解决世俗层面的问题，而那些心灵深处的终极性问题,则需要依靠一场古典的复兴,到轴心时代的基督教、佛教、儒家、道家和古希腊文明中去寻求答案。答案是开放的,可以各取所需。

(本文转载自《新京报·书评周刊》,记者徐学勤)

图书在版编目（CIP）数据

脉动中国：许纪霖的50堂传统文化课/许纪霖著.
—上海：上海三联书店，2021.3（2025.3重印）

ISBN 978-7-5426-7227-8

Ⅰ.①脉… Ⅱ.①许… Ⅲ.①传统文化—研究—中国 Ⅳ.①K203

中国版本图书馆CIP数据核字(2020)第221188号

脉动中国

许纪霖的50堂传统文化课

许纪霖 著

责任编辑 / 徐建新
特约编辑 / 武　霖　田南山
装帧设计 / 高熹设计工作室
内文制作 / 陈基胜
责任校对 / 张大伟
责任印制 / 姚　军

出版发行 / 上海三联书店
　　　　　（200041）中国上海市静安区威海路755号30楼
邮　　箱 / sdxsanlian@sina.com
联系电话 / 编辑部：021-22895517
　　　　　发行部：021-22895559
印　　刷 / 山东韵杰文化科技有限公司

版　　次 / 2021年3月第1版
印　　次 / 2025年3月第11次印刷
开　　本 / 880mm×1230mm　1/32
字　　数 / 290千字
印　　张 / 14.875
书　　号 / ISBN 978-7-5426-7227-8/K·619
定　　价 / 88.00元（精装）

如发现印装质量问题，影响阅读，请与印刷厂联系：0533-8510898